Karina Silberweg

Mein Engel und ich

Karina Silberweg

Mein Engel und ich

Ryvellus
medienverlag

Seeshaupt und München

2. Auflage

Umschlaggestaltung: Thies Köpke, München,
unter Verwendung einer Grafik von Antarion Reinhard
Lektorat: Holm v. Egidy
Satz: Ryvellus Medienverlag, Oliver v. Criegern
Druck: Legoprint, Trento

ISBN 3-89453-180-0

Inhaltsverzeichnis

Mein Gott

In Deine Liebe eingehüllt,
Von Deiner Gnade ganz erfüllt,
So wandel ich mein Erdenleben
Von Deinen Engeln stets umgeben.
In Demut und Barmherzigkeit
Steh'n Deine Boten stets bereit,
Behüten mich auf Dein Geheiß.
Selig das Herz, das darum weiß!

Einleitung

Irgendwann ist man plötzlich erwachsen. Weihnachtsmann, Osterhase, Klapperstorch und Schutzengel verschwinden in der Versenkung und man merkt nicht, daß man das Kostbarste im Leben verloren hat. Selbst wenn man noch an einen „lieben Gott" glaubt, klammert man ihn doch weitgehend aus dem täglichen Leben aus. Es scheint ja auch ohne ihn zu gehen. Erst wenn dann das Unglück knüppeldick kommt, es scheinbar keinen Ausweg mehr gibt, besinnt man sich auf das Beten. Was meistens nur in eine Bettelei um einen Ausweg ausartet. Wer kann schon aus vollem Herzen mit Hiob sagen: „Der Herr hat es gegeben, der Herr hat es genommen, der Name des Herrn sei gelobt!"
Auch ich habe das nicht gekonnt, statt dessen habe ich mich auf eine Eisenbahnbrücke begeben, in der Absicht, hinunter zu hüpfen.
Ein völliger Schwachsinn, wie ich heute weiß, denn was danach kommt, ist tausendmal schlimmer, als das, dem man entkommen wollte. Mein Schutzengel wird Blut und Wasser geschwitzt haben, aber er hat es geschafft, mich halbwegs unbeschadet aus dem Schlamassel wieder heraus zu holen. Nur habe ich natürlich keine Ahnung davon gehabt. Tatsächlich war ich der Meinung, ich hätte mich wie weiland Münchhausen am eigenen Zopf aus der Misere gezogen.

In den siebziger Jahren erlernte ich eine Meditationstechnik. Irgendwann, ich weiß heute den genauen Zeitpunkt nicht mehr, merkte ich, daß ich sehr viel ruhiger geworden war und mein Bewußtsein eine Erweiterung erfahren hatte. Trotzdem war ich weit davon entfernt, mein Leben zu ändern. Eines Tages hatte ich mich über einen Vorgesetzten ganz schrecklich geärgert. Zornig, geladen mit einem ausgewachsenen Haß auf den Mann, fuhrwerkte ich mit dem Staubsauger in der Wohnung herum und schimpfte dabei laut vor mich hin. Meine Kraftausdrücke waren nie von schlechten Eltern, aber dieses Mal übertraf ich die schlimmste Fernsehserie (ich sage nicht, welche ich meine). Mitten in der schönsten Schimpftirade hörte ich plötzlich ganz deutlich die Worte: „Aufhören, sofort hörst du auf, ich halte das nicht mehr aus!“
Verdutzt klappte ich meinen Mund zu, stellte den Staubsauger ab und horchte, guckte hinter die Türen und prüfte Radio und Fernseher. Nichts. „Mädchen, jetzt spinnste“, sagte ich zu mir und staubsaugte weiter. Allerdings ohne zu schimpfen, ich horchte immer noch dieser Stimme nach. Ich wußte, ich hatte sie gehört, aber auf eine gänzlich ungewohnte Weise. Als wenn die Stimme in meinem Kopf gewesen wäre. Wenn ich früher etwas Verrücktes sagte, fragte meine Familie im spitzen Tonfall: „Wohl `nen kleinen Mann im Ohr, was?“ Genauso kam es mir jetzt vor. Mitten in meine Grübelei klang die Stimme erneut, allerdings nicht mehr in dem vorigen Befehlston, sondern sanft und freundlich.
„Danke, daß du friedlich geworden bist, du kannst dir nicht vorstellen, wie weh das tut.“
Ich stellte den Staubsauger aus und ließ mich auf einen Stuhl fallen. Also, von außen kam die Stimme nicht, hatte ich wirklich ‘`nen kleinen Mann im Ohr’?
„Aber nein, reg dich nicht auf, du bist nur endlich so weit

fortgeschritten, daß du mich hören kannst. Früher hast du nur mit mir geschimpft, als Kind, weißt du noch? 'Dämlicher Schutzengel' hast du zu mir gesagt."
„Ich werd' verrückt! Du bist mein Schutzengel?"
„So ist es. Ich heiße Menteenus, und von jetzt an können wir öfter miteinander sprechen."
So weiß ich jetzt, daß er mich in all den Jahren nie verlassen hat. Wenn er auch ob meiner Ignoranz fast verzweifelte, hat er sich immer an den Auftrag gehalten, der ihm von Gott gegeben war: „Denn Er hat seinen Engeln befohlen, über dir zu wachen."
Das also war mein erster Kontakt zu meinem Schutzengel. Später fragte ich ihn, ob ich das alles aufschreiben dürfe.

Mein Schutzengel

Ich hatte eigentlich, außer mit meinem Mann, mit niemandem darüber gesprochen, daß ich über meinen Schutzengel schreiben wollte. Aber kaum hatte ich richtig angefangen, bekam ich Bücher über Engel geliehen, geschenkt und angeboten. Zu meinem großen Erstaunen stellte ich fest, daß es viele Prominente gibt, die von ihrem Schutzengel so überzeugt sind, daß sie Bücher darüber geschrieben haben: Rainer Holbe, Shirley MacLaine, Penny McLean, Christiane Rücker. Seit einige katholische und evangelische Geistliche offen gegen den nach ihrer Meinung unzeitgemäßen Engelglauben öffentlich zu Felde ziehen, sind in den katholischen Verlagen noch und noch Engelbücher erschienen. Diese halten sich allerdings weitgehend an die Engel der Bibel. Womit der heutige Mensch erst etwas anfangen kann, wenn er mit seinem eigenen Schutzengel Kontakt hat. Sonst bleiben es für ihn fromme Geschichten aus grauer Vorzeit, die man nicht mit letzter Sicherheit für glaubhaft halten kann.

Wenn aber Menschen, die durch die Medien jedem bekannt sind, eigene Erlebnisse beschreiben, bekommt das Ganze ein völlig anderes Gewicht. Ich würde gerne wissen, ob vorher schon einmal ein gänzlich unbekannter Mensch ein Buch über dies Thema geschrieben und einem Verlag eingereicht hat.

Hätte er eine Chance zur Veröffentlichung gehabt? Kaum. Es ist ja kein großes Risiko, ein Buch zu verlegen, dessen Autor bereits berühmt ist. Und hätte dieser Mensch dann die Ausdauer gehabt, sein Werk solange anzubieten, bis er einen Verleger gefunden hätte? Dieser hätte notwendigerweise auch an Schutzengel glauben müssen, sonst wäre es sicher als unzeitgemäß abgelehnt worden.

Darum ist es gut, daß berühmte Leute darüber schreiben, denn wie auch immer der Schutzengelglaube unter den Menschen erneuert wird, ist gleichgültig, wenn es nur geschieht. Mit Sicherheit wird die Welt freundlicher und erträglicher, wenn viele sich dieses ständigen Begleiters bewußt werden. Bequem ist es allerdings für einen selbst nicht. Es erlegt einem eine Disziplin auf, der man sehr oft nicht gewachsen ist. Eigenliebe und Selbstsucht werden nach Strich und Faden zerlegt und das tut oft weh. Trotzdem ist ein Leben mit diesem Bewußtsein leichter, denn in Krisensituationen ist man nie allein und nie ohne Trost.

Kinderzeit

Kind, renn nicht so, gleich liegst du auf der Nase!" Meine Mutter hatte noch nicht ganz ausgesprochen, da war es auch schon geschehen. So lang wie ich war, lag ich im Dreck. Die Mutter lief die Treppe hinunter, aber auf der letzten Stufe blieb sie verdutzt stehen. Ich hatte mich schon wieder aufgerappelt und stand da mit blutenden Knien und zerrissenem Kleid, aber anstatt loszubrüllen, guckte ich mich wütend um, und die erstaunte Mutter hörte: „Dämlicher Schutzengel, kannste nich' aufpassen? Jetzt kriegen wir Senge!"

Wenn meine Mutter Bekannte traf, hieß es oft: „Na, was hat deine Tochter mal wieder mit ihrem Schutzengel angestellt?"

Einmal haben meine Eltern folgendes beobachtet: Wir wohnten in einer sehr großen alten Villa und der Weg zur Toilette (in Wirklichkeit war es ein Plumpsklo) ging durch einen langen dunklen Gang, vor dem ich mich fürchtete. Obwohl meine Eltern mir immer wieder versicherten, mein Schutzengel würde bestimmt aufpassen, bestand ich darauf, daß jemand mich begleitete. Eines schönen Tages sahen sie mich allein hineingehen. Etwas ängstlich und immer wieder zurückschauend schlich ich den dunklen Gang hinunter. Aber nur bis zur Klotür. Ich machte sie auf und sofort wieder zu und sagte triumphierend: „Ätsch, Schutzengel, reingefallen! Ich muß gar nicht!"

Mein armer Schutzengel! Er mußte wirklich viel Geduld und Humor für mich aufbringen.
In einem meiner Kinderbücher war ein Bild, das einen Engel zeigte, wie er nachts am Bett seines Schutzbefohlenen steht und die Arme über ihn breitet. Der Engel tat mir leid, denn ich hatte mir einmal vorgestellt, ein Engel zu sein. Hatte es aber schnell aufgegeben, weil ich nicht mal fünf Minuten die Arme ausgestreckt halten konnte. Als ein netter Mensch dann zu mir sagte, ich sei sein kleines Engelchen, fand mich meine Mutter abends beim „Gute Nacht sagen" heulend im Bett.
„Was ist los, tut dir was weh?" fragte sie erschrocken.
„Der Onkel hat zu mir gesagt, ich wäre sein kleines Engelchen", schluchzte ich, „meinste, ich hätte Lust, die ganze Nacht so „ - ich streckte beide Arme vor - „an seinem Bett rumzustehen?"
Meine Mutter mußte mir eine ganze Weile gut zureden, um mir klarzumachen, daß es nur so eine Redensart sei, und daß niemand von mir verlange, so an seinem Bett zu stehen.
Ich war mir ständig der Gegenwart meines Schutzengels bewußt und ich bin sicher, ich habe ihn auch um Beistand gebeten, wenn ich die Nachbarskinder mal wieder vermöbeln wollte. Wenn es dann zu viele waren, und ich bezog die Prügel, habe ich mit Sicherheit meinen Schutzengel heftig beschimpft, weil er mir nicht geholfen hatte.
Ich denke heute oft darüber nach, wann ich aufhörte, mich auf meinen Schutzengel zu verlassen. Zu irgendeinem Zeitpunkt habe ich ihn dann gänzlich vergessen. Es wäre mir gewiß viel Kummer und Leid erspart geblieben, wenn ich weiterhin mit ihm geredet und ihm vertraut hätte. Voll Schrecken habe ich ausgerechnet, daß es fünfunddreißig Jahre gedauert hat, bis ich mit meinem Schutzengel wieder reden und seine Anwesenheit spüren konnte. Er hat mich

natürlich in all den Jahren nie verlassen und mich trotz meiner Ignoranz vor dem Schlimmsten bewahrt. Auch wenn er oft fast an seiner Aufgabe verzweifelte, hielt er sich an den Auftrag, der ihm von Gott gegeben war: „Denn ER hat seinen Engeln befohlen, über dir zu wachen!"
Warum und wieso mir wieder zum Bewußtsein kam, daß ein Engel um mich ist, weiß ich auch nicht zu sagen. Das heißt, inzwischen weiß ich es doch und zwar von ihm selbst. Denn jetzt kann ich mit ihm reden, ihn fragen, wenn ich über irgend etwas im Zweifel bin. Ich lasse mich von ihm trösten, wenn mir Leid widerfährt oder ich an einer Aufgabe gescheitert bin. Die Gespräche mit ihm entbehren oftmals nicht einer gewissen Komik, mein Engel hat viel Humor. Meine Freunde sagen, den habe er bei mir auch bitter nötig. Wenn er mir etwas erklären will, was über mein Fassungsvermögen hinausgeht, höre ich ihn förmlich aufseufzen.
Ob ich überhaupt über ihn schreiben darf? Das Beste wird sein, ich frage ihn selbst: „Ist es dir recht, wenn ich von unseren Gesprächen berichte?"
Antwort: „Wenn es dir hilft, deine Gedanken besser zu ordnen, tue es. Du weißt recht gut, wie wenig du deine Gedanken unter Kontrolle hast."
Und ob ich das weiß! Während ich bete, erwische ich mich, besonders morgens, dabei, daß ich nebenbei darüber nachdenke, was ich heute anziehen könnte oder was ich heute mittag kochen werde.
„Disziplin in deine Gedanken zu bringen ist eine der Aufgaben, die dir für dies Leben gestellt worden sind.", fährt die Stimme meines Engels fort. Mit einem leisen Lachen in der Stimme setzt er hinzu: „Daß dir das bei deiner Hibbeligkeit schwerfällt, weiß ich. Aber du hast schon recht gute Fortschritte gemacht, besonders seit du regelmäßig meditiert hast."

So ein kleines Lob macht einen schon ganz fröhlich. Wann war es doch gleich gewesen, als ich mal wieder aus der Rolle fallen wollte? Eigenartig, an den Anlaß erinnere ich mich nicht mehr (da kann man sehen, wie unwichtig er war), aber daß ich wütend ein „Himmel, Ar..... und Zwirn" schreien wollte, das weiß ich ganz genau. Ich kam nur bis „Himmel, Ar..." - und dann bohrte sich etwas in meine Magengegend, was ich unschwer als mahnenden Finger meines Engels erkannte.
„Das tut mir weh, laß es sein", klang es unmißverständlich.
Ich entschuldigte mich in aller Form, und als ich damit fertig war, war auch meine Wut weg.
Ich erinnere mich gut an die Zeit, als ich in meinem Zorn nicht mal vor vollen Kaffeekannen haltmachte, indem ich sie an die Wand pfefferte.
„Schlimme Zeiten waren das, manchmal flogen die Gegenstände direkt durch mich hindurch", erinnerte sich auch der Engel.
„Was hast du bloß gemacht in solchen Situationen?" fragte ich.
„Ab und zu habe ich um Verstärkung gebeten, wenn es so aussah, als würdest du wirklich jemanden treffen. Wenn wir dann zu mehreren versuchten, auf deine Gedanken einzuwirken, hatten wir auch Erfolg. Du weißt ja, außer Scherben und Kratzer an der Wand hat es nie Schaden gegeben. Außer dem, den du dir selbst zugefügt hast", setzte er hinzu.
„Womit habe ich all' die Hilfe verdient, die mir zuteil geworden ist?" fragte ich.
„Überhaupt nicht", war die prompte Antwort, „es ist nichts als göttliche Gnade. Aber je mehr Gnade du in Dankbarkeit annimmst und dir dessen bewußt bist, umso reicher wird sie dir gegeben."

Ich dachte nach. Da gibt es doch eine Bibelstelle, an die mich diese Worte erinnerten. Matthäus 13,12: „Denn wer da hat, dem wird gegeben, daß er die Fülle habe; wer aber nicht hat, von dem wird auch genommen, was er hat."
„Ist damit auch die Gnade Gottes gemeint? In der Bibel geht es bei diesen Worten um den Samen, der da ist Gottes Wort."
„Oh, Kind, wenn ich ein Mensch wäre, würde ich jetzt sagen, du nervst mich. Was ist Gottes Wort denn anderes als Gnade? Ein Mensch, der diese Gnade erfährt, hört Sein Wort im Herzen und das *ist* Gnade."

Keilerei oder meine sieben Schutzengel

Meine Freunde wissen natürlich alle, daß ich mit meinem Schutzengel rede. Leute, mit denen man über solche Dinge nicht reden kann, verschwinden auf geheimnisvolle Weise aus meinem Bekanntenkreis. Entweder ziehen sie weg aus unserem Ort oder sie melden sich einfach nicht mehr. Zuerst hat mir das viel Kummer und Kopfzerbrechen gemacht. Freunde, mit denen ich gern zusammen war, ließen plötzlich nichts mehr von sich hören, und wenn ich sie anrief oder besuchte, hatten sie es immer gerade ganz eilig. Ich bin etwas begriffsstutzig und es dauerte oft lange, bis ich merkte, daß sie nichts mehr von mir wissen wollten. Es hat mich auch sehr verunsichert, weil ich dachte, ich sei wohl so ein unmöglicher Mensch oder so unerträglich für meine Umgebung. Ich habe mich lange mit diesen Gedanken gequält.

„Gott sorgt dafür, daß du von jetzt an nur noch mit Menschen zusammen sein wirst, die dir auf deinem geistigen Weg weiterhelfen können. Sie werden manchmal unbequem sein, weil sie Kritik an dir üben werden, aber du wirst dich daran gewöhnen müssen“, erklärte mein Engel, als er des Lamentierens überdrüssig war. Ich hatte ihn nämlich nicht vertrauensvoll nach dem Grund gefragt, warum ich auf einmal ohne Freunde dastand, sondern nur gejammert.

Jetzt sind es nur ganz wenige, die ich meine Freunde nenne, aber ich weiß, daß sie sehr wichtig für mich sind.

Auch weiß ich jetzt, daß die Schutzengel meiner Freunde meinem jederzeit zur Hilfe kommen, wenn es die Situation erfordert. Umgekehrt bitte ich meinen Engel, zu jemandem hinzugehen, der gerade mehr Hilfe braucht.

Jetzt könnte man sagen, das geht doch nicht, dann bist du ja ohne Schutz. Nein, so ist es nicht. Es hört sich auch wirklich seltsam an, aber Engel können an mehreren Orten zugleich sein. Und wenn es ganz dicke kommt, werden Hilfstruppen angefordert, die dann auch blitzschnell an Ort und Stelle sind.

Kürzlich rief mich eine Freundin an.

„Ich muß dir ganz schnell was erzählen, heute Nacht habe ich meinen Schutzengel gesehen. Mensch, ist der groß!“ (Da meine Freundin über die stolze Länge von ein Meter und achtzig verfügt, kann sie ja auch wohl keinen kleinen Engel haben).

„Ich ging im Traum unsere Straße hinunter, da sah ich ihn, erkannte ihn aber nicht“, berichtete sie weiter, „ich fragte: ‘Wer bist du?’ und er sagte: ‘Ich bin dein Schutzengel’. Schön ist er, du kannst es dir nicht vorstellen. Und dann fragte ich ihn nach deinem Schutzengel. Weißt du, was er sagte? Du glaubst es nicht! Du hast sieben! Stell’ dir vor, sieben Schutzengel.“

Als mein Mann nach Hause kam, erzählte ich ihm sofort von meinen sieben Schutzengeln.

„Glaub ich gern“, sagte er trocken, „einer allein kann das mit dir auch nicht schaffen.“

Empört hängte ich mich sofort ans Telefon, um meine Freundin über diese Reaktion zu informieren und hoffte auf

Anteilnahme. Sie kicherte bloß.
„Ich wollt es ja nicht sagen, aber mein erster Gedanke war: 'mußt du es nötig haben!'"
Als ich allein war, wandte ich mich an meinen Schutzengel, von dem ich immer geglaubt hatte, er sei allein zuständig.
„Das ist ganz einfach", antwortete er, „im allgemeinen bin ich allein für dich verantwortlich. Aber in Krisensituationen brauche ich wirklich Unterstützung. Jeder Mensch bekommt, wenn er in Gefahr gerät, mehr als einen Engel zur Hilfe. In der Nacht, als Erika ihren Engel fragte, waren eben ein paar Engel mehr nötig, und die hat ihr Engel gesehen."
„In der Nacht habe ich im Bett gelegen. Wieso war da Gefahr? Ich schlief doch bombenfest!"
„Wir sind Nacht für Nacht, oft viel mehr als am Tage, im Kampf mit den bösen Mächten, die deine Seele bedrängen. Nachts, wenn deine Seele sich vorübergehend vom Körper löst, steht nicht nur ein guter Engel an deinem Lager, um dich in himmlische Gefilde zu bringen. Ebenso stehen da die Abgesandten Luzifers, die dich von den himmlischen Tempeln fernhalten und dich in ihre Welt der Bosheit und der Lüge entführen wollen. Gott sorgt aber immer für ein Gleichgewicht der Kräfte, und wenn da eine ganze Horde dieser dunklen Gestalten antanzt, nun, dann müssen von uns genau so viele parat stehen. Du kannst mir glauben", setzte er schmunzelnd hinzu, „es gibt manchmal eine richtige Keilerei, um es mit deinen Worten auszudrücken."
„So ähnlich wie bei Bud Spencer und Terence Hill!" rief ich begeistert und hörte ihn jetzt richtig lachen.

Geduld ist ein edel Kraut

Als es mir vor einigen Wochen wieder einmal sehr schlecht ging, rief mich meine Freundin Ingeborg an. Ich hatte ein Jahr lang nichts von ihr gehört und hatte, als sie auf einen Brief von mir nicht reagierte, etwas beleidigt beschlossen, mich nicht mehr zu rühren. Sie hatte mich nicht vergessen, war aber ständig damit beschäftigt, anderen Leuten aus der Klemme zu helfen. Für sich selbst blieb ihr keine Zeit, und für Menschen, denen es gut ging, sowieso nicht. Jetzt ging es mir schlecht, und mein Schutzengel hat ihr sicherlich Bescheid gesagt. Ich klagte ihr mein Leid, besonders den deprimierenden Ausspruch meines Arztes, mit Medikamenten sei mir nicht zu helfen, ich müsse selbst herausfinden, was mir die Beschwerden verursache. Ich konnte nicht schlucken und hatte ständig das Gefühl, ein dicker Kloß säße mir in der Kehle. Es tat ziemlich weh. Organisch war absolut nichts festzustellen. Wenn ich meinen Schutzengel fragte, bekam ich zur Antwort, ich müsse Geduld haben. Geduld war noch nie meine starke Seite.

Aussprüche wie: 'Geduld ist ein edel Kraut, wächst aber nicht in allen Gärten', oder: 'Herr, schenke mir Geduld, aber schnell', sind zwar nicht von mir, treffen aber genau zu. Wie sollte ich herausfinden, was ich, wie der Arzt es

formulierte, nicht schlucken wollte? Ich war mit meinem Leben eigentlich restlos zufrieden. Zu zufrieden, wie es sich später herausstellen sollte.
Ingeborg hatte, wie immer, etwas auf Lager. Sie schickte mir acht Kassetten mit Seminaren von Eberhardt Kohler. Von da an lief ich nur mit dem Walkmann herum. Und siehe da, mir wurde bewußt, daß ich träge geworden war und auf dem besten Wege, mich auf meinen Lorbeeren auszuruhen. Es genügte mir, ab und zu mit Menteenus zu plaudern, die notwendige Arbeit zu tun und im übrigen fernzusehen oder Romane zu lesen. Dies, so fand mein innerlicher Mensch, war nun ganz und gar nicht im Sinne des Erfinders.
Ich hörte die Ausführungen zur Bergpredigt, mir wurde bewußt, wie unendlich weit ich von allem entfernt bin, was Christus allen Menschen ans Herz legt. Ich wurde wieder klein und bescheiden, was dringend nötig war, denn die Schmerzen in der Kehle ließen merklich nach. Erst einmal dankte ich innerlich meinem Arzt, der mich nach meiner Meinung so brutal aus der Praxis geschickt hatte. Jeder andere hätte mir wahrscheinlich Psychopharmaka verordnet. Wie viele Patienten auf diese Weise wirklich organisch krank werden, kann ich mir gut vorstellen. Aber wieviel Ärzte wissen denn schon, daß Krankheiten aus geistig-seelischer Fehlhaltung entstehen! Darüber könnte man jetzt lang und breit diskutieren, aber das ist ja nicht das eigentliche Thema, kehren wir also zu unserer Bergpredigt zurück.
Ich sog die Aussagen, besonders die zu den Seligpreisungen in mich hinein wie ein trockener Schwamm das Wasser. Alles fand ich gut und richtig, bis mich ein Satz aus meiner Euphorie riß, und zwar die Erläuterung zu „Selig sind, die da Leid tragen, denn sie sollen getröstet werden."
Jedes hier in rechter Weise ertragene Leid, so meinte Eberhardt Kohler, würde sich im Jenseits in Freude verkehren

(das sah ich ja völlig ein, so hat Jesus es ja ausgesprochen). So sei es logisch, so folgerte er, daß sich jede irdische Freude drüben in Leid verkehren würde. Eben alle Dinge, die ich hier zu meiner Freude tun würde.

Da ging mir wirklich „der Draht aus der Mütze“!

Ich begann unverzüglich, darüber nachzudenken, in welch entsetzliches Elend ich im Jenseits geraten würde, wenn diese Aussage stimmte.

Wie viele Freuden mache ich mir doch selbst! Angefangen mit dem Kauf eines schönen Kleides. Darüber kann ich geradezu in Hochstimmung kommen. Oder im Urlaub das Skilaufen. Was macht denn mehr Freude, als unter strahlend blauem Himmel über eine Piste zu flitzen? Oder einen Blumenstrauß zu kaufen? Ein leckeres Mahl zu verspeisen, mit guten Freunden einen köstlichen Wein zu trinken, mit meinem Mann zu schlafen. Mein Leben ist so voll von vielen großen und kleinen Freuden, daß mir bei dieser Aussage nur die Haare zu Berge stehen könnten, wenn ich sie glauben würde.

Irren ist menschlich, aber eine solche Behauptung zu machen, finde ich anmaßend. Sie ist für jeden, der zufällig in diesem Jammertal glücklich ist, dazu angetan, ihm Angst einzuflößen. Das ist doch nicht der Sinn der Seligpreisung. Man falle doch nicht in das Mittelalter zurück, in dem bei Höllenstrafen ein gutes bzw. glückliches Leben verteufelt und zur Kasteiung und Buße aufgerufen wurde.

Ich sprach, nachdem sich meine erste Empörung gelegt hatte, mit meinem Schutzengel darüber.

„Reg' dich nicht so auf, ich glaube nicht, daß es so gemeint ist, wie du es aufgefaßt hast.“

„Wie soll ich es denn verstehen? Du mußt doch wissen, wie es uns im Jenseits ergehen wird, du kannst doch beide Seiten sehen.“

„Nur kleine Ausschnitte. Aber darüber kann ich dich beruhigen, daß deine Freuden des Diesseits, von denen du sprichst, nicht in Leid verkehrt werden."

„Welche denn?"

„Ich weiß es nicht, nehme aber an, daß es Freude ist, die auf Kosten anderer entsteht, wie Schadenfreude, oder daß man Freude empfindet, wenn man jemand übervorteilt hat.

Wir Engel sind nicht der Inbegriff der Weisheit, wie ihr fälschlicherweise meistens annehmt. Wir wissen und sehen vieles, was euch verborgen ist, aber was ein Mensch vor einigen Wochen mit seinen Worten hat ausdrücken wollen, gehört nicht dazu. Ich halte es auch nicht für so wichtig. Dein Gewissen ist schon einigermaßen sensibilisiert, so daß du dich auf dein eigenes Gefühl verlassen kannst. Du brauchst dich nicht nach dem zu richten, was ein anderer Mensch für wahr und richtig hält. Für ihn ist es wahrscheinlich richtig, und er tut gut, sich daran zu halten. Soviel Menschen es gibt, soviel Wege gibt es zu Gott. Jeder muß den ihm gemäßen Weg gehen. Wenn von der Erkenntnis eines einzelnen Menschen andere profitieren, ist es gut. Man muß es fühlen, was für einen selbst gut ist. Wenn man, wie du, mit seinem Engel sprechen kann, kann man eigentlich nicht fehlgehen."

Ein neuer Engel

Ich habe eine Nervenentzündung im rechten Arm. Sie trat gerade in dem Augenblick auf, als die im linken Bein halbwegs abgeklungen war. Schwiegermutter fand, ich hätte keine Äpfel pflücken dürfen. Ich meine, wenn höheren Ortes beschlossen wurde, mich arbeitsmäßig erst einmal aus dem Verkehr zu ziehen und zur Besinnung kommen zu lassen, ist es ganz gleich, was man tut, es kommt doch so, wie Gott es haben will.

So ließ ich meinen Mann mit Gästen und Schwiegermutter zu einer Drei-Brücken-Fahrt mit unserem Boot starten und setzte mich in den Garten, um die warme Herbstsonne zu genießen und mit meinem Schutzengel zu plaudern.

Ich nannte wie üblich seinen Namen und war sehr erstaunt, als zunächst keine Antwort kam. Ich lehnte mich zurück und versuchte, gar nichts zu denken. Wenn keine störenden Gedanken da sind, kann man die Stimme seines Engels besser hören. Nach einer Weile versuchte ich es noch einmal und eine Stimme sagte: „Ich bin nicht Menteenus!"

Ich kann nicht schildern, was ich empfand. Es lief mir eine Gänsehaut den Rücken herunter, und die Tränen traten mir in die Augen.

„Durfte Menteenus nicht mehr bei mir bleiben? Warum nicht? Habe ich einen anderen Schutzengel?"

Die Stimme bekam einen sanften, beruhigenden Klang: „Dir ist doch die Bedeutung der magischen Zahl sieben bekannt, nicht wahr? Eure Mediziner wissen, daß sich der Körper in sieben Jahren einmal erneuert hat. Auch die Seele macht alle sieben Jahre eine Art Metamorphose durch. Du hast seit deinem sechsundfünfzigsten Geburtstag einen andern Schutzengel. Aber du hast seit langer Zeit niemals mehr die Ruhe gehabt, richtig zuzuhören. Auch jetzt wärest du mit vielen Leuten unterwegs, wenn du nicht Schmerzen hättest."

„Wo ist Menteenus jetzt? Hat er einen andern Schützling?"

Die Stimme antwortete nicht.

„Bitte, sag es mir doch, ich möchte mich doch bedanken."

„Er hat keinen neuen Schützling, noch nicht. Er ist", - die Stimme klang verdächtig nach unterdrücktem Gekicher, - „im Himmel, zur Erholung!"

„Zur Erholung", wiederholte ich verblüfft.

„War es für ihn so schlimm bei mir?" Wieder schossen mir die Tränen in die Augen.

„Andere haben es schlimmer, aber je nach Sensibilität ist die Belastung mehr oder weniger groß. Ein Engel ist seinem Menschen immer angepaßt, das heißt. Menteenus hat, ebenso wie du, unter Dingen gelitten, die andern überhaupt nichts ausmachen. Am schlimmsten ist es für einen Engel, wenn sein Mensch wütend auf einen andern ist. Das sind Schmerzen", - ich merkte, wie er lächelte, - „wie bei einer Nervenentzündung. Nur, daß wir dann keine Tabletten schlucken können."

„Ich weiß, daß ich nicht zornig werden soll, aber manchmal komme ich nicht dagegen an. Wenn ich bloß an Manni denke!!" - Ich geriet schon beinah wieder in Fahrt, „der macht doch einen Kult daraus, mich fertig zu machen, und das immer vor möglichst viel Publikum. Dann steh ich da wie der letzte Depp. Selbst wenn ich mit aller Kraft denke 'liebe deinen Nächsten wie dich selbst', bin ich von oben bis unten nur noch rote Wut. Und alle, die mit mir da sind, geben mir Recht."

„Menschliches Recht ist nicht göttliches Recht, du weißt genau, wenn so ein armer, in absoluter geistiger Dunkelheit lebender Wurm dich attackiert, dann nur darum, weil ein dumpfer Instinkt ihm sagt, er muß einmal den gleichen Weg gehen, und das macht ihm Angst. Und anstatt, daß du Mitleid hast, giftest du zurück, stellst dich damit vorübergehend auf die gleiche Stufe. Da soll man dann als Engel nicht zuviel kriegen, ich muß dann ja mit hinunter in die - äh, den Mist."

„Sag bloß, du kennst solche Wörter, wie du es eben beinah ausgesprochen hast", grinste ich.

„Nichts Menschliches ist uns fremd", sagte er salbungsvoll, lachte aber dabei.

„Ich habe dich noch gar nicht gefragt, wie du heißt, sag mir bitte deinen Namen", bat ich.

„Ich heiße Antaares", antwortete er.

„Wenn ich nun auf der gleichen Stufe stehen geblieben wäre, wie vor meinem Geburtstag, hätte dann Menteenus auch gehen müssen?" wollte ich wissen.

„Sieben Jahre bei dir sind genug", frotzelte er, wurde dann aber gleich wieder ernst. „Das weiß ich nicht. Das wird von oben bestimmt und ist sicher von Fall zu Fall verschieden."

Ich hatte gerade eine Kassette von Eberhardt Kohler über die Gedanken und die menschliche Aura gehört und wollte dazu noch einiges wissen.

„Stehst du eigentlich neben mir oder bist du in meiner Aura, wie die kleinen Engel, von denen Herr Kohler spricht?"

„Teils - teils", antwortete er, „Wenn du gute Gedanken hast, oder wenn du betest, ist deine Aura hell genug, daß ich darin sein kann. Bist du müde oder traurig, kann ich nur einen Teil ausfüllen, bist du aber schlecht gelaunt oder wütend, muß ich mich zurückziehen, denn diese dunklen Ströme, die dann um dich sind, schmerzen zu sehr. Ich versuche immer, bis an die Grenze des Erträglichen zu gehen, um dir zu helfen, denn selbst im Zorn rufst du nach mir oder bittest Christus um Hilfe. Oft hast du dann den Eindruck, es helfe dir niemand. (Stimmt) In Wirklichkeit schaffen es diese Gedanken, daß deine Wut nicht zerstörerisch auf das bisher Erreichte wirkt. Ich kann dir dadurch so nah bleiben, daß du nicht zurückfällst."

Inzwischen war es Teezeit geworden. Ich ging in die Küche und setzte Wasser auf. Merkte nicht, daß ich den Kessel mit der rechten Hand aufsetzte. Erst als ich beim Teetrinken feststellte, daß ich das Teeglas mit rechts vom Tisch nahm und zum Munde führen konnte, hielt ich verdutzt inne.

„Man faßt es nicht!" Dies war sogar mir etwas zuviel. Beinah erleichtert registrierte ich später beim Abwaschen, daß Töpfe scheuern mit rechts doch noch nicht möglich war.

Ich dachte lange über dieses Gespräch nach. Da stimmte doch etwas nicht. Mein sechsundfünfzigster Geburtstag lag über ein Jahr zurück. Wenn ich nicht mit Menteenus gesprochen hatte, wieso konnte denn ein Satz kommen wie: Ich erinnere mich, daß die Kaffeekannen durch mich hindurch flogen? Antaares konnte es ja nicht gewesen sein.

„Das will ich dir gern erklären", tickerte es in meinem Kopf.

„Ach, ich habe das Gefühl, ich mache mir selbst etwas vor. Oder ein Neckgeist nimmt mich auf die Schippe."

Ich war ärgerlich.

„Nun höre mir bitte in Ruhe zu", die Stimme war jetzt ernst und eindringlich. „Du hörst mich doch nicht wie ein menschliches Gegenüber in wörtlicher Rede. Ich sende meine Gedankeninhalte in deinen Kopf, die Worte formulierst du selbst. Der Inhalt kommt immer an, so wie ich es meine. Da du aber der Meinung warst, du sprichst mit Menteenus, hast du es dementsprechend formuliert. Alles, was Menteenus mit dir erlebt hat, ist mir bekannt. Wenn wir zu einem andern Menschen gerufen werden, bekommen wir, ihr würdet es ein 'vollständiges Dossier' nennen, über ihn. Schließlich", seine Stimme bekam wieder den vergnügten Unterton, „muß man ja wissen, mit wem man es zu tun kriegt."

„Soso, die Worte formuliere ich selber, wieso merke ich immer sofort, wenn du anfängst zu grinsen?"

„Engel grinsen nicht, sie lächeln",

„Glaub ich nicht, du grinst."

„Engel streiten auch nicht, also schön, ich grinse. Ich hab dir doch gerade erklärt, daß ich meine Gedanken und Empfindungen in dich hineinprojizieren kann. So kann ich dir auch mein, ich bleibe bei Lächeln, übermitteln. Und nun hör auf, dir den Kopf zu zerbrechen. Vieles, was auf unserer Ebene geschieht, wird dir unerklärlich bleiben, bis du selbst bei uns bist. Du sollst dankbar sein, daß du mich hören kannst, die meisten Menschen machen sich ja nicht einmal die Mühe, darüber nachzudenken, ob es uns gibt."

„Und halten mich für bescheuert", murmelte ich.

„Stimmt, aber das darf dich nicht erschüttern, wir wissen es besser", tröstete Antaares.

Plastiktüten

Inzwischen hatte ich Dutzende von Büchern gelesen, in denen Menschen von ihren Gesprächen mit Engeln berichteten. Alle hatten zugleich den Auftrag bekommen, es der Öffentlichkeit kundzutun. Es waren auch durchweg Botschaften, die für alle wichtig waren. Hauptthema war immer in erster Linie unser rücksichtsloser Umgang mit der Erde, und in zweiter das gewaltige Waffenarsenal der Menschheit bzw. der beiden Supermächte. Immer hatten alle Aussagen warnenden und unheildrohenden Charakter, nach dem Motto: „Wenn ihr nicht aufhört, dann –", und dann wurden die schrecklichen Folgen unseres Tuns drastisch geschildert. Mir ist immer bange dabei geworden, was ja wohl auch der Zweck der Übung war.

„Ich verstehe den Sinn des Ganzen nicht", sagte ich zu Antaares, als ich wieder einmal nach solcher Lektüre angstgeschüttelt den Berg Plastiktüten sah, der sich trotz aller Bemühungen immer wieder bei mir ansammelt.

„Diejenigen, die ihren Engel hören können, werden sich sowieso bemühen, der Umwelt nicht zu schaden. Und die andern, die werden so ein Buch nicht mal mit der Feuerzange anfassen, geschweige denn lesen."

„Du scheinst ja ein ziemlich schlechtes Gewissen zu haben, was Plastiktüten anbetrifft", gab mein Engel zurück,

„Hab ich auch, weil ich nie genug mitnehme, wenn ich einkaufen gehe."
„Du wirst es schon lernen, ich werde versuchen, dich darin zu bestärken. Es ist aber doch wichtig, es immer wieder zu sagen, denn es erfüllt im gewissen Sinne doch seinen Zweck. Ein Bewußtsein, welches sich in einer bestimmten Gruppe stärker manifestiert, beeinflußt auch diejenigen, die nichts davon wissen wollen. Es dauert nur länger, aber kein Gedanke, der intensiv gedacht wird, verfehlt seine Wirkung auf die Allgemeinheit. Das, was Engel und Schutzgeister denken und wünschen, wirkt sich zunächst nur auf die aus, die es fühlen und hören können. Erst wenn diese Menschen es auch denken und wünschen, greift es auf die anderen über, auch wenn die es zunächst nicht wahrhaben wollen. Ihr, die ihr versucht, mit unserer Hilfe Gottes Willen zu erfüllen, seid in der Lage, das Denken der andern zu lenken. Darum habt ihr eine sehr große Verantwortung allen gegenüber. Von euch hängt es ab, wie die Erde im nächsten Jahrtausend aussehen wird."
„Von uns? Das halt ich nicht aus. Was ist mit Gottes Allmacht?"
„Jesus spricht, mein Reich ist nicht von dieser Welt. Ob Materie zerfällt oder besteht, ist für das Reich Gottes unerheblich. Das erscheint nur euch wichtig, die ihr in der Materie lebt. Eure Seelen sind göttlich und bleiben es auch, der Verstand ist der Materie verhaftet und muß die Folgen dessen tragen, was er in der Materie angerichtet hat. Erst wenn alles gesühnt ist, seid ihr wieder reines Bewußtsein. Das meint Jesus, wenn er sagt, es kommt aber keiner davon, ehe der letzte Heller bezahlt ist. Dann wird wieder neue Materie erschaffen. Das geschieht jedoch in so großen Zeiträumen, daß sie nur von Gott überblickt werden."
„Zu mir hast du nie von diesen Dingen gesprochen."
„Na, daß ich nicht lache! Wer glaubst du, hat dich veranlaßt, siebzehn Jahre lang auf jedem deiner Spaziergänge

mit deinem Hund den Wald aufzuräumen? Wieviel Müll hast du in der Zeit weggebracht. Und heute? Hebst du nicht möglichst immer noch jede Flasche auf und schleppst herumliegende Folien oder anderes Plastikzeug nach Hause in deinen Mülleimer? Das Tun an sich ist angesichts der Müllmengen scheinbar sinnlos, aber die geistige Ausstrahlung dieses Tuns wirkt an der Stelle weiter. Du bist seit Putzis Tod nicht mehr im Wald gewesen, aber die Wege, die du gegangen bist und sauber gemacht hast, bleiben jetzt sauberer als es vorher möglich gewesen wäre. Die Schwingungen, die du dort erzeugt hast, veranlassen die Menschen, sich rücksichtsvoller zu verhalten, als sie es woanders sind. Selbstverständlich ist ihnen das nicht bewußt, aber das ist ja auch nicht wichtig, Hauptsache, es geschieht!"
Ich hatte kaum so schnell schreiben können, wie die Worte kamen. Das also war des Pudels Kern. Meine Macke, die ich geschämig zu verbergen suchte, weil ich mir oft lächerlich vorkam bei meiner Müllsammelei, war nichts anderes als der Wunsch meines Engels. Vier Jahre war mein Hund Putzi tot. Ich nahm mir vor, doch noch einmal die Waldwege zu gehen, die ich jahrelang gesäubert hatte. Nicht, daß ich es nicht glaubte, was ich eben gehört hatte, ich wollte mir die Freude machen, es zu sehen. Ein halbes Jahr nach Putzis Tod war ich einmal im Wald gewesen. Aber der Kummer um ihn war noch so groß, daß ich nur heulte und die Spaziergänger mich entsetzt anstarrten. Darum war ich nie mehr dort gewesen.
„Meinst du, ich könnte jetzt gehen, ohne loszuheulen?" fragte ich.
„Geh nur, so schlimm wird es nicht werden", antwortete Antaares, „ich werde ja dabei sein."

Todesstrafe

Als Michail Gorbatschow in der UdSSR die Macht übernommen hatte, seit Glasnost und Perestroika, erinnerte mich meine Mutter beim Gute-Nacht-sagen daran, für ihn zu beten. Ich glaube, daß es auch wirklich bitter nötig war. Von allen Staatschefs hatte er es wohl damals am schwersten. Seit ich gelesen hatte, daß im Kreml die erste Messe seit der Revolution gefeiert worden war, mußte ich immer an die Prophezeiung des Sehers Edgar Cayce denken. Cayce prophezeite in den zwanziger Jahren, daß im nächsten Jahrtausend ein neues Christentum erstehen würde, deren Haupt und Zentrum nicht mehr Rom, sondern Moskau sein würde. Vom Kreml würde ein neues Licht ausgehen, das der Welt die wahre Religion Christi und den Frieden bringen würde.

Wieherndes Gelächter bei den Ungläubigen, Kopfschütteln bei den Gläubigen, im Vatikan hat man es gar nicht gelesen.

Ich wollte jetzt mehr darüber wissen und wandte mich an meinen Schutzengel.

„Michael ist der Name eines Erzengels", sagte ich, „und bedeutet übersetzt Kraft Gottes. Das kann doch kein Zufall sein, oder?"

„Klar ist es Zufall", Antaares betonte das Wort Zufall.

„Ich denke, es gibt keinen Zufall"

„Warum fragst du denn so dämlich?"
Er sagte wirklich „dämlich", so ein Wort sollte doch ein Engel nicht aussprechen, fand ich, und das sagte ich ihm auch.
„Warum soll denn ein Engel nicht die Wahrheit sagen? Du weißt doch genau, daß es so ist. Aber du solltest dir einmal über die wahre Bedeutung des Wortes „Zufall" klar werden. Zufall heißt, es fällt dir etwas zu. Den Zeitpunkt dieses Geschehens bestimmt Gott. Dem russischem Volk ist es zu jener Zeit zugefallen, einen Führer zu bekommen, der den gleichen Namen trägt wie der höchste der Erzengel. Ihr habt lediglich dem Wort eine falsche Bedeutung untergeschoben. Alles, was du bekommst, alles was dir geschieht, ist Zufall. Denn es fällt dir alles von Gott zu."
„Du hast wie immer vollkommen Recht", gab ich zu, „aber ich möchte wissen, wieso gerade Moskau, das erscheint doch wirklich unglaubwürdig."
„Im Gegenteil, es ist die einzig logische Folgerung. Wenn Menschen aus der Geschichte lernen könnten, hätten sich die Machthaber sagen müssen, daß nach allen Erfahrungen das am stärksten wächst, was man so gewaltsam bekämpft, daß Märtyrer entstehen. Denk an das junge Christentum in Rom. Je mehr starben, um so sicherer und schneller wuchs die christliche Religion."
„Dann hätte eigentlich nach Hitlers Judenverfolgung in Deutschland ein jüdischer Staat entstehen müssen", meinte ich.
„Das wäre geschehen, wenn nicht in Israel der Ursprung ihres Glaubens und die Verheißung auf den Messias wären. Du weißt ja, daß die Juden immer noch auf den Messias warten. Und das wollen sie im Land ihrer Väter."
„Warum machen Märtyrer eine Glaubenssache so stark?", wollte ich wissen.
„Ganz einfach, weil ein Mensch, der nicht mehr an seinen

Körper gebunden ist, geradezu einen unendlichen Spielraum für seine Aktivitäten hat. Jede auf Erden lebende Seele, die mit ihm in Gleichklang ist, ist sein Tätigkeitsfeld. Er kann sie rund um die Uhr beeinflussen, sogar vollständig vereinnahmen. Dann sprecht ihr von Besessenheit. Dies trifft für alle Richtungen zu. Ein toter Terrorist ist für die Menschheit eine viel größere Gefahr als ein Lebender. Er kann alle zum Töten veranlassen, die ein schwaches, für solche Dinge anfälliges Wesen haben. Ebenso kann jemand, der sein Leben für Jesus Christus hingegeben hat, alle Glaubensbrüder stärken und bisher laue Charaktere zu Felsen in der Brandung machen. Denen, die Gott dienen, stehen für ihr Werk Engel zur Seite, während die Andern Dämonen um sich versammeln."

„Gerade habe ich gelesen, daß im letzten Jahr noch über tausend Menschen durch den Staat hingerichtet wurden. Ich wußte nicht, daß es noch in so vielen Ländern die Todesstrafe gibt. Mir graut bei dem Gedanken, wie sich das potenziert."

„Nicht alle, die so sterben, bleiben in der Nähe der Lebenden. Nur die, die mit Haß- und Rachegedanken hinübergehen, wollen ihr Vernichtungswerk hier fortsetzen. Die, die aus Liebe zu Jesus gestorben sind, bleiben in Seinem Auftrag bei ihren Glaubensbrüdern. Im Endeffekt jedoch werden immer die siegen, die aus Liebe alles aufgegeben haben. Weil eure Presse aber nur die schlimmen Dinge meldet, kommt es euch so vor, als bestände die Welt nur aus Schlechtigkeiten. Das ist gewiß nicht so, glaube mir."

Ich war getröstet. Wo letztendlich der neue Papst, sofern man noch einen braucht, sitzen wird, ist ja unwichtig. Wenn nur im kommenden Jahrtausend durch ein neues Christentum mehr Liebe und Wärme in diese Welt kommt. Dafür wollen wir beten.

Nichts ist dein Eigentum

In unserer Verwandtschaft verunglückten in einem Fahrzeug zwei junge Leute tödlich. Die Verzweiflung der beiden Elternpaare war grenzenlos. Als ich von der Beerdigung kam, völlig am Boden zerstört, weil der Schmerz der Eltern mir das Herz zerrissen hatte, wandte ich mich hilfesuchend an Antaares.

„Ist es nötig, so schreckliche Dinge geschehen zu lassen? Beide waren so liebe Kinder, haben den Eltern nur Freude gemacht, und nun? Wie sollen die Eltern damit fertig werden?"

Antaares antwortete nicht gleich. Ich wartete ungeduldig.

„Du solltest wirklich mehr Geduld aufbringen", kam es auch prompt, „ich muß doch erst überlegen, wie ich es dir am besten verständlich machen kann. Ich gebe ja zu, daß es sehr schwer ist, Gottes Willen hinzunehmen, wenn solche Dinge geschehen. Annehmen in Demut und Liebe, wer von den Menschen kann das schon. Damit sind wir auch schon bei der Erklärung. Wenn sich jemand von dir ein Buch leiht, nimmt er das gerne an, es bereitet ihm ein paar schöne Stunden, aber es ist selbstverständlich, daß er es dir zurück gibt. Jedenfalls erwartest du das. Wenn du dir Geld leihst, mußt du es sogar mit Zinsen zurückzahlen, nicht wahr?"

„Ja sicher, aber was hat das mit dem Autounfall zu tun?"

„Wenn du zur Welt kommst, besitzt du nichts außer dem

nackten Leben. Alles, was du dann bekommst, wird dir von Gott für die kurze Zeit eines Erdenlebens geliehen, oder besser gesagt: anvertraut. Wenn du diese Welt verläßt, kannst du nichts mitnehmen. Das, was dir für die Zeit hier gegeben ist, sind nur Leihgaben Gottes. Wenn du Kinder bekommen hast, sind sie zwar von den Eltern gezeugt, aber das Leben gab ihnen Gott. Er vertraut sie den Eltern an, aber sie sind niemals ihr Eigentum. Wenn sich die Menschen klar darüber wären, daß sie nichts, aber auch gar nichts besitzen, was ihnen nicht von Gott als Leihgabe für eine bestimmte Zeitspanne anvertraut ist, könnten sie nicht mit ihm hadern, wenn Er für 'ausgeliehene Gaben' eine andere Verwendung hat. Die meisten Menschen glauben sogar, daß sie das, was sie 'besitzen', aus eigener Kraft erworben haben. Wie hochmütig. Wer gab ihnen denn die Kraft zur Arbeit? Die Ideen zu einer Erfindung? Die Eltern, die ein Studium ermöglichten? Wenn du die Gebete zählen würdest, die um etwas bitten und die, die für alles Empfangene danken, würdest du erschrecken. Bittgebete füllen den Himmelsraum fast aus, während die Dankgebete in einer winzigen Ecke Platz haben. Aber Dinge, für die man keine Dankbarkeit empfindet, verliert man schneller, als etwas für das man Gott täglich dankt."

„Waren diese Eltern nicht dankbar? Ist es nicht auch ein Ausdruck der Dankbarkeit, wenn man das Empfangene liebt, hütet und pflegt?"

„Hüten und pflegen sollte man alles, was einem anvertraut ist, lieben tun es längst nicht alle. Ich weiß nicht, wie dankbar diese Eltern waren. Wenn sie es waren und die Kinder wurden ihnen trotzdem genommen, so hatte auch dieses Unglück einen Sinn. War die Aufgabe dieser Seelen erfüllt, so bestand kein Grund, sie länger auf Erden zu lassen."

„Weißt du um die Aufgabe der Seelen auf Erden?"

„Das weiß nur Gott und die Seele selbst. Erst wenn die Seele einen materiellen Körper und einen Schutzengel bekommt, erfährt der Engel, zu welchem Dienst dieser Mensch berufen ist. Dann aber gewinnt das Tagesbewußtsein die Oberhand und die Seele vergißt scheinbar. Aber unser Sprachrohr im Menschen, sein Gewissen, erinnert ihn immer wieder. Die meisten hören nicht zu, und irgendwann verstummen wir dann. Erst in Not und Leid hört er wieder unsere Stimme. So ist Leid auch ein Weg zur Aufgabenfindung und damit zu Gott."
„Ich bin sehr froh, daß ich deine Stimme jederzeit hören kann", sagte ich, „es macht manches sehr viel leichter."
„Nicht immer", lächelte Antaares.
„Stimmt!"

... und nähme doch Schaden an seiner Seele

Wenn ich darüber nachdenke, wie lange ich gebraucht hatte, um meinem Engel zuzuhören, stehen mir heute noch die Haare zu Berge.
„Mir auch!“ Mein Engel!
„Moment mal“, protestierte ich, „du warst es doch damals noch gar nicht“. „Erinnere dich, daß ich dir gesagt habe, daß ich jede Einzelheit erfahren habe, bevor ich zu dir kam. Ich mußte ja wissen, mit wem ich es zu tun bekam.“
„Immer dieses Petzen“, murmelte ich.
„Es war schon schwierig, dir Vernunft beizubringen.“
Er hatte ja so recht. Eigentlich war ich immer ein bequemer, um nicht zu sagen fauler Mensch gewesen. Daß ich sehr schnell arbeitete, hatte nur den Grund, möglichst rasch fertig zu werden. Ich machte alles ordentlich aus Angst, noch einmal anfangen zu müssen. Sonst lag ich herum und las. Da ich von Geburt an einen extrem niedrigen Blutdruck habe, bekam diese Lebensweise meinem Kreislauf überhaupt nicht. Mit knapp dreißig Jahren war ich fast Invalide. Ich kam keine Treppe mehr herauf, fiel um, sobald ich länger stehen mußte, was sich besonders beim Einkaufen als sehr lästig herausstellte. Nachdem ich einmal in

eine Tomatenkiste gefallen war, schob man mir bei meinem Erscheinen sofort einen Stuhl zu. Schließlich landete ich bei Doktor Brucker. Der putzte mich erst einmal kräftig herunter. Kein Hund hätte ein Stück Brot von mir genommen. Fünf Wochen lag ich in seiner Klinik. Geknickt, aber gehorsam befolgte ich seine Anweisungen. Sport sollte ich treiben. Also gut. Ich trat in den örtlichen Turnverein ein und begann mit dem Sport. Gymnastik, Leichtathletik, Schwimmen. Es bekam mir großartig. Wenn man in einem Verein turnt und gute Leistungen bringt - und ich brachte sie zu meinem Erstaunen - wird man zu Wettkämpfen geschickt. Schließlich will der Verein etwas von seinen Bemühungen haben. Ich wurde urkunden- und medaillensüchtig. Ich wurde Kreismeisterin, Gaumeisterin, Landesmeisterin. Als dann Deutsche Meisterschaften ins Haus standen, wurde ich ganz verrückt. Stellte das Rauchen ein, schwamm jeden Morgen vor der Arbeit eine Stunde hartes Training, rannte in der Mittagspause wie eine Beknackte mit der Stoppuhr in der Hand den Berg herauf, ging abends auf den Sportplatz oder in die Turnhalle zur Gymnastik. Wurde Vizemeisterin und heulte vor Enttäuschung.

„Es war nicht auszuhalten." Antaares mischte sich mal wieder ein.

„Sei bitte still, ich weiß es ja, ich erzähle ja nur, wie es war!"

Als ich das Training wieder aufnehmen wollte, streikte meine linke Schulter. Ich nahm das nicht ernst und machte weiter, bzw. ich versuchte, weiter zu machen. Dann strahlte der Schmerz auf den Rücken aus und nichts ging mehr.

„Ob ich wohl zuviel gemacht habe?" Nach vielen vergeblichen Spritzen von meinem Hausarzt, der „Verschleiß" diagnostizierte, fragte ich mich, ob ich nicht übertrieben hatte. Dann ging es durch alle möglichen Praxen. Der erste, ein Chiropraktiker, untersuchte mich und sagte entsetzt:

„Ihr Rücken ist ja in einem schrecklichen Zustand. Könnten Sie nicht mal ein bischen schwimmen oder Gymnastik machen?“ Als ich ihm beleidigt erklärte, ich sei gerade deutsche Vizemeisterin in Kraul- und Brustschwimmen geworden, sank er auf seinen Stuhl und sagte ungläubig: „Was, mit *dem* Rücken?“

Der nächste, ein Orthopäde, kannte mich. Nach der Untersuchung sagte er: „Wenn Sie nicht soviel Sport getrieben hätten, säßen Sie schon im Rollstuhl. Machen Sie mit Bewegungsübungen weiter.“

Da ich mich so gut wie gar nicht mehr rühren konnte, half mir der Rat nicht weiter. Der dritte, ein Röntgenologe, der mich auch kannte, befand: „Sie haben sich mit dem Sport total kaputt gemacht, mit Ihrer Wirbelsäule hätten Sie viel vorsichtiger umgehen müssen!“

Da saß ich nun mit vier verschiedenen Diagnosen und keiner konnte mir helfen. Anziehen, Kämmen, Hausarbeit, alles ging, wenn überhaupt, nur noch unter Schmerzen. So saß ich untätig herum und ging in mich. Leise, aber unüberhörbar, meldete sich eine Stimme. Sie sagte immer denselben Satz: „Was hülfe es dem Menschen, wenn er die ganze Welt gewönne und nähme doch Schaden an seiner Seele!“

„Ich hätte mal zählen sollen, wie oft Menteenus dir das vorgebetet hat. Aber du warst ja dermaßen vernagelt, da konnte man wirklich die Geduld verlieren.“

Das stimmte. Zwei Jahre hat der Spuk gedauert, bis ich wußte, daß ich auf dem besten Wege gewesen war, Schaden an meiner Seele zu nehmen. Erst als mir das in seiner ganzen Konsequenz aufgegangen war, fand ich Hilfe. Ausgerechnet bei einem Pfarrer. Der renkte Wirbelsäulen ein wie ein Profi. Nein, besser. Zu ihm ging ich. Er legte mir nur die Hand auf die Schulter und sagte: „Armes Kind, was müssen Sie gelitten haben!“

Es war kein Verschleiß, es war auch nicht meine so geschmähte Wirbelsäule. Eine Sehne auf der Schulter war aus ihrer Knochenrille gerutscht. Bei jeder Bewegung schrappte sie über die Knochenhaut. Es gab eine inzwischen chronische Knochenhautentzündung, die Armmuskeln waren stark verkürzt und alle Wirbel waren verrutscht. Eine kleine Bewegung mit dem Daumen, und die Sehne saß wieder da, wo sie hingehörte. Sechs Wochen Elektro-Akupunktur und alles war in Ordnung. Es dauerte zwar noch ein Jahr, bis ich mich wieder auf dem Rücken kratzen konnte, aber ich fühlte mich wie neugeboren. In diesen zwei Jahren hatte ich gelernt, auf die innere Stimme zu hören. Wenn ich mir zuerst eingebildet hatte, es sei eben nur meine Vernunft gewesen ...

„Ha, Vernunft", spottete Antaares dazwischen, „ich höre immer Vernunft! Wenn du nur einen Funken gehabt hättest, wäre es gar nicht schlimm geworden."

Ich tue, als habe ich den Einwurf nicht gehört.

Als ich auf meine Fragen Antworten bekam, die ich mir wirklich nicht selber ausdenken konnte, ging mir auf, daß da eine andere Intelligenz war, die mir Anweisungen gab. Ich lernte auch, daß ich gut daran tat, der Stimme zu gehorchen.

„Hat lange genug gedauert!" Wieder so ein Zwischenruf.

„Antaares, du bist heute nicht sehr liebenswürdig, ich habe doch meine Fehler eingesehen, wenn auch erst spät, ist doch besser, als gar nicht, oder?"

„Entschuldige bitte, es war auch nicht so gemeint. Aber weißt du, es ist sehr schlimm für uns Engel, wenn wir zusehen müssen, wie ein Schutzbefohlener leidet, man redet sich den Mund fusselig für nichts und wieder nichts. Du weißt ja, wie viele Menschen es gar nicht lernen und bis zum bitteren Ende nicht zur Einsicht kommen. Als Engel

dabei stehen zu müssen, ist hart. Und erst das Entsetzen, wenn sie drüben ankommen und rückblickend erkennen, wo der Hase im Pfeffer lag!"
Das konnte ich mir lebhaft vorstellen.

Hundeschutzengel

Es war ein schöner Herbsttag, als ich mit unserem Hund im Wald spazieren ging. Wirklich ganz gemütlich spazieren ging, anstatt wie früher zu Trainingszwecken mit der Stoppuhr in der Hand den Berg hinauf zu rennen und oben mit hechelnder Zunge meinen Puls zu zählen. Auch der Hund düste nicht mehr wie ein Irrer durch die Botanik, sondern zockelte genüßlich am Wegrand entlang und las schnüffelnd die Hundezeitung. Wir waren schon ziemlich weit gegangen, als uns zwei ältere Damen entgegen kamen. Ich grüßte, sie blieben stehen und sprachen mich an. Wir plauderten eine Weile über das schöne Wetter. Dann fragte eine der Damen: „Sagen Sie, haben Sie keine Angst so allein im Wald?"

„Ich bin ja nicht allein", sagte ich, „wir sind doch vier."

Die Damen machten ein erstauntes Gesicht.

„Wieso vier? Kommen die andern nach?"

„Nein, nein, ich meine meinen Schutzengel und den von meinem Hund."

Den beiden blieb der Mund offen stehen. „Ihr was? Ihr Schutzengel?"

Ich nickte.

„Glauben Sie, daß Sie einen Schutzengel haben?" fragte die Ältere.

„Nein, das glaube ich nicht, das weiß ich", sagte ich. Die beiden Damen waren sichtlich verwirrt.
„Woher wollen Sie das denn wissen?"
„Erstens, weil Gott es gesagt hat", begann ich aufzuzählen, „Im 91. Psalm heißt es: Denn ER hat seinen Engeln befohlen, daß sie dich behüten auf allen deinen Wegen. Zweitens, weil er mich schon wirklich beschützt hat in scheinbar aussichtslosen Situationen. Drittens, wenn sie mit jemanden täglich reden und er Ihnen auch antwortet, werden Sie auch von seiner Anwesenheit überzeugt sein."
„Also gut", nahm die jüngere das Wort, „wenn man gläubig ist, ist das ja wohl ziemlich einfach. Aber wie kommen sie darauf, daß Ihr Hund einen Schutzengel hat?"
„Ganz einfach, weil ich ihn liebe. Liebe ist die Nahrung der Engel. Erschaffen sind sie durch die Liebe Gottes, mächtiger werden sie durch die Liebe, die der Mensch, den sie beschützen, ihnen entgegenbringt. Wenn ich meinen Hund liebe, so teilt mein Engel sich und erschafft einen Engel für meinen Hund. Alles, was ich selbstlos liebe, bekommt dadurch einem Schutzengel. Das heißt aber nicht, daß ungeliebte Wesen keinen haben. Sie haben selbstverständlich ihren Schutzengel. Wenn sie von ihm wissen und ihm dankbar sind, wird er auch sehr mächtig sein. Wenn sie ihn aber ignorieren, so können sie weder auf seine Warnungen, noch auf seine Trostworte hören. Wer nicht glaubt, daß er einen Engel hat, wird ihn auch nie erfahren. Denn es steht auch geschrieben in Matthäus 8,13: Dir geschehe, wie du geglaubt hast.
Den Damen war nicht wohl in ihrer Haut, das merkte ich. Sie saugten aber meine Worte ein, wie ein trockener Schwamm das Wasser.
„Über so etwas haben wir noch nie nachgedacht", gaben sie zu.

„Außerdem“, fuhr ich fort, „glauben Sie wirklich, wenn irgend jemand Ihnen hier jetzt etwas tun will, es würde etwas nützen, daß sie zu zweit sind? Ein kräftiger Mann läßt Sie doch alle beide am ausgestreckten Arm verhungern.“
Inzwischen war mein Hund bei uns angelangt. Mit einer Miene, als wollte er sagen: Mir wird es langweilig, los, weiter, setzte er sich vor mich hin. Die Damen betrachteten ihn, als hätten sie noch nie einen Hund gesehen.
„Hundeschutzengel! Ich kann es nicht fassen“, murmelte eine vor sich hin.
„Dieser Hund rennt seit zehn Jahren bis zu zwanzigmal täglich über eine stark befahrene Bundesstraße. Ohne Schutzengel wäre er wohl längst überfahren worden.“
„Sie wollen also sagen, jeder bekommt von Gott einen Schutzengel, aber wieviel der für einen Menschen tun kann, hängt von demjenigen selbst ab, ist es so?“
„Ganz genau so, Sie haben es erfaßt.“
„Ich werde es mir merken“, sagte die Ältere.
Nach ein paar Abschiedsworten trennten wir uns.
„Puhh, endlich geschafft!“ Verdutzt hörte ich meinen Schutzengel erleichtert aufseufzen.
„Was meinst du damit?“ fragte ich.
„Für die ältere der beiden Damen, die du eben so nett aufgeklärt hast, ist die irdische Zeit bald abgelaufen. Sie wird krank werden und viel Schmerzen leiden müssen. Ihr Schutzengel machte sich große Sorgen, denn wenn sie nicht erfährt, daß er bei ihr ist, kann er kaum helfen, ihr Leiden zu ertragen. Das ist auch für ihn ein großer Schmerz, zusehen müssen, ohne helfen zu können. So bat er einen übergeordneten Engel um Hilfe. Der brachte ihn zu mir. Nun mußten wir nur noch einen Weg finden, daß du sie trafst. War gar nicht so einfach, euch beide um die gleiche Zeit auf den gleichen Weg zu bringen. Die ganze vorige Woche seid

ihr auf verschiedenen Wegen knapp aneinander vorbeigegangen. Aber nun ist alles gut. Sie wird sich deiner Worte erinnern, wenn es ihr schlecht geht. Beim Hinübergehen wird er ihre Hand halten, sie wird sich nicht fürchten, sondern sehr glücklich sein."

„Bin ich froh, daß ich helfen durfte, obwohl es mir sehr leid tut, daß sie sterben muß."

„Das glaube ich dir, aber du weißt ja, das müßt ihr alle. Aber wenn ein Engel mit euch geht, ist sehr schön."

Ein Jahr später ging ich mit dem Hund den gleichen Weg. Ich hatte das Gespräch längst vergessen, als ich an die bewußte Stelle kam, fiel es mir wieder ein.

„Wie geht es der Dame von damals?" fragte ich meinen Schutzengel.

„Wenn ich dir für einen Moment das dritte Auge öffnen könnte, würdest du sie jetzt sehen. Auch ihr Schutzengel ist bei ihr. Sie bedankt sich bei uns für das Gespräch vor einem Jahr. Es hat ihr alles leichter gemacht. Sie hat hier schon eine Weile auf dich gewartet, um dir dies durch mich mitzuteilen. Jetzt wird sie in höhere Sphären aufsteigen können."

„Wie schön", rief ich begeistert, „grüße sie von mir und sie soll, wenn möglich, drüben irgendwo auf mich warten!"

„Sie wird es versuchen", lächelte mein Engel, „aber du hast es doch nicht eilig, oder?"

Habe ich wirklich nicht.

Beethoven und Bauchweh

Ich saß in der Küche, schälte Kartoffeln und wollte Musik hören. Wie üblich, hatte ich den NDR3 eingeschaltet, weil der nur klassische Musik bringt. Der Sprecher begrüßte die Hörer und nannte die Komponisten, deren Werke an diesem Morgen gespielt würden. Reger, Ravel, Hindemith und, um das Maß meines Entsetzens voll zu machen, Rimski-Korsakoff. Mit einem Satz war ich am Radio und haute auf den Ausstellknopf. Ich schälte wütend an den Kartoffeln, die ja wirklich nichts dafür konnten.

„Schalt doch wieder ein, du kannst es doch noch einmal versuchen", sagte eine Stimme in mir.

„Antaares, bist du das?" Ich war äußerst verwundert, tat aber, wie mir geheißen. Es kam eine herrliche Sinfonie, die mich richtig begeisterte. Ich habe vergessen, was es war, und von wem es war, Reger oder Ravel, aber es war wunderschön. Mutig geworden, versuchte ich auch das nächste Stück. Nach drei Minuten machte ich der Qual des Zuhörens ein Ende und schaudernd das Radio aus.

„Ich kann es verstehen, ich wollte dir nur zeigen, daß auch diese Komponisten, die du so verabscheust, für dich verständliche Musik geschrieben haben", erklärte mein Schutzengel.

„Lieber Antaares", bat ich, „kannst du mir sagen, wie es

kommt, daß Menschen so eine entsetzliche Ansammlung von Disharmonien zustande bringen und, was mich noch mehr erschüttert, ernsthafte, berühmte Orchester diese Scheußlichkeiten spielen?"

„Andere finden es eben nicht scheußlich."

„Das kann ich nicht glauben!"

„Ich will versuchen, es dir zu erklären. Du weißt, daß alles, was auf Erden existiert, seinen Ursprung in der geistigen Welt hat. Du weißt auch, daß jeder Mensch nachts, wenn sein Körper schläft, in seine geistige Heimat geht. Nun, alles, was er dort sieht und hört, versucht er auf Erden sichtbar und hörbar zu machen. Der Maler in Bildern, der Komponist in Melodien, der Bildhauer in Skulpturen. Es geht aber jeder an den ihm angemessenen Ort, seinem Bewußtsein entsprechend. Für ihn gibt es in dem Sinne keine Dissonanzen, weil das, was er hört, seinem Bewußtsein entspricht. Und diejenigen, die auf gleicher oder ähnlicher Ebene sind, empfinden es als ihnen entsprechend."

„Müssen das gräßliche Gegenden sein, in denen sich die modernen Künstler aufhalten", murmelte ich.

„Erinnerst du dich, daß dir deine Nachbarin gesagt hat, wenn sie Beethoven hört, bekomme sie Bauchschmerzen?"

„Für sie kommt also Beethoven aus einer gräßlichen Gegend, nicht wahr?"

„Ganz genau. Niemand kann etwas ertragen, zumindest nicht für längere Zeit, was nicht seiner Bewußtsseinsebene entspricht, ohne Schaden zu nehmen. Und du hüte dich davor, darüber ein Werturteil zu fällen. Es gibt so viele geistige Ebenen, wie es Menschen gibt, und nur, weil du Beethoven, Mozart, Scarlatti und Dittersdorf liebst, kannst du dich über die anderen nicht erhaben fühlen. Liebst und verstehst du Bach? Nein? Nun, dann laß dir sagen, daß Johann Sebastian Bach der Komponist ist, dessen Ohr den höchsten himmlischen

Chören lauschte, die je ein Mensch gehört hat. Seine Kompositionen sind ein Abglanz der Lobgesänge der Cherubim an Gottes Herrlichkeit. Und du hörst ihn nicht gerne -"
„Es wird mir aber nicht schlecht davon, es langweilt mich bloß ein bißchen", warf ich zu meiner Verteidigung ein.
„Du brauchst dich nicht zu verteidigen", mein Engel milderte die Schärfe, mit der er zuletzt gesprochen hatte, „ich möchte dich nur vor Hochmut bewahren."
„Es können aber nicht wirklich schöne Gefilde sein, aus denen diese Musik kommt", ich war hartnäckig, „ich habe gelesen, daß Orchestermitglieder, die diese modernen Komponisten oft spielen müssen, sehr viel mehr krank werden als andere, wohingegen Leute, welche die alten Klassiker spielen, sich bester Gesundheit erfreuen. Ich habe die Kassetten von Joachim-Ernst Behrend gehört, die Töne der Planeten, den Erden- und den Sonnenton, sie alle stehen in der Harmonie zueinander, wie die Harmonielehre der alten Klassiker. Nirgendwo ist ein Mißton. Ich denke, daß man, in welchem Bewußtseinszustand man sich auch immer befindet, nur davon krank wird, wenn man gezwungen ist, in dunklere, ich möchte beinah sagen, in böse Tiefen herabzusteigen."
„Nun mach aber einen Punkt. Andere Zustände sind doch nicht deshalb böse, wenn einige sie nicht ertragen. Zugegeben, die lichtesten Sphären sind es nicht, aus denen das meiste Moderne kommt, ganz gleich, welche Kunstrichtung es auch ist -"
„Beuys zum Beispiel", kicherte ich, „sein Fettfleck."
„Das hängt aber mit ganz anderen Dingen zusammen."
„Nämlich?"
„Du bist fertig mit Kartoffelschälen, deswegen halte ich es für besser, diese Unterhaltung abzubrechen. Du hast noch solche Schwierigkeiten beim Kochen, daß du deine ganze Konzentration brauchst, wenn du ein vernünftiges Menü zustande bringen willst. Wir reden ein andermal darüber."

Etwas schmollend wandte ich mich meinen Kochtöpfen zu.
Einige Tage später konnte ich abends nicht einschlafen. Im Geist ging ich noch einmal das Gespräch über die Musik durch. Da wollte mir Antaares doch noch etwas erklären. Ich formulierte noch einmal die Frage, die er mir nicht beantwortet, sondern mich an den Herd geschickt hatte.
„Warum kommen in diesem Jahrhundert so viel Dinge in der Kunst vor, vor denen es einen schlicht graust?"
Eine Weile blieb es still. Sehr langsam, fast zögernd, tickerte die Antwort in meinen Kopf. Es war, als suche Antaares nach den richtigen Worten, um mir eine Erklärung zu geben.
„Du mußt dich in die Denkweise der Menschen in den letzten drei Jahrhunderten zurückversetzen. Nahezu alle Menschen waren in ihrem Denken gefesselt und unterdrückt. Sie lebten in einer dumpfen Resignation, ohne geistiges Licht. Die Kirche schwang ihre geistige Rute in allen Lebensbereichen. Durch die Beichte kontrollierte sie auch die Gedanken. Verfolgung und Folter erwartete jeden Andersdenkenden. Die Kirche, die eigentlich der Lichtträger der Menschheit sein sollte, verbreitete anstatt Hoffnung und Liebe nur Angst und Schrecken. Die Leibeigenschaft tat ein übriges dazu. Nun kann aber weder die Erde noch die Menschheit ohne Lichtträger überleben. So waren denn die Künstler jener Zeit diejenigen, die das Himmelslicht zur Erde brachten. Ihre inneren Augen und Ohren waren offen für alles göttliche und sie machten es auf der Erde sichtbar in herrlichen Bauten, die den Wohnungen der Himmlischen entsprachen. Hörbar in den Kompositionen, die den Engelschören gleich klangen, in der Literatur, welche die Gedanken des Höchsten enthielten.
Nun aber, zum Beginn des Wassermannzeitalters, beginnt die Menschheit selbst zu erwachen. Sie versucht sich aus dem Sumpf der Unwissenheit und Trägheit zu befreien.

Die Seelen recken sich mit aller Kraft dem Licht entgegen, die Füße noch im Schlamm. Dies Bemühen, zum Licht zu gelangen, bringt alle dunklen Mächte auf den Plan, die das um jeden Preis vereiteln möchten. Du mußt dir das mal bildlich vorstellen. Da steht der Mensch und reckt seine Hände gen Himmel, die Engel halten schon seine Handgelenke umfaßt. Unten, an seinen Füßen im Schlamm klammern sich die Dämonen, die ihn herunterziehen wollen. So ist in dieser Zeit die Menschheit buchstäblich hin und her gerissen. Die empfindsamen Seelen der Künstler am meisten, denn auf sie stürzen sich die Dämonen mit besonderer Kraft, weil sie wissen, wie sehr die Menschen durch die Kunst beeinflußt werden. So wird mancher Künstler in tiefere Regionen gezerrt und bringt von da mit, was er sieht und hört.

„Ich glaube, jetzt habe ich es verstanden."

Obwohl ich aufmerksam zugehört hatte, fühlte ich die weiche dunkle Welle des Schlafes in meinen Kopf schwappen.

„Schlaf gut", sagte mein Engel.

„Danke, und nimm mich bitte mit ins Licht."

Von dem Kreuz, das zu kurz war

Ich hatte in der Tageszeitung von einer Legende gelesen, die mich tief beeindruckt hatte: Eine Pilgergruppe war unterwegs zu ihrem Heiligtum, jeder trug ein Kreuz mit sich. Einem der Pilger wurde während des Weges sein Kreuz zu schwer, deshalb sägte er ein Stück davon ab. Als sie nun fast am Ziel waren, trennte ein tiefer Abgrund sie von ihrem Heiligtum. Die Pilger legten ihre Kreuze darüber und wandelten hinüber. Der aber, der sein Kreuz abgesägt hatte, konnte den Abgrund nicht überqueren. Sein Kreuz war genau um das fehlende Stück zu kurz.

Während ich darüber meditierte, hörte ich meinen Engel: „Die Geschichte hat noch eine Fortsetzung. Der Unglückliche irrte eine ganze Weile am Rande des Abgrundes hin und her. Der Schmerz, nur hinüber zu sehen in das Licht und es nicht erreichen können, zerriß ihn fast. Endlich hielt er es nicht mehr aus. Er beschloß, zurückzukehren, ein neues Kreuz zu holen und sich wieder auf den Weg ins Licht zu machen. Er wählte ein besonders großes aus, mit dem festen Vorsatz, durchzuhalten. Vorher war er in einer Gruppe gegangen, jetzt mußte er allein gehen. Am Wege lagen viele Herbergen, die zur Rast einluden. Vorher hatte der Leiter der Gruppe bestimmt, wo eingekehrt wurde. Jetzt wählte der Pilger aus Unkenntnis oft die falsche Herberge, in der soviel Zerstreuung geboten wurde, daß er schließlich vergaß, wohin er unterwegs war. Da er aber von einer unbestimmten Sehnsucht in seinem Inneren doch die Richtung beibehielt, gelangte er wieder an die gleiche Stelle. Nun hatte er sein Kreuz gar vor der letzten Kneipe liegenlassen. Und wieder mußte er zurück. Der Jammer und die Reue waren viel schlimmer als zuvor. Was denkst du, wie oft der Mensch noch umkehren muß?"

„Besser ist mir die Reinkarnation noch nie erklärt worden."

Ich begann zu grübeln. Dann wurde mir bange.

„Antaares, habe ich womöglich mein Kreuz abgesägt oder verloren? Wenn ich mein jetziges Leben überdenke, dann trage ich gar keines. Jetzt verstehe ich meine Freundin Ingeborg, sie betete, ‘Herr, mir geht es so gut, hast du mich vergessen?' Überlege doch, ich habe den besten Ehemann der Welt, ich bin gesund, habe keine Geld- oder sonstigen Sorgen, wo, bitte, habe ich mein Kreuz gelassen?"

„Denke an den Tag vor vielen Jahren, als du von der Eisenbahnbrücke springen wolltest. Wenn du es getan hättest, dann hättest du es fortgeworfen."

„Ich habe die schlimme Zeit nur mit Alkohol und Tabletten überstanden, ist das nicht auch absägen?"

„Nur, wenn du nicht wieder davon losgekommen wärest. Freue dich an der Zeit, die dir jetzt gegeben ist."

„Und wenn ich dann ohne Kreuz am Abgrund stehe, was dann?"

„Kein Problem." Antaares lächelte. Sehr liebevoll setzte er hinzu: „Dann tragen wir dich hinüber!"

Da war ich beruhigt.

Ich erzählte meinen Mann wörtlich das Gespräch. „Ob das Kreuz groß oder klein ist", meinte er nach kurzem Nachdenken, „ist wohl egal. Wenn man es bis zu Ende trägt, paßt es für jeden einzelnen immer über den Abgrund." Ich blickte ihn bewundernd an. Er findet bei allem immer das „Tüpfelchen auf dem I".

Ameisen und Wespen

Im vorigen Sommer hatten wir eine Ameiseninvasion in der Küche. Auf den Rat meiner Nachbarin verteilte ich überall frische Petersilie. Das mochten die lieben Tierchen nicht, sie verschwanden über Nacht und kamen auch nicht wieder. Vorsichtshalber blieb meine Küche noch ein paar Wochen mit Petersilie geschmückt.
In diesem Jahr erschienen sie pünktlich mit der ersten Frühjahrssonne. Sofort startete ich einen massiven Petersilienangriff. Wer beschreibt mein Entsetzen, als ich zusehen mußte, wie sie munter um die Petersilie turnten und gar nicht daran dachten, das Feld zu räumen. Wenn ich morgens in die Küche kam, begann ich zu morden. Bei jeder totgedrückten Ameise hatte ich ein schlechtes Gewissen.
„Wenn ich in eure Behausung eindringen würde, würdet ihr das auch nicht dulden", sprach ich zu ihnen. Unbeeindruckt verlustierten sie sich weiterhin in der Butter, im Käse, im Brotkasten und besonders in der Marmelade.
Verzweiflung überkam mich. Wider besseres Wissen kaufte ich Ameisenköder. Die Viecher machten einen respektvollen Bogen darum und mir weiterhin das Leben schwer.
Ich hatte gerade mein erstes Buch beendet und wollte einen Teil daraus an Penny McLean senden, um sie um ihr Urteil zu bitten. Aus diesem Grunde wollte ich ihre Bücher noch

einmal lesen. Ich kam zu dem Abschnitt über die Ehrfurcht vor allem Leben. Ich las den Abschnitt zweimal und begab mich in die Küche. Heulend hielt ich den Ameisen und meinem Schutzengel folgenden Vortrag: „Ich habe es endgültig satt, jeden Morgen mit einer Übertretung des fünften Gebotes zu beginnen! Ich ertrage es einfach nicht mehr! Antaares, wenn du es den Ameisen nicht augenblicklich verbietest, in meinem Futter herumzuturnen, kannst du was erleben! Macht, das ihr aus meiner Küche kommt, ihr blöden Biester. Ich will nicht mehr töten, hört ihr, ich will einfach nicht mehr!"
Eigentlich erwartete ich von Antaares eine Bemerkung, wie, 'Da hättest du schon eher drauf kommen können!' oder so ähnlich. Aber er sagte gar nichts. Siegessicher marschierte ich am nächsten Morgen in die Küche. Zu Recht. Keine Ameise!
„Ich bin wirklich blöd gewesen", murmelte ich.
„Und ich zu taktvoll, um es dir noch unter die Nase zu reiben", flüsterte mein Schutzengel.
Nur noch einmal versammelten sich alle Ameisen auf meiner Spüle. Da war ich aber selbst schuld. Ich hatte ein Essen gekocht, das vor dem Gratinieren mit Puderzucker bestreut wurde. Nach dem Essen hatte ich nicht mehr abgewaschen, sondern einfach alles stehen lassen. Die ganze Spüle war voll Puderzucker. Als ich ein paar Stunden später in die Küche kam, sah ich die Bescherung.
„Auch ein Engelbefehl kann Ameisen nicht bremsen bei einem solchen Nahrungsangebot. Wenn du so schlampig bist, bin ich machtlos", Antaares sagte es ohne Vorwurf. Ich nahm einen nassen Lappen und wischte den Zucker vorsichtig auf.
„Jetzt ist er weg", sagte ich, „ich gehe jetzt aus der Küche und komme in zehn Minuten wieder. Sag den Ameisen, bis

dahin müssen sie verschwunden sein, sonst bring ich sie doch um!"
Zehn Minuten später waren sie weg. Nur ein paar einzelne tummelten sich noch in der Spüle.
„Wer nicht hören kann...", sagte ich, Daumen drauf und aus war es mit ihnen.
„Wenn Gott das nun auch täte? Auslöschen, wer nicht hören kann, wie fändest du das?" Mein Schutzengel!
„Ich bin sehr froh, daß ER barmherziger ist als ich. Aber", ein aufmüpfiger Gedanke schoß mir durch den Kopf, „ich krieche auch nicht in seiner Butter herum!"
„Frechdachs!" sagte mein Schutzengel.
Lange dachte ich über dies Phänomen nach. Es ließ sich in den folgenden Wochen keine Ameise blicken. Bis ich wieder nachlässig wurde und irgend etwas Süßes liegen ließ. Ein paar Kirschkerne, eine Bananenschale oder ein Puddinglöffel. So erziehen einen die Viecher zur Ordnung. Anscheinend habe ich es nötig.
Da waren die Wespen doch ein anderes Kaliber. Vor einigen Jahren war es im Frühjahr schon so warm, daß wir im Garten frühstücken konnten. Wir haben nur einen kleinen Sitzplatz neben einer Trockenmauer, direkt neben dem Tisch war ein Wespennest. Mein Mann wälzte Mordpläne. Ich war dagegen. Ich hielt ihm einen langen Vortrag über das Recht auf Leben, über Arten- und Naturschutz und überhaupt. Zuletzt verwies ich auf das fünfte Gebot. Maulend gab er nach, wenn ich denn den ganzen Sommer im Hause hocken wollte!
„Vielleicht können wir Frieden schließen mit den Wespen. Die greifen doch nur an, wenn sie sich bedroht fühlen."
Wir deckten den Kaffeetisch. Schön langsam bewegen und immer ein Auge auf das Ausflugsloch gerichtet. Wir setzten uns hin und blieben erst einmal still sitzen. Zwei Wespen

kurvten um unsere Köpfe. Damals sprach ich noch nicht mit meinem Engel, also redete ich direkt mit ihnen.
„Das hier ist unser Platz, in der Mauer ist euer Platz. Tut ihr uns nichts, tun wir euch auch nichts!"
Sie drehten ab, es kamen ein paar mehr. Wieder derselbe Spruch. Das ging eine Weile so, während wir still saßen. Die nächsten flogen nicht mehr um unsere Köpfe, sondern zwischen uns hindurch.
„Ich glaube, unser Tisch steht genau in der Einflugschneise", meinte Heinz.
„Mal sehen, was jetzt passiert", sagte ich und machte die Marmeladengläser auf. Gar nichts passierte. Langer Rede kurzer Sinn, wir lebten den ganzen Sommer in friedlicher Eintracht mit den Wespen. Ob Kuchen oder Limonade, Marmelade oder Pfirsichbowle, sie rührten nichts an.
Nur mit unsern Gästen hatten wir Schwierigkeiten. Sobald sich jemand Fremdes an den Tisch setzte, kam eine Patrouille und flog ein paarmal um seinen Kopf. Wie einem wachsamen Hund erklärten wir dann, dies sei ein Freund, sie könnten ganz beruhigt sein. Dann kümmerten sie sich nicht mehr um ihn. Nur wenige unserer Freunde hatten die Nerven, dabei ruhig sitzen zu bleiben. Dann mußten wir das Kaffeestündchen tatsächlich ins Haus verlegen, und wir konnten sicher sein, daß diese Gäste vor dem Winter nicht wiederkamen. Die andern, die ruhig blieben, waren fasziniert von der Friedfertigkeit unserer Mitbewohner.
Nur ein einziger Mensch wurde gestochen, aber da handelten sie in Notwehr. Auf dem Platz sollten neue Platten verlegt werden. Wir erklärten dem Mann, der das machen sollte, wie friedlich die Wespen seien. Nach einigem Zögern erklärte er sich bereit, in der Nähe eines Wespennestes zu arbeiten. Er gewöhnte sich so sehr daran, daß er überhaupt vergaß, daß sie da waren. So lehnte er sich zu einer Zigarettenpause

gedankenlos an die Mauer, den Hintern genau an das Ausflugsloch. Was sollten die Wespen anders tun, als sich mit einem Stich in denselben den Ausgang frei zu machen. Im Normalfall wäre sicher der ganze Schwarm wütend über den Mann hergefallen. Hier blieb es bei dem einen Stich.
Als im Herbst keine Wespe mehr zu sehen war und der Herbstregen einsetzte, senkten sich die Steine über dem Nest. Heinz räumte sie weg und wir staunten über dessen Ausmaße. Zwei Fußbälle hätten gut hineingepaßt.
Da die Wespen Menschensprache nicht verstehen, wird sicherlich mein Engel ihnen alles übersetzt haben, so wie jetzt bei den Ameisen.

Stadtfest

Seit zwei Monaten regnete es. Alle Leute waren schlecht gelaunt. Grippe, Kreislaufschwächen, Arthritis und jede Art von Rheuma sorgten für Hochkonjunktur in den Arztpraxen. Auch mir taten alle Knochen weh, ich sah aus wie eine überjährige Kartoffel und fühlte mich auch so. Mein Schutzengel hüllte sich seit einiger Zeit in Schweigen. Wahrscheinlich hatte er keine Lust, sich zu meinen Jammertiraden zu äußern. Das Stadtfest rückte näher, aber Petrus machte keine Anstalten, etwas zu dem Gelingen dieses Festes beizutragen. Ich freute mich das ganze Jahr darauf und trotz des miserablen Wetters hatte ich das sichere Gefühl, es würde schön werden. Gelegentlich dachte ich mit etwas mulmigem Gefühl an ein Stadtfest vor einigen Jahren. Ich hatte, wie jedes Jahr, ein neues Kleid dafür gekauft, das ich, egal wie schön das Wetter und wie groß die Versuchung, bis zum Fest im Schrank hängen ließ. Es war ein Traum von einem Kleid. Weiß mit roten Rosen und einem weiten Rock. Einen Tag vor dem Stadtfest wurde ich krank. Es half nichts, ich mußte ins Bett. Wütend lag ich da und sah meinen Kleidertraum vor mir am Schrank hängen. Ich hörte die Musikkapellen und die Böllerschüsse und heulte Rotz und Wasser.

„Ein kleiner Denkzettel für deine Eitelkeit", nicht mal trösten wollte mich mein Engel. Als ich mich gar nicht beruhigen wollte, erklärte er mir dann doch sehr liebevoll, warum es besser für mich war, diesmal zu Hause zu bleiben.
„Und weil du es freiwillig ja doch nicht getan hättest, haben wir es eben mit Krankheit gedeichselt. Vergiß nicht, ich erfülle nur Gottes Willen, und betest du nicht immer: Herr, Dein Wille geschehe? Also, sei friedlich, nächstes Jahr bist du wieder dabei."
Einen Tag nach dem Fest war meine Krankheit weg.
Dieses Jahr war ich so voll Erwartung, daß ich fast platzte. Ich fühlte, es würde besonders schön werden. Komischerweise hatte ich auch das Gefühl, daß es mir dann auch körperlich besser gehen würde. So wunderte ich mich durchaus nicht, daß mit Beginn des Festes die Sonne durchkam und es schön warm wurde.
Zur richtigen Einstimmung beginnt es mit einem Kommers mit Singen und einem Fanfarenchor. Dazu gibt es herrlich kühles Pils. Um Mitternacht ziehen alle mit Fackeln und der Kapelle vom Berge herunter in die Stadt.
Mich kribbelt es immer etwas im Nacken, wenn die Trommel einsetzt, die voraus geht. Als wir uns jetzt um die Fackeln versammelten und an den Händen faßten, warf ich einen dankbaren Blick zum Himmel.
'Danke, lieber Gott, für diese warme schöne Nacht; danke, daß ich in einer Stadt wohnen darf, wo es so etwas Schönes und so viele liebe Menschen gibt.'
Der Zug setzte sich in Bewegung. Die Kapelle stimmte unser Heimatlied an und alle sangen mit. Ich ging in der Mitte des Zuges und als es steiler bergab ging, konnte ich von meinen erhöhten Standpunkt alles überblicken. Plötzlich erblickte ich etwas, daß sich mir die Haare aufstellten. An der Spitze des Zuges schwebte über allen ein großes silbernes Kreuz.

Ich rieb mir die Augen und sah genau hin - es war weg! Einen Augenblick später sah ich es wieder. Dann kam ich dahinter, was es war. Der Bannerträger ging an der Spitze des Zuges, die Fahne war an einem Querträger aufgehängt. Jedesmal, wenn der Fahnenträger an einer Straßenlaterne vorbeiging, leuchtete in dem Licht nur die Fahnenstange mit dem Querträger auf, das dunkle Banner sah man nicht.
Alle folgen dem Kreuz, schoß es mir durch den Kopf, aber keiner weiß es!
Wie soll ich es nur beschreiben oder formulieren, was dann geschah. Ich sah die ganze Menschheit dem Kreuz Christi folgen, ahnungslos, singend, kämpfend, mordend, in allem, was sie tun, folgen sie dem Kreuz und wissen es nicht. Ich verlor das Gefühl für die Gegenwart, eine unbeschreibliche Freude erfüllte mich. Tränen schossen mir in die Augen, ich glaubte zu schweben. Ich sah im Geiste die Schutzengel von jedem einzelnen über uns schweben und in den Flammen der Fackeln tanzten die Feuergeister zum Klang der Trommel.
Als ich wieder richtig denken konnte, zerrte ich meinen Mann am Ärmel. „Heinz, siehst du das? Siehst du es denn nicht? Das Kreuz, vor uns, über uns allen, siehst du es?"
Heinz sah es auch und weil wir uns nur anzusehen brauchen, um zu wissen, was der andere denkt oder fühlt, begriff er sofort, wie mir zumute war. Und er fühlte ebenso.
Während der ganzen folgenden Stunden blieb das Gefühl, nicht ganz den Boden zu berühren. Die Musik spielte, alle hörten zu, ich aber mußte tanzen, weil es in mir prickelte wie in einer geschüttelten Sektflasche. Es war mir egal, was die Leute dachten. Ich tanzte allein in dem Kreis vor der Kapelle. Es hätte mich in keinster Weise gewundert, wenn ich wirklich abgehoben hätte.
„Herrlich war das gestern nacht", sagte ich zu meinem Schutzengel am nächsten Morgen, „fandest du das nicht auch?"

Antaares antwortete nicht.
„He, warum sagst du nichts?"
Er gab immer noch keine Antwort.
„Sprichst du nicht mehr mit mir?"
Er gluckste vor unterdrücktem Kichern und platzte heraus:
„Ich hab mich halbtot gelacht, entschuldige bitte."
„Wieso? Was war daran so komisch?"
„Da zieht ein Haufen leicht besoffener –"
„Besoffen!! Die paar Bierchen! Wir waren nicht besoffen. So ein Wort sollte ein Engel gar nicht in dem Mund nehmen!"
Ich war beleidigt.
„Na schön, leicht angeheitert, wenn dir das besser paßt, zieht gröh - äh, singend den Berg herunter und mittendrin kriegst du eine religiöse Ekstase. Ehrlich, von oben sah das echt witzig aus. Verstehst du nicht? Ich erkläre es dir. Du weißt, daß sich deine Aura mit deinen Gedanken verändert, und daß ich das sehen kann. Bei allen Menschen. Nun, mitten in diesen bierseligen Ausstrahlungen, die manchmal verrückter aussehen als die Leute selbst, leuchtet plötzlich ganz hell eine Aura der Erkenntnis auf. Deine. Sie breitet sich aus, d.h. sie will sich ausbreiten, und stößt an die der anderen. Dieser Farbenmischmasch! Das Sichwehren und Zurücknehmen der anderen. Was sich da auf der geistigen Ebene an Duellen abgespielt hat, den Anblick hätte ich dir gegönnt. Ich habe mich köstlich amüsiert. Verstehst du es jetzt?"
Ich dachte nach und versuchte, mir das Ganze aus der Sicht meines Engels vorzustellen. Da mußte ich auch lachen.

Mutters Krankheit und Tod

Manchmal geht es doch wirklich ganz verrückt zu. Aber nur scheinbar. Hinterher geht einem ein Licht auf, daß es äußerst wichtig war, daß es so, und nicht anders gekommen ist.

Ich hatte mir im Frühsommer einen Operationstermin für die Herbstferien geben lassen, um meine Krampfadern entfernen zu lassen. Drei Wochen vorher teilte man mir kurz und schmerzlos mit, daß in dieser Zeit keine OP-Woche eingeplant würde. Ich war blitzwütend. Erst als ich Antaares leise flüstern hörte: „Reg dich nicht künstlich auf, es muß so sein", beruhigte ich mich. Ein paar Tage vor dem eigentlichen OP-Termin stürzte meine Mutter im Badezimmer und brach sich einen Wirbel. Sie blieb vierzehn Tage im Krankenhaus und kam als Pflegefall nach Hause. Ich wußte, was auf mich zukam, mein Magen verdrehte sich ständig zu einer Acht. Außerdem hatte ich noch das Gefühl, an den Magenwänden nage eine Armee von Mäusen. Ein Krankenbett, ein Klostuhl, Antidekubibusdecke (schauderhaftes Wort) und was sonst noch alles nötig war, kam ins Haus, meine Schwester und mein Mann halfen mit. Mutter kam, wurde in das neue Bett gepackt. Dann kam der Moment, wo mein Mann wieder zum Dienst mußte und meine Schwester zurückfuhr nach Bonn. Ich stand vor der Tür und winkte ihrem Wagen nach und ging zurück ins Haus. Bis dahin hatte ich mich bemüht, niemandem zu zeigen, wie mir zumute war. Jetzt, allein in meiner Stube, war ich wie ein Kessel, dem unter zu hohem Druck die Ventile in die Luft geflogen waren. Ich fiel auf die Knie und heulte lauthals meine ganze Angst und Verzweiflung dem Herrgott in die Ohren. Antwort bekam ich keine, weder von Antaares noch von Gott. Noch den ganzen nächsten Tag sah ich aus wie eine augenkranke Makrele (Ich will mich nicht mit fremden Federn schmücken, die augenkranke Makrele ist aus dem Buch 'Kalifornische Sinfonie' von Gwen Bristow).

In den ganzen folgenden Monaten bis zu Mutters Tod hörte ich die Stimme meines Engels nur zweimal. Als ich es nicht mehr ertrug, daß Mutter von mir verlangte, ich sollte sie doch endlich von diesem hilflosen Herumliegen erlösen, sagte er mir abends vor dem Einschlafen in mein Gebet hinein die Zauberworte, nach denen Mutter nie mehr darum bat. Ich wiederholte sie gehorsam wortwörtlich am nächsten Morgen.

„Mammi, du jammerst, weil du nichts mehr selbst tun kannst. Das Wichtigste aber, wozu uns Gott in diese Welt geschickt hat, das kannst du immer noch tun, ob du nun im Bett liegst, im Sessel sitzt oder noch herumlaufen kannst."

Mutter machte ihre berühmten fragenden Kulleraugen: „Was könnte das sein?"

„Liebe geben!"

„Aber ich habe dich doch lieb."

„Ja, meinst du nicht, daß das für mich wichtiger ist, als alles andere, was ein Mensch geben kann? Außerdem kannst du an alle, die du kennst, liebevolle Gedanken schicken und für sie beten. Jetzt hast du endlich Zeit dazu. Und alles wird da ankommen, wo du es hinschickst und eine Hilfe sein."

Von dem Zeitpunkt an war es vorbei mit dem Auflehnen, sie wurde sanft und geduldig.

Bevor Mutter so krank wurde, hatte ich regelmäßig gebetet. Nun konnte ich das nicht mehr. Das heißt, ich hätte es wohl noch können, aber sobald ich die Hände faltete und auch nur an Gott dachte, fing ich an zu heulen. Nicht einfach ein normales Weinen, nein, ich verwandelte mich in eine derart lautstarke Heulboje, daß es im ganzen Haus zu hören war, was ich meiner Mutter und meinem Mann nicht zumuten konnte. Außerdem sah ich stundenlang noch aus wie die bereits oben erwähnte Fischart. Also machte ich kurzen Prozeß: „Herr", ich sprach es beinah geschäftsmäßig, „wie du bemerkst, es geht nicht. Lebe ich also ohne Gebet!"

Da sprach mein Engel das zweite Mal zu mir. Und der Satz, der mir aus dieser Zeit noch so deutlich wie kein anderer nachklingt, war: „Dein Leben *ist* ein Gebet!"

Wie mich das tröstete.

Nachdem Mutter gestorben war, tauchte auch meine Schwester wieder auf. Nun ging es um das Erbe. Schonungslos wurde ich aus meiner mystischen Wolke herausgerissen, in die mich mein Engel gnädigerweise während der Pflege meiner Mutter eingehüllt hatte. Ich hatte Mutters Tod noch nicht verkraftet, als ich mit einer Realität konfrontiert wurde, die an Kälte, Härte und Durchsetzungsvermögen kaum zu übertreffen war. Ich war verwirrt, wütend und verbittert. Das ließ sich mein Engel nicht gefallen, ich wurde krank. Als ich nun hilflos und schmerzgeplagt im Bett lag, holte Antaares zum Rundumschlag aus.

„Wo ist dein Gottvertrauen, das du immer so betont hast? Wo deine Bereitschaft der Nachfolge Jesu? Waren wohl alles bequeme Lippenbekenntnisse, was? Wolltest dir die Pflege honorieren lassen, he? Machst jetzt alles kaputt, was du dir in den letzten Monaten erdient hast! Das habe ich gern, ein Jammer, daß Engel nicht fluchen dürfen, was glaubst du, bekämest du zu hören!"

In der Tonart ging es weiter. So ärgerlich hatte ich ihn noch nie erlebt. „Und wenn man dir das Bett unter dem Hintern weggenommen hätte, du mußt es Gott überlassen, wie er es regeln wird. Hat er nicht bisher besser für dich gesorgt, als du es je erträumt hast? Wenn es nun einmal nicht nach deinen Vorstellungen geht, mußt du gleich so ausflippen?"
Oha, mußte mein Engel böse sein, wenn er Ausdrücke wie Hintern und ausgeflippt benutzte. So, da hatte ich mein Fett weg und konnte sehen, wie ich damit zurecht kam. Es kostete viel inneren Kampf und wenn ich ehrlich bin, manchmal kommt mir immer noch alles hoch. Ich hoffe, die Zeit, die barmherzige Trösterin, wird mir behiflich sein.

Geben ist seliger als nehmen

Als ich kürzlich eine Bekannte zu einer Besprechung abholte und dafür einen Umweg von ein paar Kilometern fahren mußte, schenkte sie mir eine Flasche ziemlich teuren Sekt. Ich wollte böse werden, doch ehe ich ernsthaft abwehren konnte, schoß mir eine lang zurückliegende Begebenheit durch den Kopf. Ich klappte den Mund wieder zu und lächelte sie dankbar an. Ich hatte meine Lektion gelernt.

Folgendes war damals geschehen: Die Tochter meiner Freundin war krank geworden. Niemand war da, der die Kinder hüten konnte, so bat mich meine Freundin, sie hinzufahren, um, wie es im heimatlichen Deutsch so herrlich heißt, „auffe Blagen zu passen!“

Das war für mich eine Selbstverständlichkeit, hatte sie doch auch für mich schon viel getan. Unterwegs nervte sie mich mit Dankesbezeugungen, wobei auch der schöne Spruch: 'Ich mach das bestimmt wieder gut', fiel. Da wurde ich ärgerlich.

„Du solltest mal einsehen, daß nicht ich dir einen Gefallen tue, sondern du mir.“

Ihr Gesichtsausdruck war nicht sehr intelligent, als sie 'wieso?' fragte.

„Du gibst mir Gelegenheit, das zu tun, wofür uns Gott auf die Welt geschickt hat, andern zu helfen und ihnen zu dienen.

Wenn du das gleich wieder „gut machen“ willst, nimmst du mir die Freude, ein gutes Werk getan und selbstlos gehandelt zu haben.“
„Also, von der Seite habe ich das noch nie gesehen.“
„Dann fang jetzt damit an und halt den Mund!“
Sie lachte und wir sprachen von anderen Dingen.
Einige Zeit später las ich eine ältere Dame mit einer schweren Tasche auf und brachte sie nach Haus. Sie hielt mir etwas schüchtern einen Geldschein hin, den ich nicht annahm. In dem schönen Bewußtsein, wieder eine gute Tat getan zu haben, fuhr ich weiter und sonnte mich in meinem Edelmut. Nicht sehr lange.
„Einen schönen Mist hast du da wieder gebaut“, ach du Schreck, mein Engel.
„Habe ich mich selbst zu sehr gelobhudelt?“ fragte ich erschrocken.
„Das sowieso, aber machst du ja immer. Aber als du das Geld zurückgewiesen hast, hast du die alte Dame schwer gekränkt. Sie war so froh über die Hilfe, daß sie ihrer Freude darüber mit dem Geldschein Ausdruck geben wollte. Du hättest ihn nehmen sollen. Wenn du die Hilfe wirklich umsonst leisten wolltest, könntest du ihn in den Klingelbeutel tun.“
„Ich gehe doch nicht in die Kirche“, murmelte ich.
„Sei nicht albern, du weißt genau, was ich meine.“
Ich wurde sauer. „Warum kann denn kein Mensch mehr eine Hilfe annehmen und sagen vergelt’s Gott? Es steht doch geschrieben, geben ist seliger als nehmen.“ (Apostelgeschichte 20,35)
„Und wer glaubt das heute noch? Wieviele Menschen lesen die Bibel und versuchen ernsthaft, danach zu handeln? Du lebst doch nicht in einem Wolkenkuckucksheim, daß du das nicht weißt. Außerdem hast du bis jetzt auch immer Dank erwartet. Soll ich dich an die Fälle erinnern, wo du tiefbeleidigt

warst, als Dank und Anerkennung ausblieben? Da war die Sache mit der Bürgschaft, oder die Geschichte mit den Fahrrädern, soll ich weiterreden?"

Ich hatte genug gehört, wollte mich aber noch nicht geschlagen geben.

„Ich kann es dir offenbar nie recht machen", maulte ich.

„Darauf erwartest du ja wohl keine Antwort."

Was blieb mir übrig, ich entschuldigte mich und gelobte Besserung.

Wenn Dir jemand einen Streich gibt ...

Ich war böse auf jemanden. Ich fand, mir sei Unrecht zugefügt worden. Weil ich nun mal eine Quasselstrippe bin, erzählte ich es jedem, der es hören wollte, und denen, die es nicht hören wollten, auch. Natürlich stimmten mir alle von Herzen zu und bedauerten mich nach Kräften. Zwischendurch flüsterte mir mein Engel zu, dies sei eine Prüfung und ich hätte es in Demut hinzunehmen. Ich gab mir Mühe, aber bei jeder passenden und unpassenden Gelegenheit brachen sich die Verbitterung und die Wut wieder Bahn, ich hetzte und stänkerte, daß es nur so eine Art war. Nach einer Weile merkte ich, daß ich die Treppen nicht mehr gut gehen konnte. Mein linkes Knie schmerzte bei jeder Stufe. Bald konnte ich auch nicht mehr richtig gehen und auch nachts tat mir das Knie weh. Ich ging zu meinem Masseur, der renkte es wieder ein. Es war entsetzlich. Ich jaulte vor Schmerzen, während mir dicke Tränen herunterkullerten.
„Warum soll es dir besser gehen als Gott selbst", sagte Antaares auf meine Frage, warum das Knie kaputt war. Ich verstand ihn nicht.
„Meine Güte, bist du schwer von Begriff! Die Schmerzen, die du beim Einrenken hast, sind nichts gegen die Schmerzen

Gottes, wenn du so widerlich gegen eines seiner Kinder und damit gegen Ihn und dich selbst herumstänkerst. Was dir zugefügt wurde, geschah in Seinem Auftrag und nur die Menschen sehen darin ein Unrecht. Außerdem solltest du dich an die Bibel halten, da gibt es wunderschöne Stellen, an die du dich halten kannst. Zum Beispiel Matthäus 5, 39 bis 48: 'ich aber sage euch, daß ihr nicht widerstreben sollt dem Übel; sondern wenn dir jemand einen Streich gibt auf deine rechte Backe, dem biete die andere auch dar ...'". „... Und wenn jemand mit dir rechten will und deinen Rock nehmen, dem laß auch den Mantel, und so weiter", unterbrach ich ihn, „wenn ich das könnte, dann brauchte ich wohl keine Lehrzeit hier auf der Erde, sondern könnte in himmlischen Gefilden leben."
„Gott weiß genau, daß du das nicht kannst. Was aber schlimm ist, ist deine Wut und das du über nichts anderes reden kannst. Da ist es nur gerecht, daß dein Knie schmerzt. Knieschmerzen bedeuten mangelnde Demut, das jedenfalls hast du gerade aus dem Buch gelernt."
„Wenn die Seele weint, wird der Körperteil krank, wohin ihre Tränen fallen", murmelte ich.
„Das hast du schön gesagt, ist dir das selbst eingefallen?"
Dankbar registrierte ich wieder den vertrauten Frotzelton, es war erstmal alles wieder gut.

Kind, wehr' dich nicht

Wenn man umzieht, muß man räumen. Wir zogen zwar nur im gleichen Haus von unten nach oben, aber das war beinahe noch schrecklicher als der Umzug in ein neues Haus vor zwanzig Jahren. Man räumt buchstäblich monatelang und sucht seine Sachen im ganzen Haus. Ich hatte mir auch eingebildet, alle Manuskripte an die richtige Stelle gelegt zu haben. Dies erwies sich sich als grundlegender Irrtum. Das, welches ich jeweils brauchte, war immer nie da, wo ich es vermutete. Eines fiel so unter den Tisch, daß ich es total vergaß. Als ich kürzlich in einer entfernten Ecke im Schrank nach Kerzen buddelte, hatte ich plötzlich einen Bogen in der Hand. „Nanu, was ist das denn?" Ich erkannte auf den ersten Blick mein eigenes Machwerk nicht wieder. Es war eine Geschichte, die ich vor nunmehr zweiundzwanzig Jahren geschrieben, in die Ecke gelegt, und nie wieder angesehen hatte. Ich las und staunte über meine damaligen Erkenntnisse.

„Ich habe mich auch darüber gefreut. Schade fand ich, daß es so lange dauerte, bis es wieder ans Licht kam. Die Zeit war aber noch nicht reif. Nun kannst du es überarbeiten und es andern Menschen zugänglich machen."

Wenn mein Antaares mir solches empfiehlt, sollte ich mich tunlichst ans Werk machen, sonst liege ich Abend für Abend im Bett und in meinem Kopf dreht sich pausenlos der zu schreibende Text. Durch die Erfahrung schlau geworden, mache ich mich unverzüglich an die Arbeit:

Gestern mußte ich Rosen umpflanzen. Wir werden bald umziehen und die Rosen sollen nicht dem Bagger, der das alte Haus abreißen wird, zum Opfer fallen. Bis der Garten am neuen Haus fertig sein wird, dürfen wir sie bei einer Nachbarin in den Garten setzen. Einige der Rosen standen nun schon zwanzig Jahre in diesem Beet und alle paar Jahre hatten wir neue dazu gepflanzt.

Während ich mich quälte, möglichst viel von den Wurzeln heraus zu bekommen, redete ich auf die widerspenstigen Sträucher ein: „Nun komm schon, laß doch mal los, kommst ja wieder in die Erde, aua, verflixt, tut das weh!“

Aber alles Zureden half nicht, die Wurzeln klammerten sich mit aller Kraft in der Erde fest, die Rosen stachen und bissen um sich, daß meine Hände und Arme bluteten.

„Ihr seid dumm“, philosophierte ich, „wenn ihr euch nicht so festklammern würdet, rissen die Wurzeln nicht ab und das Wiederanwachsen wäre viel leichter.“

Aber die Blumen verstanden mich ja nicht. Wie unsinnig und brutal mußte es ihnen vorkommen, so aus ihrer Heimat, dem Beet, herausgerissen zu werden. Ich hörte sie förmlich um Hilfe schreien, als sich mein scharfer Spaten knirschend in ihre lebensspendenden Wurzeln bohrte. Aber es half alles nichts, heraus mußten sie und ich war in jedem Fall die Stärkere. Ich wollte meine Rosen behalten, darum mußte ich scheinbar so brutal sein und ihnen Schmerz zufügen. Ganz plötzlich kam mir eine Erleuchtung. Ich ließ den Spaten fallen und starrte die Rosen an. Genauso, ja, ganz genauso hatte ich mich gegen scheinbar sinnloses Leid aufgelehnt. Anstatt hinzunehmen, was ich doch nicht ändern konnte, hatte ich mich mit Krallen und Zähnen gegen die Schicksalsschläge gewehrt.

Ich höre Gott förmlich sagen, „Kind, wehr dich nicht so verzweifelt, ich möchte dich behalten, darum muß ich dir wehtun.“ So, wie ich meinen Rosen wehtun mußte, um sie nicht zu verlieren. Meine Rosen hörten mich nicht, konnten mich gar nicht hören. Auch ich hatte Gottes Stimme nicht gehört, hatte alle Kraft sinnlos vergeudet im Kampf gegen Seinen Willen. Weniger als ich meine Rosen liebt auch Gott die Menschenkinder nicht, warum also hatte ich kein Vertrauen gehabt, als es hart und bitter auf mich niederfiel? Die Rosen waren meinem Willen unterworfen, gleichgültig, ob sie es wußten oder an mich glaubten. So, wie ich Gottes Willen unterworfen bin, ob ich nun an Ihn glaube oder nicht.

Langsam nahm ich meinen Spaten wieder auf. Mir war, als habe Gott mir persönlich eine Ansprache gehalten und ich war dankbar dafür.

Alle Menschen sollten es lernen, bei schweren Schicksalsschlägen in sich hinein zu hören, ob da nicht eine Stimme ist, die spricht:

„Kind, wehr dich nicht, ich will dich doch nur behalten!“

Schön, daß dieser Text nicht verloren gegangen ist, dachte ich dankbar.

Die Sonne schien warm und meine Rosen blühten, daß es eine Freude war. Es gibt Tage, da ist wohl unser Bewußtsein geschärft und nimmt alles intensiver wahr als sonst. Dies war so ein Tag. Alles kam mir strahlender und fröhlicher vor. Der Himmel war blauer, die Vögel sangen schönere Lieder und die Rosen dufteten betörend. Ich stand am Rosenbeet und wünschte, meine Seele könnte sich so in Duft und Klang verströmen wie es die ganze Natur heute tat.

„Lieber Schutzengel, wenn ich dich doch einmal sehen und anfassen könnte“, sagte ich leise.

„Warum denn das auf einmal? Höhere Ansprüche?“ Er neckte mich mal wieder.

Ich ging diesmal nicht darauf ein. „Dann würde ich eine Rose pflücken, sie dir in die Hand geben und dich bitten, damit zu Gottes Thron zu fliegen und sie Ihm zu Füßen legen. Weil ich so dankbar für alles bin."
Er antwortete nicht, aber es geschah etwas Seltsames. Es wurde ganz still. Für eine winzige Zeitspanne schien das Universum den Atem anzuhalten. Der Verkehrslärm der nahen Bundesstraße verstummte, keine Vogelstimme war mehr zu hören, auch sonst kein einziger Laut. Einen Herzschlag lang - und dann eine Stimme: Es ist so geschehen! Dann war die Welt wieder da mit all ihren Geräuschen. Aber ich stand wie angenagelt und wagte mich nicht zu rühren. *Was* war geschehen?
Den ganzen Tag stand ich unter dem Bann dieses geheinmisvollen Augenblickes. Als ich mir vor dem Einschlafen den Moment noch einmal vergegenwärtigte, hörte ich die Stimme meines Engels, die Worte begleiteten mich in den Schlaf: „Eine Bitte, die wahrhaft von Herzen kommt und nichts für sich verlangt, wird augenblicklich erfüllt. Das meint Christus mit den Worten, bittet, so wird euch gegeben."

Du bist freiwillig hier

Wieder stand das Stadtfest vor der Tür. Ich war ganz zappelig vor Freude und konnte es kaum erwarten. Doch mit des Geschickes Mächten ist kein ew'ger Bund zu flechten. Prosaischer ausgedrückt, erstens kommt es anders und zweitens als man denkt. Am Freitagmorgen sprang ich schwungvoll vom Rad, hatte mir dazu jedoch eine falsche Stelle ausgesucht. Mein Absatz, natürlich ein hoher, landete auf einem runden Bordstein und ich in der Gosse. Der Schuh lag einen Meter weit weg auf der Straße. Und anstatt am Abend fröhlich im Fackelzug mit zu marschieren, lag ich mit lädiertem Knöchel zu Hause und weinte dicke Tränen. Mit einem Auge aus Schmerzen und dem andern aus Enttäuschung.

Als in den folgenden Tagen die heftigen Schmerzen nachließen, ich vom Fernsehen und Krimilesen die Nase voll hatte, tat ich, was mein Engel von mir erwartete, ich ging in mich. Stellte fest, daß ich seit über einem halben Jahr mit Antaares kein richtiges Gespräch mehr geführt hatte. Nicht, daß ich ihn vergessen hätte, ich habe ihn oft angesprochen, aber erst jetzt wurde mir bewußt, daß ich nie mehr eine Antwort bekommen hatte. Warum hatte mich das nicht stutzig gemacht? Wo lag mein Fehler? Ich unterzog die letzten Monate einer intensiven Prüfung. Schön war sie gewesen, diese Zeit.

Wir hatten viele Feste gefeiert, ich hatte viel Erfolg gehabt beim Verkauf meines ersten Buches und darüber viele Komplimente bekommen. Finanziell waren wir allerdings in einen Engpaß gekommen. Und da wird der Hase im Pfeffer gelegen haben. Ich hatte hauptsächlich an Geld, bzw. an sparen gedacht. Warum eigentlich? Wußte ich doch, daß immer für alles Notwendige gesorgt worden war. Wieso hatte aus mir so ein Pfennigfuchser werden können? Ich wußte es nicht, nahm mir aber fest vor, es zu ändern.

Ein Punkt war damit geklärt. Es mußte aber noch mehr sein. Während ich still im Bett lag und nachdachte, kam mir eine lang zurückliegende Begebenheit in den Sinn.

„Das ist es, das meine ich". „Antaares, wie schön, dich wieder zu hören", ich war selig, jetzt würde ich mehr erfahren.

„Schreib auf, was du damals erlebt hast."

„Willst du damit sagen, ich habe mir den Knöchel verletzt, nur um diese Geschichte zu erzählen?"

„Unter anderem, ja. Alles in allem hattest du eine Pause dringend nötig bei der Lebensweise, die du an den Tag gelegt hast. Du konntest ja keine fünf Minuten mehr ohne Beschäftigung sein. Lesen, Kreuzworträtsel, fernsehen, feiern, putzen, kochen, Gartenarbeit, Bücher verkaufen, alles war dir wichtiger, als eine Weile Ruhe und Andacht für ein Gespräch mit mir."

„Aber ich habe doch immer...."

Er unterbrach mich: „Ja, du hast, aber immer nur zwischendurch, ohne die rechte Sammlung, die nun einmal nötig ist. Und nun halte dich nicht länger bei der Vorrede auf, sondern erzähle, was damals geschehen ist!"

„Fehlt nur noch, daß du sagst, das ist ein Befehl", maulte ich.

„Hör mal..."

„Ist ja schon gut", sagte ich hastig, „ich fange schon an!"

Genau weiß ich nicht, wie viele Jahre es her ist. Jedenfalls hatte ich noch keinen Kontakt zu meinem Engel. Es muß in der ersten Zeit gewesen sein, als wir einen Hund hatten. Täglich ging ich mit ihm in den Wald. An jenem bewußten Tag hatte ich großen Kummer. Traurig schlich ich hinter ihm her durch den regennassen Wald. Ich hatte mich in mein Leid so richtig vergraben, es schien mir über den Kopf zu wachsen, ich sah keinen Ausweg. „Herr“, stöhnte ich schließlich aus tiefstem Herzen, „wie oft muß ich noch in dieses alberne Jammertal von Erde herunter? Was muß geschehen, daß ich bei Dir in den himmlischen Gefilden bleiben darf?“

Natürlich erwartete ich keine Antwort, darum blieb ich wie vom Donner gerührt stehen, als ich eine Stimme hörte, die sagte: „Du bist ganz freiwillig gegangen.“

Ich sah mich um, es war niemand da. Es hatte sich auch nicht so angehört, als wenn jemand hinter mir stehe. Eher so, als käme die Stimme aus den Bäumen, irgendwie von oben. Nein, so auch nicht, sondern als sei sie überall, sogar in mir selbst.

Vollkommen verwirrt fragte ich: „Was ist damit gemeint?“

„Als du noch bei uns warst, hast du gesehen, daß es eine Aufgabe auf der Erde an bestimmten Menschen zu erfüllen gab, für die du prädestiniert warst. So hast du dich entschlossen, wieder Materie zu werden. Wir sagten dir die Schwere deines Vorhabens voraus und versprachen, dir zu helfen. Aber es war dein alleiniger Entschluß, niemand wird wieder hinunter gezwungen.“

Ich überdachte das und fragte weiter: „Ich versuche ja immer, Gott um Hilfe zu bitten, komme aber nie weit damit, denn sobald ich Seinen Namen ausspreche, muß ich weinen. Warum?“

Eine andere Stimme: „Dann kommst du mir zu nah!“

Ich konnte, nein, ich konnte es nicht glauben, daß Gott selbst zu mir sprach. Wahrscheinlich hatte ich es falsch verstanden und es mußte heißen, kommst du Ihm zu nah. Bis heute weiß ich es nicht. Timo war stehen geblieben, guckte sich erstaunt um, wieso steht Frauchen da wie eine Bildsäule und geht nicht weiter? Ich kümmerte mich nicht darum und fragte: „Wer bist du?"

„Ich heiße Gabriel."

Ich war starr vor Staunen, glaubte, nicht richtig gehört zu haben.

„Der Erzengel?"

„So ist es!"

Meine erste Reaktion, auf die Knie fallen, meine zweite, bloß nicht, ich hab den neuen Mantel an. Ich warf einen Blick auf den Matsch, in den ich mich hatte stürzen wollen und richtete mich wieder auf.

„Verzeih mir, daß ich nicht niederkniee, wie es sich jetzt ja gehört hätte, aber du siehst ja, der neue Mantel und der Dreck, ich habe nur den einen Wintermantel."

Ob ich darauf eine Antwort bekam, weiß ich heute nicht mehr. Wie im Traum ging ich nach Hause, mit einem beleidigten Hund, der nicht verstand, warum wir schon heimgingen, obwohl der Spaziergang gerade erst angefangen hatte.

Dies liegt nun schon zwanzig Jahre zurück, doch die Stimme höre ich immer noch ganz deutlich, wenn ich daran denke und immer ist es für mich ein neues Wunder, wer sich da aus dem Elysium zu mir herabgelassen hat.

Wer das Schwert nimmt

Es war ein herrlicher Sommertag. Ich stand am Fenster und freute mich an der Aussicht. Die Luft war glitzerklar, der Himmel leuchtend blau. Unser Haus steht am Nordhang eines Höhenzuges, ich konnte bis zu den fernen Bergen am Horizont beinahe jeden Grashalm erkennen. Die Linden blühten, ihr Duft war süß und stark. Alles sah aus, als sei es frisch und neu. Umweltverschmutzung, Baumsterben, gab es das wirklich? Bei diesem Anblick war man versucht, alles als bloße Panikmache anzusehen. Wenn man jedoch die Zeitung liest, kommt einem das kalte Grauen. Am Tag vorher hatte ich einen Artikel gelesen, in welchem die Wissenschaftler ausrechneten, daß die Weltbevölkerung in den nächsten fünfzig bis hundert Jahren so angewachsen sei, daß die Erde sie auf keinen Fall mehr ernähren könne. Es müsse, vor allem in der dritten Welt, eine scharfe Geburtenregelung geben. Ein weiterer Artikel beklagte die Hungersnöte in Dürre- und Kriegsgebieten und verlangte Spenden für die Hungernden und alle Flüchtlinge. Ich wollte mit meinem Engel darüber reden. Mit anderen Menschen hat das keinen Zweck. Was man da alles zu hören bekommt! Von 'gebt denen (aus der dritten Welt) bloß kein Stück Brot, auch wenn die ersten Kinder verhungert sind, machen sie sofort neue, wenn sie satt sind' bis ‘mein Gott, wenn die Viertelmillion Kinder, die verhungern, von uns gefüttert werden, müssen wir die ja auch noch ernähren und die vermehren sich dann auch wie die Karnickel’. Nein, so ging das nicht.

„Antaares, hilf mir doch einmal aus diesem Gedankendickicht heraus, wie soll man an SEINE Barmherzigkeit glauben, bei so viel Elend. Warum gibt es eine solche Bevölkerungsexplosion und warum sterben so viele scheinbar so sinnlos?“

„Oh, das wird schwer. Nur mußt du von vornherein davon ausgehen, daß gar nichts sinnlos ist. Jede Seele, die auf die Erde kommt, tut dies mit dem Wissen, was sie erwartet. Wenn ein Kind geboren wird, das nach wenigen Wochen verhungert oder an Aids stirbt, so scheint nur euch das sinnlos. Eine Seele, die mit einer schweren Schuld beladen vor dem Himmelstor steht und nicht hinein kann, wird alles auf sich nehmen, um diese Schuld zu tilgen. Ist diese Sünde in der Materie begangen, kann sie auch am schnellsten da gesühnt werden.“

„Das hört sich ja so an, als ob wir ruhig zusehen sollen, was da geschieht“, unterbrach ich Antaares.

„So siehst du aus, nein, nein, du weißt es selbst schon besser. Jeder ist gerufen, das Leid, welches hier ertragen werden muß, zu lindern und zu mildern. Das wird ihm selbst einmal zugute kommen, wenn er Hilfe benötigt.“

„Und dieser schreckliche Krieg im ehemaligem Jugoslawien? Muß so etwas wirklich sein, daß die Menschen im Feuer sterben?“

„Im Neuen Testament weist Jesus Christus mehrmals darauf hin, daß kein Unrecht ungesühnt bleibt:

- bei Matthäus 5,26 steht: ‘wahrlich, ich sage dir, du wirst nicht von dannen hinauskommen, bis du auch den letzten Heller bezahlt hast.’
- das Gleiche steht auch bei Lukas 12,59,

- und bei Matthäus 26,52 steht: 'wer das Schwert nimmt, wird durch das Schwert umkommen.'
Daraus geht eindeutig hervor, daß jeder für seine Taten bezahlen muß. Die da im Feuer sterben, haben einst selbst Menschen dem Feuer überantwortet. Denke an die Hexenverbrennungen während der Inquisition. Nicht nur diejenigen, die die Menschen zum Feuertod verurteilt haben, sondern auch diejenigen, die sensationslüstern und ohne Mitleid zugesehen haben!"
„Wie paßt das zusammen mit der Gnade, mit der Vergebung der Sünden, die wir durch die Kreuzigung erlangt haben sollen? Dann stimmt doch das alles nicht mehr." Es blieb eine Weile still. Dann kam ein langer, trauriger Seufzer.
„Wie soll ich es dir nur verständlich machen. Es ist alles so verdreht worden im Laufe der Zeit, so vieles wurde falsch verstanden. Du wirst doch nicht im Ernst glauben können, daß Gott die Menschen vor der Geburt Jesu weniger geliebt hat als nachher. Und du kannst auch nicht im Ernst annehmen, daß jemand soviel Böses tun kann, wie er will, durch den Opfertod des Gottessohnes würde er sündenlos. Jeder Einzelne wird immer das durchstehen müssen, was er seinem Nächsten angetan hat. Im Guten wie im Bösen. Wenn du siehst, wie ein Mensch, der seine Mitmenschen gequält hat, herrlich und in Freuden lebt und stirbt, ohne gebüßt zu haben, so müßtest du nur einmal einen Blick auf ihn tun können, wenn er erkennt, was nun vor ihm liegt. Kein Jammer auf Erden ist damit zu vergleichen."
Ich unterbrach ihn: „Warum ist dann Jesus gekreuzigt, bitteschön?"
„Sei nicht so ungeduldig. Christus hat den Weg aufgezeigt, den alle Menschen gehen müssen, um in Sein Reich aufgenommen zu werden. In Seiner Nachfolge, Sein Kreuz zu tragen. Jesus Christus war der einzige, der sündenlos büßte.

Er, der rein war wie das Licht, um es präzise auszudrücken, der das Licht war, nahm Sünden auf sich, die er nicht begangen hatte. Er ging in die Dunkelheit und verwandelte sie in Sein Licht. Und er lebte wieder im Fleische. Gnade und Gerechtigkeit sind eigentlich sich widersprechende Dinge. Erst kommt die Auflösung der Sünde, dann das in Gnaden aufgenommen werden. Abbüßen aber kann nur jeder selbst, in dem er in der Nachfolge Jesu auf sich nimmt, was er sich als Kreuz geschaffen hat."

„Aber die Kirche sagt doch...",

„Die Kirche!"

Ich horchte verblüfft auf. War da in der Stimme meines Engels etwas durchgeklungen, was ich noch nie von ihm vernommen hatte, Geringschätzung, ja beinah Verachtung? Ich wartete. Wieder blieb es einen Moment still.

„Wo der wahre Glaube getötet wurde, geschah es immer durch die Kirche. Dogmen töten, lassen erstarren den lebendigen Strom, der allein aus dem Herzen Gottes kommt. Wahrer Glaube ist das Feuer des Lichtes, der Strom der Liebe, die Blume der Demut. Dies alles gab es und gibt es nicht in der Institution Kirche."

So hatte ich ihn noch niemals sprechen hören. Ich wußte auch nicht, was ich dazu sagen sollte. Viel hielt ich zwar auch nicht von der Kirche, ich sagte mir aber immer, daß es sie ja geben mußte, um Gottes Wort zu verkünden und die Sakramente zu spenden.

„Wenn sie sich darauf beschränkt hätte, wäre es auch alles in Ordnung gewesen", sagte Antaares in meine Gedanken, die er ja lesen konnte, hinein, „aber ich denke, wir wollen jetzt nicht mehr darüber reden. Vielleicht habe ich sogar zuviel gesagt. Kann gut sein", seine Stimme nahm wieder den vertrauten Ton an, „daß ich jetzt 'einen übergebraten kriege', wie du es immer formulierst."

Daß das einem Engel auch passieren kann, war mir neu, es machte ihn mir nur noch lieber und mir, dem in der Materie verhafteten Wesen, menschlicher.
Am folgenden Morgen war ich sehr früh wach. Ich überdachte das Gespräch vom Tage vorher, da waren mir noch einige Fragen in den Sinn gekommen. Noch ehe ich sie jetzt richtig formuliert hatte, „hörte" ich schon die Antwort: „Du willst wissen, warum es so eine Bevölkerungsexplosion gibt. Du weißt, daß ein neues Zeitalter angebrochen ist, das Wassermannzeitalter. Das materialistische Denkmodell wird durch ein geistiges abgelöst. Das heißt zugleich, daß alle Materie in eine höhere Schwingung kommt. Sie wird also in der jetzigen Form nicht mehr lange existieren. Also muß jede Seele, die ihr Karma in dieser Materie noch abtragen will, dies noch versuchen, solange es auf dieser Erde noch möglich ist."
Ich bekam einen Schreck. „Was heißt, nicht mehr lange? Die Weltuntergangspropheten haben ja schon x-mal daneben gehauen und ganze Generationen ins Unglück gestürzt."
„Kannst du nicht besser zuhören? Habe ich vom Weltuntergang gesprochen? Wenn ich ein Mensch wäre, würde ich jetzt sagen, du bist ganz schön dösig. Aber als Engel darf ich das nicht, sondern erkläre es dir gaaanz langsam, sozusagen zum Mitschreiben. Also paß gut auf:
Die Endzeit der Erde begann mit Christi Geburt, also vor zweitausend Jahren. Im neunzigsten Psalm aber heißt es, tausend Jahre sind vor dir wie ein Tag, der gestern vergangen ist. So sind aus himmlischer Sicht grade mal zwei Tage vorbei. Wenn die Erde nur noch einen solchen Tag hält, sind das nochmal tausend Jahre, für euch eine unvorstellbare lange Zeit, für Gott ein Atemzug Seines Universums. Außerdem habe ich von Wandlung, nicht von Untergang gesprochen. Einen Untergang oder gar Zerstörung gibt es im ganzen Weltall nicht, immer nur Wandlung. Auch das, was ihr in

der Materie Zerstörung nennt, existiert in Wahrheit nicht. Wenn ihr ein Haus niederbrennt, hat es sich in Wärme, Asche und Rauch verwandelt. Am deutlichsten kommt es beim Wasser zum Ausdruck. Es ist unzerstörbar. Es kann Eis, Dampf, Dunst oder Wolke sein, wenn ihr es vergiftet habt, sprecht ihr vom toten Gewässer, es ist aber nicht tot, nur in dem Zustand kann es andere Lebewesen nicht ernähren. Filtert man das Gift heraus, ist es wieder quicklebendig. Hast du das bis jetzt verstanden?"

„Natürlich", ich fühlte mich doch leicht auf den Schlips getreten, so dämlich war ich doch nicht. Antaares merkte es sofort.

„War nicht so gemeint, du nimmst ja auch kein Blatt vor den Mund, sei also nicht gleich eingeschnappt, wenn dir dasselbe passiert."

Wie einen so ein Engel erziehen kann! Antaares erklärte weiter: „Der Übergang, bzw. die Wandlung wird sich über einen langen Zeitraum erstrecken. Aber wann die letzte, endgültige, grobe Schwingung der Erde beseitigt sein wird, weiß nur Gott. Matthäus 24,36: 'Von dem Tage aber und von der Stunde weiß niemand, auch die Engel nicht im Himmel, auch nicht der Sohn, sondern allein der Vater.'

Und weil es die Seelen nicht wissen, aber fühlen, daß ein Umbruch kommen wird, drängen sie auf die Erde."

Ich konnte mal wieder meinen losen Mund nicht halten, bzw. meine Gedanken nicht unter Kontrolle halten.

„Stehen sie Schlange und schubsen sich gegenseitig vom Ausgang weg?"

„Darauf erwartest du ja wohl keine Antwort", es sollte streng klingen, aber ich hörte ganz gut heraus, das er bei der Vorstellung kicherte. Im Übrigen war es inzwischen Zeit zum Aufstehen geworden.

Rosa Rosen

Schon früher hatte ich immer, wenn ich in eine fremde Stadt kam, deren Hauptkirche aufgesucht. War es eine katholische, habe ich der Muttergottes eine Kerze angezündet. Ich symphatisiere nicht mit den Dogmen dieser Religion, aber an meiner, ich bin evangelisch, stört mich, daß man die Mutter Jesu sozusagen totschweigt, außer zu Weihnachten, wo ihr in Liedern gehuldigt wird. Ich meine, sie steht stellvertretend für alle Mütter, deren Schmerz um verlorene oder gequälte Kinder keine Zeit heilen kann. Als ich das erste Mal mit meinem Mann in eine andere Stadt kam, steuerte ich als erstes die Kirche an. Es war in Primosten, im ehemaligen Jugoslawien. Seit dieser Zeit hat mein Mann immer Kleingeld in der Tasche für eine Kerze.

Wir machten Urlaub mit dem Boot. Auf dem Mittellandkanal ging es Richtung Rhein. Wir erreichten ihn nicht. Erst Maschinenschaden, dann einen ganzen Tag Nebel, so kamen wir nur bis Münster. Boot festmachen, anmelden, landfein machen und dann gingen wir in die Stadt. Als erstes Richtung Dom, selbstverständlich. Wir kamen über den Markt, die Händler waren dabei, ihre restlichen Waren zu verstauen und ihre Stände abzubauen. An einem Blumenstand nahm ein Mann soeben einen großen Strauß rosa

Rosen aus dem Eimer, ich blieb stehen und bewunderte die Pracht. Der Händler sah mich einen Moment nachdenklich an, dann streckte er mir den Strauß entgegen.
„Schenk ich Ihnen!“ Ich war so verdutzt, daß ich fast vergaß, mich zu bedanken. „Ein schönes Wochenende noch“, rief er und verschwand in seinem Wagen.
„Wir haben aber keine Vase im Boot, das weißt du doch“, sagte mein Mann.
„Mir egal, erst mal freue ich mich“, ich ließ mir doch meinen Strauß nicht vermiesen.
Mit den Rosen im Arm betraten wir den Dom. Ein herrliches Gotteshaus. Andächtig standen wir vor dem großen Altar. Ich wußte plötzlich, was ich mit den Blumen tun würde. Eine Hälfte legte ich vor dem Hauptaltar nieder, die andere Hälfte brachte ich Maria. Zündete noch eine Kerze an und fühlte mich ungeheuer glücklich.
Auf Rückweg über den Markt kauften wir noch Brot.
Mir fiel ein Spruch von Kitahara Hakushu ein: „Ich habe Brot gekauft und habe rote Rosen geschenkt bekommen, wie glücklich bin ich, beides in Händen zu halten.“
Meine Rosen hatte ich zwar nicht mehr in Händen, das tat aber meiner Seligkeit keinen Abbruch.
Im nächsten Jahr starteten wir wieder mit unserem Boot in dieselbe Richtung, hoffend, diesmal unser Ziel Köln zu erreichen. Es klappte. Fröhlich machten wir im Yachthafen fest. Anmelden, landfein machen und auf in das ‘hillige Colonia’. A propos landfein, es waren achtunddreißig Grad im Schatten, ich konnte mich nicht entschließen, eine lange Hose oder einen Rock anzuziehen und hoffte, weder Gott noch den Klerus zu kränken, wenn ich den Dom in kurzen Hosen betrat. Obenherum war ich züchtig bedeckt.
Am Marienaltar suchte ich nach einem freien Platz für eine Kerze. Es gab keinen. Es gab auch keine Kerze mehr.

Eine dichte Menschenmenge umstand das schmiedeeiserne Gitter, das den Altar umgab. Traurig blickte ich zu der Muttergottes auf.
„Letztes Mal konnte ich dir rosa Rosen und eine Kerze bringen, heute habe ich gar nichts. Es tut mir so leid.“ Ich wandte mich zum Gehen, da sah ich eine ältere Dame, offensichtlich etwas gehbehindert, sich mühsam durch die Leute zum Gitter durcharbeiten. In den Händen hielt sie einen Strauß rosa Rosen. Als sie das Gitter erreicht hatte, versuchte sie, die Tür zum Altar zu öffnen, aber die Tür war verschlossen. Zu beiden Seiten des Gitters war eine kleine Öffnung und sie versuchte, sich dort hindurchzuwinden. Vergeblich.
„Komm jetzt endlich, du siehst doch, daß du nicht an den Altar kannst“, ihre Begleiterin wurde ungeduldig und wollte sie wegziehen. Der Blick, den die alte Dame zurückwarf, veranlaßte mich zu einem spontanen „Augenblick mal“, das Gitter war gerade so hoch wie meine Beine lang waren. Ich drückte meinem Mann die Handtasche in die Hand und ging zurück zum Gitter. Schwang erst eines und ohne Schwierigkeiten mein zweites kurz behostes Bein über dasselbe und drehte mich zu der Rosendame um.
„Geben Sie mir die Blumen“, strahlend reichte sie mir ihren Strauß. Ich stellte ihn auf die rechte Seite, wandte mich zu ihr um und fragte: „Ist es so recht?“
„Nein, da paßt er farblich nicht so gut, bitte, stellen Sie ihn auf die andere Seite.“
„Aber gerne“, ich tat, wie geheißen.
„Ach ja, so ist es schön. Ich danke Ihnen sehr!“
Selig zog sie ab.
„Maria“, sagte ich, als ich niederkniete, „wer auch immer das gedeichselt hat, mein Schutzengel, oder Dein Sohn, vielleicht auch Du selbst, eine größere Freude habe ich lange nicht gehabt. Nun konnte ich Dir doch noch rosa Rosen bringen.“

Stand auf, nahm undeutlich die Menschenmenge wahr, die die kurze Episode interessiert verfolgt hatte, und schwang meine nackten Beine zurück über das Gitter.

„Wie gut, daß du kurze Hosen anhattest", grinste Heinz, „im Rock wäre es doch schwierig gewesen!"

Während wir langsam dem Ausgang zustrebten, wandte ich mich an Antaares: „Warst Du das?"

„Nein", lächelte er, „das war der Engel der alten Dame in höherem Auftrag. Für eine Gabe, die so von Herzen kommt, gibt es immer einen Weg!"

Eheprobleme

Ein Anruf einer guten Freundin stürzte mich in Traurigkeit. Sie hatte mir erzählt, daß es in ihrer Ehe nicht mehr stimme. Es tat mir so leid, auch war ich mehr als erstaunt, da ich immer den Eindruck gehabt hatte, die beiden verständen sich großartig. Zuvor hatten sich zwei Paare in meiner Bekanntschaft kurz vor der Silberhochzeit scheiden lassen.

„Antaares, ich verstehe das nicht. Nach fast fünfundzwanzig Jahren rennt man doch nicht mehr auseinander. Und nun auch noch diese beiden! Die haben doch wohl das Porzellansyndrom, nämlich einen Sprung in der Schüssel!"

„Ausdrücke hast du mal wieder, nicht zu fassen. Ob du es wohl noch lernst, dich zivilisiert auszudrücken?"

„Nicht, solange ich merke, daß du dich in Wirklichkeit darüber amüsierst."

„Du merkst auch alles, aber jetzt einmal ernsthaft. Der Priester sagt, bis daß der Tod euch scheidet, Gott sagt, bis dein Karma an diesem Menschen abgetragen ist. Bevor ihr in die Materie eintratet, waren Mann und Frau eine Einheit. He, bist du verrückt? Doch nicht so, wie du es dir jetzt vorstellst!"

(Ist ja widerlich, wenn einem jemand so in die Gedanken gucken kann!)

„Ich habe nur an das Bibelwort ‘sie werden sein ein Fleisch’ gedacht“, sagte ich scheinheilig.
„Du weißt genau, daß hier nur die geistige Wesenheit gemeint ist. Jetzt hör auf, mir mit solchen Gedanken in die Parade zu fahren, sonst weigere ich mich, weiter zu reden.“
„Ich werde brav sein“, versprach ich und Antaares fuhr fort: „Wie gesagt, zwei waren eine geistige Wesenheit. Beim Eintritt in die Materie entstand zeitgleich die Dualität. So hat jeder seine absolute Ergänzung und jeder sucht danach. Da dies über ungeheuer lange Zeiträume geht, kommt man meistens an den Falschen, wie man meint. Es ist zwar nicht der Dualpartner, aber immer jemand, an dem man eine Aufgabe zu erfüllen hat. Oder eine bestimmte Sache zu lernen hat. Manchmal auch jemand, dem man in einem anderen Dasein Unrecht zugefügt hat, was man nun ausgleichen muß. Ist das Karma erfüllt, besteht kein Grund, die Ehe fortzusetzen. Läuft man aber zu früh fort, kriegt man entweder in der nächsten Beziehung dasselbe Problem wieder serviert, dann ist es noch relativ leicht, oder man muß warten bis zur nächsten Inkarnation und dann wieder ganz von vorne anfangen.“
Nachdenklich sagte ich: „Wir sind ja nicht besser als andere Leute, aber —“ Antaares unterbrach mich: „Lüg doch nicht, du kommst dir doch immer besser vor als andere!“
Ich schwieg verdutzt. War das wahr?
„Sicher ist das wahr. Aber damit stehst du nicht allein. Das tut jeder, und zwar weil es auch wahr ist, daß jeder den Splitter in seines Bruders Auge, aber nicht den Balken in seinem eigenen sieht.“
Ich überlegte. Ließ meine Freunde und Bekannte Revue passieren. Und siehe da, an jedem hatte ich, wenn auch manchmal nur eine Kleinigkeit, etwas auszusetzen.
„An dir selbst natürlich nicht, oder?“

„Natürlich nicht“, höhnte ich beleidigt, „selbstverständlich bin ich besser, ich kann ja mit einem Engel reden, der paßt schon darauf auf!“

Antaares lachte, „jetzt habe ich ein Eigentor geschossen. Nimm es nicht krumm, du weißt ja, daß ich dich gerne auf die Palme bringe. Du wolltest sagen, ihr seid zwar keine besseren Menschen als andere, aber eure Ehe ist weitaus besser als andere. Daraus schließt du, daß ihr die Ewigkeitseinheit seid, die ihr einmal ward. Aber eine gute Ehe ist dafür kein Kriterium. Ich sage dir auch, warum. Es gibt bei euch zur Zeit eine Art Modeschmuck, das ist eine Münze, die man mit vielen Zacken in zwei Teile geteilt hat. Man schenkt ein Hälfte dem Partner. Wenn man sich wiedersieht, legt man sie zusammen. So, stell dir den Menschen als so einen Münzteil vor. Die Münze wird älter, wird an verschiedenen Orten aufbewahrt, liegt vielleicht auch mal richtig im Dreck, und setzt dabei immer mehr Patina an. Ja, es können sich dicke Ablagerungen in den Zacken bilden mit der Zeit. Dies geschieht bei beiden Teilen. Nun treffen beide Teile wieder zusammen. Es paßt nicht mehr. Aber durch ständige Reibung werden die Teile wieder sauber und können nahtlos aneinander gefügt werden. Kapiert?“

Ständige Reibung! In manchen Ehen, die ich kannte, wurde so intensiv gerieben, daß die Fetzen flogen. Nun wußte ich wenigstens, warum solche Ehen nicht geschieden wurden.

Ich warf einen Blick auf die Uhr. Es war nach zwei Uhr morgens, oder besser, in der Nacht. Mein Gesicht glühte, als hätte ich Fieber und mein Herz schlug so heftig, als hätte ich einen hohen Berg erstiegen.

„Hast du auch. Jede Erkenntnis, jedes intensive Gespräch mit mir, ist die Überwindung eines Berges der Unwissenheit auf dem Weg in das Licht.“

„Antaares, ich danke dir sehr, aber bitte, jetzt muß ich dringend schlafen, darf ich?“
„Aber sicher, nur darfst du jetzt keine Fragen mehr denken, sonst kann ich den Mund nicht halten.“
Es dauerte noch fast eine Stunde, ehe ich einschlief, und am anderen Morgen verschlief ich prompt.

Engel im Film

Sobald im Fernsehen ein Film läuft, in welchem ein Engel mitspielt, muß ich ihn natürlich ansehen. Die Sendung „ein Engel auf Erden“ hat mich oft zu Tränen gerührt. Gestern gab es einen Film mit dem Titel „Verabredung mit einem Engel“, den ich mir selbstverständlich ansah. „Hereinzog“, wie meine Schüler sich auszudrücken pflegen. Ein Todesengel bekommt den Auftrag, einen jungen Mann zu holen, der an einem Gehirntumor erkrankt ist, dies aber nicht weiß. Der Engel fliegt hinunter, kollidiert in der Nähe der Erde mit irgend etwas, wird am Flügel verletzt und landet mit einem Riesenplatsch im Swimmingpool des Todeskandidaten. Der fischt ihn heraus und pflegt ihn hingebungsvoll. Darüber geht seine Verlobung mit einer sehr jähzornigen Unternehmerstochter, die man dem sanften Jungen sowieso nicht an den Hals gewünscht hatte, in die Brüche. Es kommt, wie es kommen muß. Auf das Gebet des Engels hin muß der junge Mann nicht sterben und der Engel darf in Menschengestalt bei ihm bleiben. Eine Szene hat mich besonders begeistert. Als eine mordgierige Dogge die beiden anfallen will, dreht sich der Engel um und lächelt den Hund an. Das Vieh stoppt im vollen Lauf, klappt verblüfft die Schnauze mit den blutgierig gefletschten Zähnen zu und starrt den Engel an. Wie man es fertigbringt, ein so fassungsloses Staunen in Hundeaugen, die soeben noch mordlustig gefunkelt haben, zu erzeugen, ist mir ein Rätsel. Dann zieht die Dogge eine unnachahmliche Schau ab. Erst macht sie Männchen mit graziös abgewinkelten Vorderpfoten, dann legt sie sich platt hin, die Schnauze am Boden und schielt von unten herauf den Engel erwartungsvoll an. Der lächelt weiter. Dann dreht sich die Dogge auf den Rücken. Von meinem Hund weiß ich, daß das in der Hundesprache heißt „los, kraulen, aber fix." Zum Schluß hockt sie sich hin, gibt dem Engel Pfötchen, was heißt Pfötchen, eine Riesentatze, und legt zu guter Letzt den Kopf in des Engels Schoß. Ach, war das schön.

Natürlich sah der Engel genauso aus, wie auf den Schlafzimmerbildern des neunzehnten Jahrhunderts. Es hat mich nicht gestört. Vor dem Einschlafen sagte ich zu Antaares: „Das war ein herrlicher Film, nicht wahr? Ein richtig schönes Märchen!"

Er anwortete nicht.

„Antaares, hörst du nicht? Ob der Film schön war, habe ich gefragt!"

„Verdammter Kitsch!"

Es klang, als hätte mein Engel Zähne und damit geknirscht.

„Habe ich nicht, würde ich aber, wenn ich welche hätte."

„Du liebe Zeit, wie kann man wegen eines Films so ärgerlich sein. Verstehe ich nicht."

„Dann will ich versuchen, es dir zu erklären......"

Es geschah etwas Seltsames. Ich brauchte nicht auf seine Worte zu warten. Alles, was er erklären wollte, war sinngemäß schon bei mir angekommen. In dem Augenblick, als er ansetzte zum Sprechen, war mir alles blitzeklar. Aber jetzt wollte ich es selbst in Worte fassen. Zum ersten Mal gingen mir die Schwierigkeiten auf, mit denen Antaares zu kämpfen hatte, wenn er mir wortwörtlich etwas erklären wollte.

Jetzt brauchte er das offensichtlich nicht mehr. Nun wollte ich versuchen, es dem Leser zu erläutern. Lange grübelte ich, stellte fest, daß ich es nicht konnte, und bat Antaares, mit mir alles langsam noch einmal durchzugehen.

„Wer einen solchen Film gesehen hat, der sagt sich, das ist ein Märchen und Engel gibt es sowieso nicht. Weil er nicht weiß, daß wir Geistwesen sind, und nur etwas glauben kann, was er sieht."

„Aber die Engel der Bibel wurden von den alten Meistern doch auch so dargestellt", warf ich ein.

„Das ist wahr, aber damals *wußten* alle Menschen, daß es Engel gibt. Sie begriffen auch, daß die Flügel nicht real zu verstehen waren, sondern die geistige Freiheit symbolisierten. Als das materialistische Zeitalter anbrach, ging dieses Wissen verloren. Mit solchen Engeldarstellungen wird erst recht alles ins Reich der Phantasie verwiesen."

Mir fiel eine Geschichte aus dem Religionsunterricht ein, ich mußte lachen. Der Lehrer hatte von der Jakobsleiter erzählt, auf der die Engel auf- und niederstiegen. Woraufhin ein Kind prompt fragte, warum denn die Engel die Leiter benutzten, wo sie doch Flügel hätten. Antaares lachte auch.

„Es gab darauf keine Antwort, die verstanden worden wäre. Der Lehrer hätte den Kindern nicht klarmachen können, daß die Leiter die Wechselwirkung zwischen Himmel und Erde symbolisiert, daß die Engel die Kräfte darstellen, die die Geschicke der Menschen in göttlichem Auftrag begleiten und lenken. Stell es dir wie eine Waage vor, zwangsläufig muß sich eine Schale senken, wenn die andere steigt."

„Heißt das, daß die Menschheit dauernd 'rauf und 'runter turnt?"

„Nein, in der einen Waagschale ist die Menschheit, in der anderen sind die göttlichen Kräfte. Da es die Bestimmung der Menschen ist, emporzusteigen in das Licht, von dem

sie gekommen sind, müssen die Engel die andere Waagschale füllen."
„Das Zünglein an der Waage ist Gott?"
„Nein, Jesus Christus!"
„Und wo bleiben Luzifers Kumpane, die Dämonen?"
„Die hängen sich an die Menschenschale um sie unten zu halten."
„Und bauen unter eurer Dreckburgen, damit sie nicht herunter kann", grinste ich.
„Dreckburgen!! Ideen hast du! Stellst du sie dir noch mit Schaufelbaggern vor? Sei beruhigt, bei uns richten sie nichts mehr aus, seit Christus ganz allein in unserer Schale abwärts gegangen ist und sie ganz hinunter gezogen hat. Da hat es einen gewaltigen Aufwärtsschub der Menschenschale gegeben."
„Davon merkt man aber wirklich nichts, wenn man sich auf der Erde umsieht", murmelte ich.
„Du siehst nur Materie, die ist nicht von Dauer. Was du *nicht* siehst, ist wichtig. Glauben, Liebe und Hingabe wachsen unaufhörlich unter der lauten, vernichtenden Schicht von Krieg, Haß und Unglaube. Vor zweitausend Jahren begann das große Aufräumen und ist nach eurer Zeitrechnung noch lange nicht zu Ende. Eure unvorstellbaren Zeitspannen sind für Gott nur ein Wimpernschlag."
Warum muß mir immer eine schnoddrige Bemerkung dazu einfallen, wenn Antaares etwas Schönes sagt?
„Muß Gott aber verflixt lange Wimpern haben!"
Mein Mann las die Geschichte und gab wie üblich eine seiner tiefsinnigen Bemerkungen dazu ab: „Nicht lange Wimpern, sondern große Augen muß er haben, wenn es so lange dauert, bis die Lider unten sind."

Unsere Erde

Ich lag auf dem Achterdeck und ließ mir die Sonne auf den Bauch scheinen. Über mir der blaue Sommerhimmel mit weißen Wolkenschiffen dekoriert, unter mir die Weser und unser Boot. Wie so oft, staunte ich über die Unerschöpflichkeit der Natur. Wie viele Male hatte ich am Rhein gestanden und darüber nachgedacht, wieso ein Fluß ununterbrochen strömt und nie leer wird. Und siehe da, wie schon bei dem letzten Gespräch mit meinem Engel lief in meinem Kopf eine rasche Bilderfolge ab, als sähe ich einen Film. Ich hatte noch nicht einmal eine konkrete Frage gestellt, als mir die Antwort schon eingespielt wurde. Fasziniert verfogte ich das Geschehen. Zum Wiedergeben brauche ich aber wieder Rede und Gegenrede.

„Die Erde ist ein lebendiges Wesen, ein Körper, der atmet und Nahrung zu sich nimmt, verdaut und ausscheidet. Ebbe und Flut werden durch die Atmung verursacht."

„Es gibt doch gar nicht überall Ebbe und Flut", warf ich ein.

„Atme ein", befahl Antaares, ich tat es.

„So, und was bewegt sich? Etwa deine Beine, dein Kreuz, deine Hände? Es bewegt sich nur der Brustkorb und der Sauerstoff wird von dort durch den Körper gepumpt.

Die Flüsse der Erde sind das, was im menschlichen Körper die Adern sind."
„Und sind zumeist vergiftet, wie das Meer", unterbrach ich ihn.
„Die Flüsse fließen ins Meer", fuhr Antaares fort, ohne meinen Einwurf zu beachten, „der Meeresboden ist der erste Filter, durch den das Wasser in das Erdinnere läuft."
„Und kommt als Süßwasser wieder aus der Quelle?" staunte ich.
„Was macht ihr mit eurem Müll? Er kommt in die Verbrennungsanlagen. Die Temperaturen darin sind wie eine Kerzenflamme gegen die Temperaturen im Erdinneren. Was geschieht mit den Giften in eurem Blut? Ihr habt in Leber und Nieren komplette Entgiftungsorgane. Auch die Erde hat solche Organe und so kommt das Wasser wieder rein an die Oberfläche. Würden ab sofort keine Gifte mehr in den Kreislauf der Erde geraten, so hätte sie sich selbst in kurzer Zeit wieder entgiftet.
„Und die Vulkanausbrüche, die Erdbeben?"
„Welcher Mensch hat noch nie eine Hustenanfall oder einen Schüttelfrost bekommen? Denkt an die Erde wie an einen lieben Menschen, behandelt sie so, sie wird es euch danken."
Ich las die Geschichte meinem Mann vor. „Interessant", sagte er, und dann kam einer seiner Sprachklöpse: „Und manche Menschen nehmen die Form der Erde an, indem sie kugelig werden!"
Fand ich herrlich und auch Antaares amüsierte sich.

Schiffbruch

Wenn einem Menschen eine Katastrophe ins Haus steht, die nicht mehr abwendbar ist, dann beginnt, wie ich jetzt erfahren habe, lange vorher höheren Ortes eine exakte Planung, wie man den Menschen am glimpflichsten davonkommen lassen kann. Was da an Timing geleistet wird, ist erstaunlich. Doch ich will von Anfang an berichten.

Wir planten eine Bootsfahrt die Ems herunter in die Nordsee, wollten durch das Wattenmeer von Insel zu Insel fahren, dann in die Elbe, unsere Freunde in Hamburg besuchen, und durch den Elbe-Seiten-Kanal, genannt der Heide-Suez, zurück nach Hause. Vier Wochen, so schätzten wir, müßten wir mindestens dafür zur Verfügung haben. Kurz vor den Ferien stürzte ich mit dem Fahrrad, der Arzt befürchtete einen Knöchelbruch und verordnete vierzehn Tage Ruhezeit. Es stellte sich heraus, daß nichts gebrochen war, aber die Schmerzen waren so stark, daß an einen pünklichen Aufbruch nicht zu denken war.

Das war die erste Verzögerung. Die zweite war schon ernsthafterer Natur. Schwiegermutter erkrankte lebensgefährlich und mußte fünf Wochen auf der Intensivstation zubringen. Nun, solange wir nicht wußten, wie es mit Mutter weiterging, konnten wir auch nicht in Urlaub fahren. Als es ihr besser ging, blieben uns für den Urlaub so gerade vierzehn Tage. Also, kein Inselhüpfen, keine Nordsee. Nach Hamburg aber wollten wir unbedingt. Um Zeit zu sparen fuhren wir auf der Weser Richtung See, wollten dann aber durch den Hadelner Kanal in die Elbe, das war von uns aus der kürzeste Weg nach Hamburg. Wir sind nie angekommen.

Es ließ sich zunächst alles so gut an. Einen herrlichen Sonnentag verbrachten wir in einem befreundeten Yachtclub an der Weser, wo ich haarscharf aufpassen mußte, daß man uns nicht „abbuddelte", wie es auf westfälisch so schön heißt. (Falls jemand den Ausdruck nicht versteht: betrunken machte). Am nächsten Tag hatten wir einige Schleusen zu bewältigen, und ich wußte zu gut, was dabei auch im nüchternen Zustand alles passieren kann. Auf keinen Fall wollten wir verkatert und mit Restpromille schleusen. Die vier Schleusen bis Hoya klappten auch wunderbar, als wir am nächsten Morgen Hoya verließen, waren wir trotz trüben Wetters in Hochstimmung.

Ach, wie gut, daß man nicht weiß, was einem bevorsteht. Es war Mittagszeit, als wir die Schleuse Langwedel passierten und ich begab mich in die Pantry um das Essen zuzubereiten. Eben begann das Wasser zu sieden, als Heinz schrie. Er schrie meinen Namen voll Wut, Angst und wahnsinnigem Entsetzen. Wieviele Gedanken einem in Bruchteilen von Sekunden durch den Kopf schießen können, hatte ich bis dahin nicht gewußt. Irgend etwas Fürchterliches war passiert und seiner Stimme nach gab er mir die Schuld daran. Ich riß den Topf mit kochendem Wasser vom Herd - hatte ich etwas mit dem Gas angestellt? Hatte ich vorher in der Schleuse etwas Lebenswichtiges kaputt gemacht? Die verrücktesten Dinge schossen mir durch den Kopf. Dann gab es einen lauten Krach - ich blickte auf und sah ins Grüne. Hochauf ragte der Bug aus dem Wasser in

die Uferböschung. Ich raste in das Ruderhaus. Heinz stand mit fast irrem Blick am Ruder und schrie: „Nein, nein, das ist nicht wahr, das gibt es nicht!"
Er riß den Rückwärtsgang hinein und gab Vollgas. Das Schiff rührte sich nicht. Vorwärtsgang, Vollgas, nichts.
Ich rief: „Wir dürfen kein Vollgas fahren, du weißt doch, die Planke an der Schraube kann das nicht ab, hör auf!"
Es war, als sei ich gar nicht da. Die Maschine brüllte, die Gangschaltung krachte, das Schiff bebte in allen Fugen, rührte sich aber nicht vom Fleck. Wie wir heute wissen, saß es nicht mit dem Vorschiff auf, sondern das Heck hatte sich fest in die Steine geklemmt, darin drehte sich nun die Schraube, die von den Steinen vollständig zerhackt wurde. Als er nicht aufhörte, begann ich zu schreien. Ich habe zur Verzweiflung meiner Eltern ein sehr kräftiges Stimmorgan mitbekommen. Die ständigen Redensarten wie: 'Kann denn niemand für diese Blage einen verschluckbaren Schalldämpfer erfinden?' oder: 'Kind, schrei nicht so, wir sind alle nicht schwerhörig!', gingen mir zwar sehr auf die Nerven, aber leiser reden konnte ich trotzdem nicht. Meine Freundinnen genierten sich immer, mit mir in ein Restaurant zu gehen.
„Wenn du anfängst zu erzählen, unterhältst du den ganzen Laden, das ist einfach gräßlich", dabei meinte ich, mit ganz normaler Stimme gesprochen zu haben. Nun war ich dankbar dafür, denn die durchdringenden Töne, die ich jetzt hervorbrachte, waren eher die einer Luftschutzsirene. Das half. Heinz stellte die Maschine ab und sah mich an. Ich schrie trotzdem weiter: „Du mußt doch merken, daß wir hier ohne Hilfe nicht wieder herunterkommen. Wir müssen jemand finden, der uns hilft. Geh an die Funke und versuch ein Schiff in der Nähe anzurufen!"
Ich hatte das Gefühl, er sei nicht ganz bei Bewußtsein, so leer war sein Blick. Durch das Ruderhausfenster sah ich

ein Boot kommen, stürzte hinaus und begann wie wild zu winken. Das Boot kam längsseits, zog uns ins Wasser und nahm uns die paar Meter zum Schleusenanleger ins Schlepp. Da lagen wir nun, munter gluckerte das Wasser in das Achterschiff, mittschiffs spuckte die Lenzpumpe es wieder hinaus.

Heinz stand daneben, unter trockenem Schluchzen, mit weißem Gesicht stieß er immer nur hervor: „Ich hab mein Schiff kaputtgefahren, ich hab mein Schiff kaputtgefahren!"

Es zerriß mir das Herz. Ich wußte nicht, wie ich ihn trösten sollte. Da hörte ich ganz deutlich zwei Stimmen wie aus einem Munde sagen: „Es tut uns ja so leid, aber es mußte sein!"

Ich nahm Heinz in den Arm: „Du kannst nichts dafür, beide Engel haben es eben gesagt, so laut und deutlich habe ich sie noch nie gehört. Wein' doch nicht mehr, es mußte geschehen."

Er mußte sich sowieso zusammenreißen. Ein zweites Schiff kam, eine Arbeitsbarkasse des Wasser- und Schiffahrtsamtes. Ich bat um Hilfe. Da wir nicht wagten, die Maschine anzulassen, und wir auch nicht wußten, ob die Lenzpumpe mit noch stärkerem Wassereinbruch fertig werden würde, brauchten wir Schlepphilfe zu einem Hafen, der uns herauskranen konnte. Der Schiffsführer war die Hilfsbereitschaft selbst. Zwei Stunden später war unser Boot an der Barkasse vertäut und wir rauschten mit voller Fahrt nach Bremen. Eine Nacht hingen wir in den Krangurten, am anderen Tag wurden wir von einem extra angeforderten großen Kran an Land gesetzt.

Wir waren bei einer Werft gelandet mit einem unfreundlichen Chef und einem taktlosen Mechaniker, der empfahl, das Schiff doch gleich hier abzuwracken. Das alles ließ einen erneuten Zusammenbruch von Heinz befürchten. Wenn ich nicht immer die beiden Stimmen im Ohr gehabt hätte, ich glaube, ich hätte irgendwann einen Schreikrampf gekriegt. Ein Lichtblick erschien in der Gestalt eines jungen Bootsbauers. Da wir eine Reparatur nicht finanzieren konnten, kaufte er das Schiff, um in seiner Freizeit das marode Unterwasserschiff ganz zu erneuern.

Es waren noch schlimme Stunden, das Boot auszuräumen und Abschied zu nehmen. Wir wußten, nie würden wir wieder so ein schönes Schiff bekommen. War dies auch die Vergeltung dafür, daß wir die schnieken, weißen Yachten immer so verächtlich gemacht hatten? Stahlboote nannten wir Badewannen und Kunststoffboote Yoghurtbecher mit eingestanztem Verfalldatum. Die Salons in diesen Booten waren elegante Wohnzimmer, die Kajüten glichen feinen Hotelzimmern, die Naßzellen waren gefliest und mit allem erdenklichen Komfort. Die Frau des Skippers war hauptsächlich damit beschäftigt, diese schwimmende Luxusherberge auf Hochglanz zu polieren. Unser über fünfzig Jahre altes Schiff aus Eichenholz hatte das nicht nötig. Da war sowieso nichts, was glänzte, außer der Reling aus Edelstahl. Der Salon hatte die Form des Vorschiffes, spitz zulaufend, richtig kuschelig. In der Kajüte das Doppelbett, ein kleines Waschbecken und das Klo daselbst reichten uns völlig aus. Und daß ein Engel auf dem Boot wohnte, hatten schon andere Leute festgestellt.

Als wir nach Tagen aus diesem Alptraum wieder auftauchten, bat ich Antaares, mir zu erklären, warum dies alles so kommen mußte.

„Hättet ihr euch jemals freiwillig von dem Schiff getrennt? Nie, das wußten wir."

„Wer ist wir?" wollte ich wissen.

„In der Hauptsache der Engel eures Bootes, er wußte ja schließlich am besten, wie das Unterwasserschiff aussah.

Hättet ihr wie geplant, die Seereise gemacht, wäre dies das endgültige Ende des Schiffes gewesen. Ihr hättet auf See doch Vollgas fahren müssen, da ihr sonst gegen Wind und Wellen nicht angekommen wäret. So schnell, wie das Schiff vollgelaufen wäre, hätte euch niemand retten können."

„Den Unfall mit meinem Fahrrad, den kann ich dann ja verstehen, aber du willst mir doch nicht sagen, daß Mutter so krank werden mußte, damit wir nicht auf See fuhren, oder?"

„Eure Mutter war schon lange krank, wir haben nur den Ausbruch der Krankheit 'getimt', wie es in eurem komischen Sprachgebrauch jetzt heißt. Aber nun mal der Reihe nach. Auf der letzten Drei-Brücken-Fahrt berichtete Danzel, der Schiffsengel, uns von seinem Kummer und bat um Hilfe. Denn kein Schiff möchte sterben. Uns, damit meine ich mich und den Engel von deinem Heinz, war klar, daß das nicht passieren durfte. Die Planken mußten sich also vorher lösen, und zwar in einem Bereich, in welchem erstens die schnellste Hilfe kommen konnte, zweitens, wo es eine Möglichkeit gab, es zu reparieren, drittens sollte es für euch ohne körperlichen und mit einem Minimum an finanziellem Schaden geschehen. Den seelischen Kummer konnten wir euch leider nicht ersparen. Das alles erforderte den Einsatz übergeordneter Engel. Eine, ihr würdet sagen, Kommission wurde gebildet. Der junge Bootsbauer wurde gefunden, es wurde festgestellt, wann, und an welcher Stelle in der Weser mindestens zwei Schiffe mit hilfsbereiten Schiffsführern zur Verfügung standen. Ja, und als das alles feststand, mußten wir nur dafür sorgen, daß Heinz genau an dieser Stelle auf die Böschung rauschte."

„Normalerweise wäre ich wütend auf ihn losgefahren, wieso er so blöde sein konnte. Wie habt ihr es fertiggebracht?"

„Es ist wirklich nicht einfach, einen völlig nüchternen, verantwortungsbewußten Skipper dazu zu bringen, sein Schiff auf die Steine zu setzen. Ich weiß nicht, ob du es richtig verstehen kannst, aber wir haben ihn, bzw. sein Bewußtsein, aus der Zeit herauskatapultiert."

„Aus der Zeit herauskatapultiert -", wiederholte ich verblüfft. Dann ging mir ein Licht auf. Als ich Heinz gefragt hatte, wie ihm das passieren konnte, gab er immer nur zur Antwort: „Ich weiß es nicht, ich weiß überhaupt nichts mehr, seit wir die Schleuse verlassen haben. Ich wußte auch nicht mehr, daß ich am Ruder war. Ich dachte bloß, was macht sie da, wieso hält sie auf die Böschung zu!"

Er hatte immer wieder gesagt, ich weiß von nichts mehr. Sein leerer Blick fiel mir ein und daß er mich erst gehört hatte, als es zu spät war.

„Wenn ich voll da gewesen wäre, hätte ich ja volle Kraft zurück geben können, dann hätten wir nur mit dem Vorschiff festgesessen und mit eigener Kraft freikommen können. Ich weiß wirklich nicht, was mit mir los gewesen ist. Ich werde es nie begreifen."

„Wenn dein Engel dich aus der Zeit herauskatapultiert hat, hattest du absolut keine Chance, es abzuwenden." Jetzt hatten wir die Erklärung. Dankbar mußten wir sein, daß unsere Beschützer so präzise geplant hatten.

„Wir warteten, bis ihr im Schleusenkanal ankamt", erklärte Antaares weiter, „die Weser ist ja viel zu breit und hat auch keine Uferböschung mit so vielen dicken Steinen, die wir brauchten. Dann kam noch Heinz' Macke dazu, auch bei freier Strecke rechts zu fahren."

„Weswegen ich ihn ja des öfteren angestänkert habe, er sei ja nicht auf der Straße", warf ich ein.

„Nur daß es nichts genützt hat. Uns war es sehr recht, wir brauchten nur noch eine kleine Windboe von backbord, und in ein paar Minuten saß das Schiff steuerbord da, wo wir es hin haben wollten. Ihr habt uns ja so leid getan!"

„Ich hörte euch, sonst wäre ich verzweifelt. Wir wissen jetzt auch, daß es richtig war. Das Unterschiff mußte erneuert werden, und hier im Binnenland gibt es niemanden, der ein Holzschiff beplanken kann. Und wir hätten es auch nicht bezahlen können. Danke für eure Hilfe."
„Weißt du", sagte mein Engel, „ich bin auch dankbar, daß du mich verstehen kannst. Meine Kollegen müssen sich oft die schlimmsten Dinge anhören, wenn einem ihrer Schützlinge etwas Unangenehmes zustößt. Weil sie keine Ahnung haben, daß hinter allem ein Sinn steckt, daß dadurch schlimmere Dinge abgewendet werden können. Aber nein, sie nölen und schimpfen auf Gott und die Welt und machen alles noch schlimmer. Ich muß sagen, ich habe es diesmal wirklich gut getroffen", ich fühlte mich kolossal geschmeichelt, er muß es sofort gemerkt haben, denn er setzte hinzu: „wenn du mir auch manchmal schrecklich auf den Wecker fällst."
Da hatte ich mal wieder mein Fett weg. Zu meinem großen Vergnügen stellte ich aber fest, daß Antaares sich inzwischen meiner Ausdrucksweise, die er zuerst dauernd bemängelt hatte, doch sehr anpaßte.
„Schlechte Beispiele verderben gute Sitten!"
Ich ließ ihm großmütig das letzte Wort.

Der Herr segne dich

Ich hatte Angst, große Angst. Ich hatte meiner Tante versprochen, sie zu mir zu nehmen, wenn sie pflegebedürftig würde. Das war vor langer Zeit und man hofft natürlich, daß es nicht so weit kommt. Nun, es war soweit gekommen und ich war bereit, mein Versprechen einzulösen. Doch wußte ich auch, daß sie Zeit ihres Lebens eine Nervensäge war, gewohnt, grundsätzlich ihren Willen durchzusetzen, egal, auf wessen Kosten. Es war die Angst, die Nerven zu verlieren, wenn sie ihre hysterischen Anfälle bekam. Angst, nicht genug Liebe und Festigkeit zu haben, ihr das Leben so erträglich wie möglich zu machen. In jeder freien Minute redete ich mit meinem Engel und bat um Gottes Hilfe.

Wir waren auf einer längeren Autofahrt, als in meinem Gedankenwirrwarr plötzlich lange vergessene Worte auftauchten. Leise sprach ich sie vor mich hin: 'Der Herr segne dich und behüte dich; der Herr lasse sein Angesicht leuchten über dir und sei dir gnädig; der Herr erhebe sein Angesicht auf dich und gebe dir Frieden.'

Diese Worte ließen mich fast ein halbes Jahrhundert zurückgleiten. Ich hatte damals, seit Adolf Hitler unser „Führer" war, jeden Abend für ihn gebetet. Schließlich hatte man mir in Schule und Elternhaus beigebracht, daß er unser Retter aus der Not gewesen war. Die Reihenfolge beim Beten war, erst für Führer und Vaterland, dann für die Eltern und die Oma und bis meine Belange dran waren, war ich meistens schon eingeschlafen. Dann stand meine Mutter eines Tages an meinem Bett und sagte: „Kind, steh auf, der Führer ist tot!"

Von dem Tage an betete ich überhaupt nicht mehr. Für meinen Gedankengang war es eine unerhörte Gemeinheit von Gott. Ich war fest davon überzeugt, daß die ganze Nation täglich für den Führer und den Endsieg gebetet hatte. In unserer kleinen Stadt haben wohl die meisten an allem etwas vorbeigelebt, denn niemand, auch meine Eltern nicht, konnten den Holocaust zunächst für Wahrheit halten.

Als mir das alles aufging, hatte ich mir das Beten aber nun schon einmal abgewöhnt.

Nach der Schule ging ich als Praktikantin auf eine kleine Insel in eine Tbc-Heilanstalt. In dieser Einsamkeit fand ich wieder den Weg zurück. Ich war nicht konfirmiert worden, da ich mich strikt geweigert hatte, so einen 'Humbug' mitzumachen. Daher bat ich den Pfarrer, mir zu helfen. So nahm ich Konfirmandenunterricht mit den tb-kranken Kindern und wurde auch mit ihnen in der Inselkirche konfirmiert. An jedem freien Sonntag ging ich nun zum Gottesdienst und jedes Mal hörte ich am Schluß diese Segensworte. Sie begleiteten mich lange Zeit.

Wieder daheim, war ich immer enttäuscht, daß es bei unsern Gottesdiensten nur hieß: „Gehe hin in Frieden."

So vergaß ich diese Worte, die vor fast fünfzig Jahren meine Wegbegleiter waren.

Jetzt waren sie wieder da. Ich war glücklich, denn wenn ich sie täglich mit der Tante beten würde, könnte es einfach nicht mehr so schwierig werden.

Am nächsten Morgen fielen mir als erstes die Worte wieder ein. Wie erstaunt war ich, als ich die Stimme meines Engels

hörte: „Sie waren anders gemeint, als du es aufgefaßt hast."
„Willst du es mir bitte erklären?"
„Es heißt, daß deine Gebete erhört sind und ich sage dir: Der Herr *wird* dich segnen und behüten, der Herr *wird* sein Angesicht leuchten lassen über dir und *wird* dir gnädig sein. Der Herr *wird* sein Angesicht über dir erheben und dir Frieden geben!"
Da sagte ich gar nichts mehr. Ich lag im Bett und weinte.

Bankkonto und Seelenheil

Ich kam vom Einkaufen zurück und dachte betrübt an die Ebbe im Haushaltsportemonnaie. Unser Bankkonto war auch ‘in die Miesen’ gegangen und ich zählte gerade die Tage bis zum nächsten Ersten, als Antaares’ Stimme mir ärgerlich in die Parade fuhr: „Du sollst dich um dein Seelenheil kümmern und nicht andauernd um dein Bankkonto!“
„Ja, ich weiß“, etwas zu hastig suchte ich nach einer Entschuldigung, „aber wenn jetzt meine Schwester auch noch–-“, verdutzt brach ich mitten im Satz ab, Antaares hatte in meine Rede etwas hineingeknurrt, was sich anhörte wie ‘dumme Pute’. „*Was* hast du gesagt?“
„Ist doch wahr! Du weißt ganz genau, worauf es ankommt, kannst du dich nicht zusammenreißen? Und auch noch immer alles deiner Schwester in die Schuhe schieben? Die hat mit der jetzigen Situation nicht das geringste zu tun. Außerdem weißt du auch, und ich bestätige es dir hiermit noch einmal ausdrücklich, du wirst immer genug zu essen, immer ein Dach über dem Kopf und genug anzuziehen haben. Das ist mehr, als die meisten Menschen von sich sagen können. Und du dumme – ich meine, und du kannst den Hals nicht vollkriegen.“
Ich versuchte einen Scherz: „Genug anzuziehen? Gibt es eine Frau, die das von sich sagt?“

„Lenke bitte nicht vom Thema ab“, sagte er streng, „Warum ist dir das immer noch nicht genug?“
Stellte er mich als raffgierige Person hin? Das ließ ich mir nicht gefallen, auch von meinem Engel nicht.
„Ich will dir mal was sagen“, erwiderte ich böse, „die Fenster müssen gestrichen werden, die untere Haustür muß Sicherheitsglas haben anstelle von dem dünnen Zeug, was jedes Kind mit dem Schuhanzieher einschlagen kann, der Hang an der Ostseite muß abgestützt werden und ob die Bruchsteinmauer am Freisitz diesen Sommer noch stehen bleibt, ist fraglich! Sonst noch Fragen?“ setzte ich bissig hinzu.
„Hältst du mich für dösig, daß ich das nicht weiß? Nichts davon ist wirklich nötig. Glaubst du nicht, daß schützende Engel sicherer sind als das beste Sicherheitsglas? *Du* weißt ja, daß wir da sind. Und meinst du nicht auch, daß wir auf die Mauer aufpassen können? Der Hang an der Ostseite ist seit zwanzig Jahren so wie jetzt, du wirst es noch ein wenig so ertragen müssen. Die Fenster könnt ihr auch im nächsten Jahr noch streichen, so schlimm ist das noch gar nicht. Das sind faule Ausreden, in Wirklichkeit willst du ganz was anderes.“
Hatte ich mir wirklich eingebildet, meinem Engel etwas vormachen zu können? Und mir selbst? Nein, was ich wirklich wollte, war wieder ein Schiff. Aber das war durch die Tatsache, daß meine Tante nach Aussage des Arztes wohl noch so lange leben würde, daß das ganze Vermögen für das Pflegeheim aufgebraucht würde, nun vollkommen aus der Welt.
„Sieh mal“, Antaares redete mir jetzt zu wie einer kranken Kuh, „wenn du jetzt durch irgendwelche Manipulationen zu Geld kämst, selbst wenn sie nach menschlichem Recht juristisch einwandfrei wären, so wären sie es doch nicht nach

göttlichem Recht. Du hättest ein paar Jahre Freude am Schiff, aber glaube mir, wenn du bei uns ankommst, und siehst die Folgen, würdest du alle Schiffe der Welt, besäßest du sie, für ein Ungeschehen hergeben."

Ewigkeit

Wir hatten Urlaub. Für die Tante, die als Pflegefall bei uns daheim war, hatten wir für diese Zeit einen Platz in einem Seniorenheim gefunden. Die Monate vorher waren so hektisch gewesen, daß ich keine Zeit gefunden hatte, die Gespräche, die ich in dieser Zeit mit Antaares geführt hatte, aufzuschreiben. Ich machte mir kurze Notizen und pries das Computerzeitalter, das mir einen Laptop beschert hatte. Als ich zum ersten Mal einen PC mit in Urlaub nehmen wollte, war mein Mann fast zusammengebrochen, und hatte sich respektlos nach meinem Geisteszustand erkundigt. Hatte es aber dann doch fertiggebracht, einen Commodore C 64 zusätzlich zu unserem Gepäck unterzubringen, auf dem ich mein erstes Buch schrieb. Nun, einen Laptop unterzubringen, war überhaupt kein Problem. Ich nahm mir also vor, im Urlaub nachzuholen, was zu Hause nicht möglich gewesen war.

Da war das Gespräch über die Ewigkeit. In welcher Situation mich plötzlich das kalte Grauen überkam, als ich das Wort Ewigkeit dachte, weiß ich nicht mehr. Ich kann auch das, was ich fühlte, nicht in Worte fassen. Jedenfalls nicht so, daß es für einen andern einigermaßen verständlich wird. Ich dachte an Sterben, an die Zeit im Jenseits, bis man wiederkommen darf oder muß je nachdem, an eine erneute

Lehrzeit hier auf Erden, immer wiederkehrend, bis die Seele rein und geläutert in Gott eingeht, dort verweilt, bis sie erneut herabsteigt in die Materie. Und mein ganzes Innerstes schrie auf vor Entsetzen: Soll es denn nie ein Ende geben? Der Begriff Ewigkeit war mir bisher immer ein Trost gewesen, wenn ich wieder mal 'Mist gebaut' hatte, wie Antaares es gelegentlich formulierte. Mein Gedanke war dann, ich habe doch reichlich Zeit, die ganze Ewigkeit und Gott ist doch so geduldig mit uns Menschenkindern. Jetzt hatte ich auf einmal das Gefühl, ach, wie soll ich es nur beschreiben. Vielleicht kann ich es so ausdrücken, als ob mein Ich wie ein Gummiband in die Länge gezogen wurde. In endlose, eiskalte Weiten eines Universums, das doch, und dies Wissen war das schrecklichste, doch nur ein Stecknadelknopf in der Weite der göttlichen Ewigkeit war. Es schüttelte mich vor Entsetzen, ich dachte hilfesuchend an meinen Engel, als ich auch schon seine Stimme vernahm. Mein Schrecken schien ihn in keinster Weise beeindruckt zu haben, denn es klang beinah ein wenig amüsiert, als er sagte: „Was regst du dich auf? Du wirst dich nicht langweilen. Die Sterne stehen auch schon so lange und werden immer da sein. Nichts kann sich je langweilen, was im Fluß ist und eine Aufgabe hat. Gott sorgt dafür, daß jeder in seinem Rahmen zur Erfüllung Seines Willens beiträgt. In seinem Reich ist genug Platz für Entdeckungsreisen.

Allerdings", setzte er etwas ernster hinzu, „ist es verständlich, daß es einen Menschen verstört, wenn sein Geist plötzlich von einem Hauch der Unendlichkeit gestreift wird."

„Warum ist das mir überhaupt geschehen?" wollte ich wissen.

„Es geschieht igendwann jedem Menschen", antwortete Antaares, „die meisten aber wissen nicht, was da passiert. Sie meinen, ihre Furcht, die sie überkommt, sei grundlos. Sie schieben es auf die äußere Situation, auf ihr Umfeld oder aber eine Person, die sie nicht mögen. Ganz schwache Naturen greifen dann zu Drogen, um die Angst zu betäuben. In dieser Zeit, da der Geist Gottes mächtiger denn je auf diesem Planeten wirksam ist —"

Ich unterbrach ihn ziemlich unhöflich: „Mächtiger denn je? Spinnst du? Es ist doch eher wohl so, daß Luzifer mitsamt seinen Kumpanen die Menschheit im Griff hat!"

„Wie sieht ein altes Haus aus während des Umbaus? Wenn etwas schöner werden soll, muß doch erst das Alte abgerissen werden. Der Staub, der da aufgewirbelt wird, wenn man eine Mauer einreißt, ist doch scheußlich für die Bewohner. Denk dir diese Prozedur auf der ganzen Erde. So gräßlich es jetzt alles erscheint, wie ein Phönix aus der Asche wird alles herrlich erstehen, das Grauen, was dich angesichts der Unendlichkeit überkommen hat, wird sich in Freude und Zuversicht verwandeln."

„Dein Wort in Gottes Ohr", murmelte ich.

„Mußt du eigentlich immer das letzte Wort haben, sogar bei deinem Engel?"

Ich setzte zu einer Antwort an, da fuhr er mir über den Schnabel: „Woher soll ich wissen, daß du nichts mehr sagen willst! Das war es doch, du respektloses Frauenzimmer!"

Diesmal nickte ich nur stumm.

Die Lichtburg

Ein Freund, der das Manuskript von meinen Gesprächen mit Antaares gelesen hatte, machte dazu eine Zeichnung. Ehe wir uns trafen, steckte er eine Kopie davon ein. Später sagte er, er hätte eigentlich nicht gewußt, warum. Er hielt sie nicht für besonders gut oder wichtig. Während des Essens begutachteten wir die Entwürfe eines Graphikers, Teile der Bilder gefielen mir, doch wenn ich auf die Gesichter sah, bekam ich ein unangehmes Gefühl. Ich sagte dem jungen Mann, daß mir die Gesichter nicht gefielen. Das könne ja jederzeit nach meinen Wünschen geändert werden. Wir kamen überein, daß er mir weitere Entwürfe zeichnen würde. Dann holte der Freund etwas schüchtern seine Zeichnung, Scribble nannte er das Bild und gab sie mir. Lange schaute ich sie an. Ein warmes, freundliches Gefühl rieselte mir angenehm den Rücken herunter und machte sich dann in mir breit. Ein kleines Bett mit einem Menschen darin stand in einer Art Lichtburg, die von den Umrissen eines Engels gebildet wurde.
„Darf ich es behalten?" fragte ich. Ich durfte.
Bei den Familienangelegenheiten, die wir am Abend noch zu erledigen hatten, erlebten wir einen Schock. Mit Zornestränen in den Augen fuhren wir nach Haus und bekamen dort den nächsten. Bis an den Hals voll roter Wut packte

ich meine Tasche aus und hielt die Zeichnung in der Hand. Ich klebte sie an den Spiegel und stellte mich davor.
„Antaares, wenn du so eine Lichtburg um mich bauen kannst, laß mich jetzt ganz schnell hinein, daß die Wut und der Haß draußen bleiben.“
Ich blickte solange auf das Bild, bis ich das Empfinden hatte, wirklich hineingeschlüpft zu sein. Es wurde friedlich in meiner Seele.
Ein paar Tage später brachte ich es sogar fertig, für die Familienmitglieder, die mich so verletzt hatten, zu beten.
„Ich versuchte damals gleich, dir klar zu machen, daß das Bild wichtig für dich war“, sagte mein Engel dazu, „ich streichelte dir den Rücken, hast du das nicht gemerkt?“
„Ich hätte es mir denken können“, antwortete ich, „unglücklicherweise gibt es immer noch Augenblicke, in denen ich nicht an dich denke, sonst hätte ich wahrscheinlich gleich gemerkt, daß du die Bilder von dem Graphiker nicht leiden mochtest. Dann wäre mir auch die Peinlichkeit erspart geblieben, ihm deinen späteren Kommentar zu schicken. Man tritt ja nicht gerne jemanden so nachhaltig auf die Füße.“
„Er wird es verkraften, vielleicht hilft es ihm ja zu einem besseren Verständnis auf seinem Weg.“
„Ich hoffe es sehr“, seufzte ich, der junge Mann hatte mir wirklich leid getan.

Maria

Es war im Winterurlaub. Seit drei Tagen war schlechtes Wetter und jetzt, am vierten Tag, tobte ein dicker Schneesturm über dem Ort. Die meisten Lifte standen still. Ein paar Verrückte konnten es aber doch nicht lassen und gurkten auf Skiern durch den Sturm.

„Die haben wahrscheinlich einen Abstandsmelder eingebaut", meinte Heinz, „denn sehen können die doch nichts." Wir hatten selbst einmal versucht, bei leichtem Schneefall zu fahren, aber so schnell, wie die Skibrille zugeweht war, konnte man sie nicht abwischen und dann war es der reinste Blindflug. Also machten wir es uns zuhause gemütlich. Vor einigen Nächten hatte Antaares mir eine Geschichte ins Gedächtnis zurückgerufen, die schon viele Jahre zurücklag.

„Es wäre schön, wenn du sie aufschreiben würdest", hatte er gemeint.

„Sie hat aber nichts mit dir zu tun; ich weiß auch nicht, ob ich alles richtig behalten habe." Ich hatte einfach keine Lust, saß viel lieber mit der Nase im Buch auf der Couch. Er gab keine Antwort. Das Wetter wurde immer schlechter. Ich wurde mißtrauisch.

„Antaares, hast du womöglich Petrus belatschert, es so lange schneien zu lassen, bis ich die Geschichte geschrieben habe?

Das wäre ausgesprochen gemein, es müssen dann ja alle darunter leiden."

„Mit der Wettermacherei habe ich nichts zu tun. Petrus übrigens auch nicht."

„Es würde mich aber mal interessieren, warum man Petrus immer das Wetter in die Schuhe schiebt." Mir war jedes Mittel recht, mich vor der Geschichte zu drücken, obwohl ich genau wußte, daß ich keine Chance hatte, wenn Antaares etwas von mir will. Aber ich wußte nicht, wie ich anfangen sollte. Der Kernpunkt war mir zwar ganz klar im Gedächtnis geblieben. Man kann aber doch eine Geschichte nicht mitten drin anfangen.

„Fang in Lugano an", sagte Antaares.

„Es ist aber auch eine lange Geschichte, warum wir nach Lugano fuhren."

„Die gehört nicht hierhin."

„Irgendwie doch", meinte ich. Ich wollte unbedingt einmal zu der Kapelle, die wir vom Gletscher aus sehen konnten, die aber im Winter auch mit Skiern nicht zu erreichen ist. Es ist die höchstgelegene Kapelle an dem höchsten Paß Europas (Col d`Iseran). Diese Kapelle ist der Jungfrau Maria geweiht. Halb versunken im Schnee strahlt die kleine Kirche soviel Frieden und himmlische Ruhe aus, daß ich im Sommer einmal dorthin wollte. Nach Lugano wurden wir eingeladen und wir beschlossen, es mit einer Rundreise zu verbinden. So fuhren wir durch Italien nach Frankreich zum Col d`Iseran.

„Ja, und nun erzähle, was du auf dieser Fahrt erlebt hast", ermunterte mich mein Engel, nachdem ich eine ganze Weile grübelnd vor dem Bildschirm gesessen hatte.

„Es geht nicht, ich finde den richtigen Anfang nicht!"

„Meine Güte, was stellst du dich heute dämlich an", Antaares seufzte tief auf. Jetzt wurde ich bockig.

„Man kann nicht einfach auf Befehl schreiben. Zumindest nicht, wenn es gut werden soll. Nicht einmal ein Engelbefehl kann das bewerkstelligen. Und jetzt laß mich in Ruhe, ich gehe jetzt duschen."
„Tu das, wenn du sauber bist, hast du vielleicht bessere Laune!"
Ich ging also duschen. Kaum stand ich darunter und ließ mir genüßlich das warme Wasser über den Körper laufen, fielen mir die ersten Sätze meiner Geschichte ein. Ich fluchte wie ein Bierkutscher, denn ich wußte ganz genau, daß ich sie vergessen haben würde, wenn ich fertig war. Also brüllte ich nach meinem Mann: „Komm mal her und bring Papier und Bleistift mit!"
„Waas? Ich versteh nichts!"
Aber dann ließ er seine Fotos liegen und kam ins Badezimmer. Ich sagte, daß er sich Papier und Bleistift holen sollte und diktierte:
'Wir fuhren auf kleinen Straßen über viele Pässe, oftmals waren es nur geschotterte Wege, kamen durch kleine, ärmlich wirkende Dörfer, die aussahen, als seien sie an die Felsen geklebt.'
„Mehr brauchst du jetzt nicht zu schreiben, nun wird es von allein weitergehen." Er zog mit seinem Schreibkram ab und ich konnte in Ruhe weiterduschen, ohne pausenlos die Sätze vor mich hin zu brabbeln.
Wenn es Abend wurde, hatten wir immer einen Zeltplatz erreicht. Wir hassen Hotels, außer wenn es Spitzbuben regnet. So ging es ein paar Tage gemütlich bergauf und bergab, wo es uns besonders gut gefiel, machten wir Pause. In einer Spitzkehre schrie ich plötzlich auf. Heinz trat entsetzt auf die Bremse: „Was ist passiert?" - „Nichts, aber ich glaube, ich hab Halluzinationen, hier kann doch keine Moschee oder ein Dom sein."

„Meine Güte, hast du mich erschreckt! Ein Dom, sowas gibt es doch hier nicht."

Gab es doch! Als wir die Kehre passiert hatten, sahen wir es beide. Etwas abseits von einem winzigen Dorf mit noch winzigeren Häuschen ragte ein Bauwerk auf, das uns den Atem verschlug. Eine gewaltige, silbrig schimmernde Kuppel ragte in den blauen Himmel, flankiert von einigen kleineren Türmen. Von unserer Warte aus und im Kontrast zu den kleinen Häusern kam mir der Bau so hoch vor wie der Kölner Dom. Bis wir das Dorf erreichten, rätselten wir daran herum, wie hier, in schätzungsweise zweitausend Metern Höhe, so eine Kirche, denn daß es eine solche war, daran zweifelten wir nicht, entstehen konnte. Es gab einen großen Parkplatz und rund um die Kirche blühende Blumen und Büsche. Wir bestaunten die gepflegten Anlagen, wußten wir doch zu gut, daß sonst in dieser Höhe kaum etwas wächst. Die Dorfbewohner mußten mit viel Liebe und Hingabe daran arbeiten. Neugierig betraten wir dem Dom. Es war wirklich ein Dom. Die Kuppel wurde von vielen schlanken Säulen getragen, es gab kein Kirchenschiff, sondern nur einen großen Rundbau. Das Erstaunlichste aber war, daß in der Mitte ein kleines Kirchlein stand, dem die Vorderfront fehlte. Das mußte die Kirche oder Kapelle sein, die einst die Dorfkirche gewesen war. Sie beherbergte nur einen Marienaltar, mit einen Bild der heiligen Jungfrau. Rechts daneben waren Plakate ausgestellt, die in mehreren Sprachen von dem Wunder erzählten, das sich im 16. Jahrhundert hier zugetragen hatte.

Einer der jungen Männer des Dorfes hatte die Mutter Gottes in einem Wutanfall mit Steinen beworfen. Warum, war nicht erklärt, vielleicht wußte es niemand. Wie groß war sein Entsetzen und seine Furcht, als das Bild an den getroffenen Stellen anfing zu bluten. Das ganze Dorf fiel auf die

Knie, was aus dem Frevler geworden war, weiß ich nicht mehr. Die hohe Geistlichkeit erschien, im Schlepptau Ärzte, Professoren und die Honoratioren. Das ärztliche Zeugnis von den berühmtesten Kapazitäten der damaligen Zeit bestätigte, daß nach sorgfältiger Untersuchung einwandfrei feststand, daß wahrhaftig Blut aus den Wunden des Bildes geflossen sei. Zum Gedenken an dieses Wunder und zu Ehren der Heiligen Jungfrau war dann um die kleine Kapelle der große Dom gebaut worden. Ich als Protestant las dies mit gemischten Gefühlen. Dann trat ich vor das Marienbild und schaute ihr Gesicht an. Die Steine hatten das Bild an der Stirn und an der linken Wange getroffen. Von den Stellen gingen, wirklich als seien es echte Wunden gewesen, dunkle Streifen abwärts. Je länger ich auf das Bild blickte, umso seltsamer wurde mir zumute. Eine tiefe Traurigkeit ergriff mich, mein Herz wurde schwer. Aber ein regelrechter Schrecken durchfuhr mich, als plötzlich die gleichen Stellen auf meiner Stirn und der linken Wange heftig anfingen zu schmerzen, als hätten mich selbst die Steine getroffen. Tränen stiegen mir in die Augen und ich hörte mich sagen: „Du Arme, so weh hat es getan?"

Mein Mann, der in der Zeit einen Rundgang gemacht hatte, sah mich erschrocken an. „Was ist los?"

Ich konnte nicht gleich antworten. Erst als wir am Wagen waren, erzählte ich ihm, was mir widerfahren war.

Zwei Tage später erreichten wir den Paß mit der Kapelle, der unser eigentliches Ziel war. Es war kühl und die Wolken hingen bis in das Tal hinunter. Am Fuße des Passes, in 1800 Metern Höhe, lag der Zeltplatz, wo wir unser Zelt aufschlugen. Am nächsten Morgen wollten wir hinüber fahren und hofften sehr auf besseres Wetter. Wir wollten unbedingt unser Skigebiet und unseren heißgeliebten Gletscher, auf dem wir am liebsten fuhren, einmal im Sommer sehen. Aber es

wurde nicht besser, im Gegenteil. Im dichten Nebel zuckelten wir behutsam die steilen Spitzkehren zur Paßhöhe hinauf. Dort war die Sicht etwas besser, aber von den Bergen ringsherum war nichts zu sehen. Wir stellten den Wagen auf dem großen Parkplatz ab und gingen in die Kapelle. Der Altar war ein großer Felsblock, aber glatt wie ein Tisch. Daneben eine Statue der Jungfrau Maria. Ich ging hin, zündete ihr eine Kerze an und grüßte sie kniend. (Wenn mir das früher jemand prophezeit hätte!)
Und dann hörte ich eine sanfte Stimme, nicht im Ohr, sondern im Herzen oder im Kopf, „Schön, daß du kommst. Ich warte schon lange auf dich."
Eigentlich begriff ich überhaupt nichts. Da war etwas geschehen, was weit über mein Begriffsvermögen hinausging. Außer, daß mich beim Skilaufen diese kleine Kapelle ungemein angezogen hatte, hatte ich zu der Zeit mit religiösen Dingen absolut 'nichts am Hut', mit der Mutter Gottes als eingefleischte Protestantin schon gar nicht.
Auf der Rückfahrt zum Zeltplatz begann es zu regnen. In der Nacht wurde es uns in den Schlafsäcken eklig kalt. Wir angelten uns alles, womit man sich noch zudecken konnten und klapperten weiter mit den Zähnen. Als wir am Morgen die Nase aus dem Zelt steckten, wußten wir, warum. Auf dem Platz goß es immer noch, aber knapp 50 Meter über uns war die Welt weiß. Da schneite es.
„Im Wetterbericht würde es heißen, die Schneegrenze liegt bei 1850 Metern. So ein Mist. Und wir müssen bei dem Sauwetter das Zelt einpacken!" Mein Mann war sauer.
Ich beschloß, meine neue Freundin um Hilfe zu bitten.
„Maria", bat ich, „wenn es möglich ist, laß es jetzt aufhören zu regnen. Dann kann das Zelt während wir frühstücken noch etwas abtrocknen, und es wird nicht alles naß, was wir in den Wagen bringen müssen. Bitte, sei so freundlich."

Ich war nach allem, was ich erlebt hatte, nicht einmal erstaunt, als nach fünf Minuten der Regen aufhörte. Wir frühstückten und packten in aller Ruhe. Nie werde ich das dumme Gesicht von Heinz vergessen, als ich mit den Worten „Alles fertig, es kann weiterregnen“, den Kofferraumdeckel schloß. Ich war gerade in den Wagen gestiegen, als es wie aus Kübeln goß.

Erleichtert las ich die Geschichte noch einmal durch. Irgendwie war es mir schwer gefallen, die richtigen Worte zu finden. Damit hatte ich sonst nie Probleme. War dieses nicht zu unwahrscheinlich? Wer würde mir glauben?

„Darauf kommt es doch nicht an“, erklärte Antaares. „Es ist nicht unglaubwürdiger für andere Menschen, als deine Gespräche mit mir.“

Ich dachte einen Augenblick nach.

„Antaares, du hast mir gesagt, du hast mit der Wettermacherei nichts zu tun und Petrus auch nicht. Damals hat Maria für zwei Stunden den Regen unterbrochen, wer ist denn nun dafür zuständig?“

Er gab ein Geräusch von sich, das sich wie ‘grrrrr’ anhörte. Unbarmherzig fuhr ich fort: „Bis ich mit dieser Geschichte fertig war, hat es geschneit. Dann schien auf einmal die Sonne. Bist du ganz sicher, daß du da nicht mitgemischt hast?“

Aber mein Engel hüllte sich in vornehmes Schweigen.

Kein Öl, Moses?

Wir freuten uns auf den Winterurlaub. Als gewissenhafte Autofahrer brachten wir den Wagen in die Werkstatt zum Durchsehen. Fröhlich starteten wir zu dem 1300 km entfernten Val d`Isère. Kurz vor Lyon rollten wir zum Tanken an eine Selbstbedienungstankstelle. Was heißt Tankstelle! Das war keine Stelle, das war ein Areal von der Größe eines Fußballfeldes. Mir kam es vor, als seien es hunderte von Zapfsäulen und ebensoviele Wagen. Soweit das Auge reichte, flimmerte die Sonne auf Autodächern, spiegelte sich in Autoscheiben. Fahrer hielten gähnend die Zapfpistolen in die Einfüllstutzen, Beifahrerinnen klappten die Kosmetikspiegel herunter, schminkten sich und richteten die zerzauste Frisur. Kinder sausten herum, leckten Eis oder tranken Coca-Cola. Ich lehnte mich an einen Pfeiler, Heinz angelte derweil nach seinem Tankschlüssel.
Wie aus dem Nichts tauchte ein Tankwart neben ihm auf. Nahm die Zapfpistole und tankte. Dann putzte er die Windschutzscheibe. Staunend sah ich zu. Ich hatte an einer SB Tankstelle noch nie einen Tankwart gesehen, geschweige denn einen, der unaufgefordert Scheiben putzte. Und wieso ausgerechnet an unserem Wagen? Nun verlangte er auch noch, die Motorhaube zu öffnen, um den Ölstand zu kontrollieren. Heinz schüttelte den Kopf und versuchte ihm

klar zu machen, daß der Wagen aus der Werkstatt kam. Aber der junge Mann schien es nicht zu begreifen, schließlich sagte ich: „Laß ihn doch gucken, er möchte sich ein Trinkgeld verdienen.“

Der junge Mann zog den abgewischten Ölstab heraus und hielt ihn uns unter die Nase. Wir wurden blaß. Da war nichts! Kein Öl, Moses? Der Daimler schluckte drei Liter Öl, ich drückte unserem Retter ein reichliches Trinkgeld in die Hand, er lächelte nur, gesagt hatte er vorher auch nicht viel, wandte sich ab und verschwand. Ich sah ihm nach, wie er um die Zapfsäule ging, aber er kam an der anderen Seite nicht wieder zum Vorschein. Ich sah ihn überhaupt nicht mehr.

Da erst begriff ich. Die Kehle wurde mir eng, Tränen stiegen mir in die Augen und meine Nackenhaare stellten sich auf.

„Antaares,“ flüsterte ich, „du warst es, nicht wahr?“

Keine Antwort.

„Ach, hätte ich es nur geahnt, ich hätte in deine Augen sehen können, ich hätte dich umarmen und küssen können.“

„Und dein Mann hätte geglaubt, du wärst total verrückt geworden, einen fremdem Tankwart abzuknutschen.“

„ Ich hätte ihm doch gesagt, daß du es warst!“

Als Heinz von der Kasse zurückkam, erzählte ich ihm, wer unser Tankwart gewesen war. Er ist ja wirklich einiges gewöhnt, aber nun sah er mich doch etwas ungläubig an.

„Sieh dich doch um, siehst du irgendwo an einem anderen Wagen einen dienstbaren Geist der Scheiben putzt? Außer dem Mann an der Kasse ist niemand da!“

„Du hast Recht“, sagte mein Mann und wir falteten stumm die Hände.

Wettermacher

Antaares hatte sich glatt geweigert, mit mir darüber zu reden, wer denn nun für das Wetter zuständig war. Das wurmte mich. In der nächsten Nacht, als ich nicht einschlafen konnte, begann ich, ihn mit Fragen zu bombardieren.

„Wenn du mir wenigstens sagen würdest, warum du dich so anstellst", bohrte ich.

„Du bist wie eine lästige Fliege", seufzte er, „ich meine, du würdest es nicht verstehen oder mir womöglich kein Wort glauben."

Ich tat empört. „Bis jetzt hast du mir die schwierigsten Sachen erklärt, ich habe es immer begriffen. Hältst du mich jetzt für blöd oder begriffstutzig? Und wie kommst du darauf, ich könnte einem Engel auf einmal nicht mehr glauben?"

„Also gut, bin gespannt, wie du reagierst. Zuständig bist du!"

„Hä?" - „Wie bitte heißt das, nicht 'hä'. Ich hab es ja gewußt."

Nachdem ich mich von meiner ersten Verblüffung erholt hatte, sagte ich ihm, daß es ohne eine nähere Erläuterung ja für einen gewöhnlichen Sterblichen etwas schwierig zu verstehen sei.

„Und für mich fast unmöglich, es zu erklären. Ich muß dazu wie so oft, auf das Bibelwort von dem Glauben wie ein Senfkorn zurückkommen. Als du Maria gebeten hast, der Regen möge aufhören, war dein Glaube so groß, daß es so geschah. Maria hatte damit nichts zu tun. Erinnere dich an eure Radtour. In ganz Westdeutschland hat es in den vierzehn Tagen ununterbrochen geregnet. Nur über euch ist ein Sonnenloch gezogen. Ein paar Kilometer vor, hinter und neben euch hat es gegossen. Bis auf einen Gewitterguß und einen halben Regentag habt ihr Sonne und Rückenwind gehabt. Weil ihr fest daran geglaubt habt, es wird eine gute Fahrt. Und jetzt? Im tiefsten Innern wolltest du lieber die Geschichte fertig schreiben. Schieb mir nicht in die Schuhe, was du selber wolltest."

„Zehntausend Skifahrer in diesem Ort wollen Sonnenschein, und bloß weil ich eine Geschichte schreiben will, setze ich mich dagegen durch? Ehrlich, dies erscheint mir etwas unwahrscheinlich."

„Ich hab's ja gewußt. Nun muß ich doch Dinge zur Sprache bringen, die ich dir lieber nicht gesagt hätte. Jesus sagte, mir ist gegeben alle Gewalt im Himmel und auf Erden (Matth. 28,18). Er ist Gottes Sohn und ihr Menschen seid ebenso Gottes Kinder. Auch euch ist diese Gewalt gegeben, ihr wißt es nur nicht. Jesus konnte sie nutzen, weil sein Bewußtsein im Göttlichen ruhte. Er hat aber auch versprochen, daß die, die ihm nachfolgen, die gleichen Werke tun werden (Joh. 14,12). Da es dir inzwischen möglich ist, dich mit der geistigen Welt zu verbinden, ist dein Bewußtsein so erweitert, daß dein Wunsch, ob bewußt oder unbewußt, etwas von dieser Macht, von der Jesus spricht, zur Entfaltung kommt. Und gegen diese Macht sind auch zehntausend Skifahrer hilflos."

„Warum bitte, wolltest du mir das nicht sagen?"

„Ganz einfach, weil du schon eingebildet genug bist!"

Poltergeisthöhle

Drei Monate war meine Tante bei uns als Schwerstpflegefall (so eingestuft vom medizinischen Dienst) zuhause versorgt worden. Es war eine schwere Zeit für uns alle gewesen. Sie wollte nicht einsehen, daß sie nicht wieder allein in ihrer Wohnung leben konnte. Auf der anderen Seite weigerte sie sich, mitzuarbeiten, um wieder auf die Beine zu kommen. Schreiend ließ sie sich fallen, wenn die Pflegeschwester versuchte, sie vom Bett auf den Klostuhl zu bugsieren. Nur wenn keiner hinguckte, ging sie allein zum Waschbecken. Sie tat so, als hätte ich jetzt dafür zu sorgen, daß sie so schnell wie möglich wieder in ihre Wohnung konnte. Manchmal wurde sie so giftig, daß ich aus dem Zimmer ging. Meine Freunde fanden, daß meine ansonsten so positive Ausstrahlung sich ins negative gewandelt habe. Ich war machtlos dagegen.

„Dieses Weib ist das personifizierte Böse“, graulte die Schwester sich jeden Tag und ich tröstete sie mit Kaffee und einem frischen Brötchen. Ich hatte der Tante von Anfang an gesagt, daß wir vor ihrer Krankheit einen Urlaub gebucht und bezahlt hatten, in dieser Zeit sollte sie in ein Pflegeheim. So geschah es auch.

Wer beschreibt mein Entsetzen, als man mir nach unserer Rückkehr strahlend verkündete, die Tante könnte jetzt

wieder allein herumlaufen. Da sie an starkem Gedächtnisverlust leidet und gelegentlich desorientiert ist, hieße das für mich: 'Aufsicht rund um die Uhr'. Am Telefon versuchte ich, ihr klarzumachen, daß sie bei mir nicht herumlaufen könnte, wofür sie natürlich den Grund nicht einsah. Ich brachte es auch nicht fertig, ihr brutal zu sagen, sie sei ja nicht mehr normal, so wurde beschlossen, sie zum vereinbarten Termin abzuholen. Von da an hatte ich nur noch die Hände gefaltet, beten ging nicht, ich sagte immer nur: Lieber Gott, lieber Gott, lieber Gott. Ich dachte es, ich sagte es laut und ich träumte es. Einmal wagte ich es, IHN an Sein Versprechen zu erinnern. Antaares hatte gesagt, ER *wird* dich segnen und behüten. Wie ER das allerdings anstellen wollte mit einer halbverrückten Tante im Haus, war mir schleierhaft, aber ich klammerte mich an dies Wort und wehrte mich gegen die Zweifel, oder besser, gegen die Verzweiflung, die mich manchmal wie ein bissiger Terrier anfiel. Ich hätte IHM mehr vertrauen sollen. Genau vierundzwanzig Stunden bevor der Rote-Kreuz Wagen abfuhr, rief die Tante an und teilte mir mit, sie habe beschlossen, dort zu bleiben. Ich könnte sie ja nun nicht mehr ordentlich betreuen und sie würde sowieso bald nach Köln zurückkehren. Nun, dieser Plan machte mir im Moment keine Sorgen, mein Mann und ich fuhren so schnell wie möglich hin, um ihr ihre restlichen Sachen zu bringen.
„Wozu", sagte sie böse, „Ich rufe meine Bekannten in Köln an, die holen mich dann nach Hause." Mir standen die Haare zu Berge. „Und dann", setzte sie triumphierend hinzu, „werde ich meinem Leben ein Ende setzen!"
Alles gute Zureden half nicht. Sie schimpfte auf das Heim, auf das Personal, was sie nicht hinderte, die Pflegerin in den Arm zu nehmen und ihr schönzutun, als die einmal kurz hereinkam. Jetzt wußte ich, warum sie da

bleiben wollte. Sie glaubte, daß sie von dort leichter ausbüchsen konnte als von unserem Haus.
Ich mußte dringend mit Antaares reden. Er offensichtlich mit mir auch. Er wartete nicht wie sonst auf eine Frage in einer ruhigen Stunde , sondern gab mir unaufgefordert die Erklärung für alles, was bisher geschehen war.
„Du weißt ja, daß sie glaubt, mit dem körperlichen Tod sei alles vorbei. Fazit, sie wird überhaupt nicht dahinterkommen, wenn sie gestorben ist. Sie wird weiter in ihrer Wohnung bleiben und vor Wut durchdrehen, wenn sie zusehen muß, wie alles, an das sie ihre Seele gehängt hat, auf den Müll wandert."
„Sie wurde ja schon giftig, wenn nur ein Gegenstand um ein paar Zentimeter verrückt wurde."
„Alles das wissen wir ja, ihr Schutzengel kann ihr ja auch nichts vermitteln, so vernagelt wie sie ist."
„Sitzt er in einer Ecke und schmollt?"
„Diesmal kommt deine Komik nicht an", Antaares blieb ernst, „das Danebenstehen ist fürchterlich. Alle Menschen hängen an ihrem irdischen Heim, aber deine Tante hat einen solchen Kult daraus gemacht, als könne sie ewig darin leben. Wäre sie nun, wie sie es gewünscht hat, in ihrer Wohnung gestorben, hätte kein Mieter es darin ausgehalten."
„Es wäre eine Spuk- und Poltergeisthöhle geworden, nicht wahr?"
„Eben, und darum muß sie erst eine Weile außerhalb ihrer Kultstätte leben. Deine Gebete helfen auch mit, daß sie es lernt."
„Meine Großmutter ist auch noch zwei Jahre durch unser Haus geturnt, aber wir haben das nicht als Spuk empfunden, es waren ja auch immer vertraute Geräusche, ob sie nun Türen knallte oder die Treppe hinunter trampelte. Wir haben uns immer gefragt, wie es möglich war, daß ein so

kleiner, zarter Mensch wie unsere Oma soviel Krach produzieren konnte. Es wäre uns auch arg still im Haus vorgekommen, wenn das mit ihrem Tode zu Ende gewesen wäre."
„Deine Großmutter hat nur für euch gelebt, bis zum letzten Atemzug war es die Sorge um euer Wohlergehen, die sie beschäftigt hat. Ihre Liebe war so groß, daß sie den Himmel erst betreten hat, als sie die Gewißheit hatte, daß es euch gut ging. Wenn so eine Liebe den Menschen gilt, ist es göttliche Liebe, gilt sie materiellen Dingen, ist es Götzendienst."
Prompt fielen auch mir viele Dinge ein, die ich um nichts in der Welt hergeben würde.
„Um etwas in der Welt – dafür braucht man sie nicht herzugeben. Aber für die Unversehrtheit der göttlichen Seele, dafür mußt du bereit sein, alles herzugeben."
„Antaares, ich habe verstanden, ich hole die Decke sofort und packe sie ein."
Zur Erläuterung: Ich hatte für die Tante einige Tischdecken aus Köln mitgebracht und mich in eine davon verliebt, sie paßte auch genau auf den Tisch, für den ich bis dahin nur eine Decke hatte, die ja auch mal gewaschen werden muß. Als ich nun alles für die Tante wieder einpackte, ließ ich die Decke zurück.
Das hatte ich nun davon.

Pyramide

Ich hatte mir ein Schmuckstück gekauft. Einen Anhänger aus Bergkristall. Er hatte die Form der Cheopspyramide, war in Silber gefaßt mit einem Rubin in der Fassung. In der Beschreibung hieß es, die Form dieses Kristalls nehme Energie aus dem Kosmos auf und gebe sie an den Träger weiter. Ich glaubte dies zwar nicht so recht, aber da mir der Anhänger so gut gefiel und ich dachte, etwas mehr Energie könne keinesfalls schaden, kaufte ich ihn. Dazu eine Silberkette, die so lang war, daß ich den Anhänger genau in Höhe des Herzchakras tragen konnte.

„Wenn du mir aber jetzt zu energisch wirst", fürchtete mein lieber Mann, „nehme ich ihn dir wieder weg."

Ich merkte zwar nichts davon, energischer zu werden, oder weniger müde zu sein. Daß aber etwas daran sein mußte, fiel mir eines nachts auf. Zum Einschlafen brauche ich immer etwas mehr Zeit als mein Mann. Der ist wie eine Schlafpuppe, die man hinlegt, Augen zu und weg! An jenem Abend jedoch hatte ich stundenlang wachgelegen, war putzmunter und verstand nicht, warum. Es ist immer ärgerlich, wenn man vorgemacht bekommt, wie schön schlafen ist, und man kann es nicht. Ich war drauf und dran, aufzustehen, um irgendetwas zu tun, als mir beim Umdrehen der Anhänger in die Hand geriet. Ich hatte ver-

gessen, ihn abzunehmen. Ob das der Grund war? Ich nahm ihn ab und war ein paar Minuten später eingeschlafen.
Einige Zeit später traf ich eine Freundin, die sich den gleichen Anhänger gekauft hatte. Sie könne ihn nicht mehr tragen, berichtete sie, er machte so schreckliches Herzklopfen.
Ein paar Tage später beschloß ich, den Anhäger auf dem Kehlchakra zu tragen. Eine Weile ging das gut. Dann spürte ich einen Kloß im Hals. Das kannte ich aus einer Zeit schweren Kummers und heruntergewürgten Ärgers. Damals war ich lange Zeit sehr krank gewesen. Jetzt hatte ich weder das eine noch das andere, grübelte nach verborgenem Streß und war blöd genug, nicht eine einziges Mal an die Pyramide an meinem Hals zu denken.
„Total vernagelt“, meldete sich Antaares.
„Und du bist gemein“, nölte ich, „konntest du es mir nicht sagen?“
„Ich habe die ganze Nacht auf dich eingeredet, aber wenn du über das Essen für den nächsten Tag oder über das, was du auf der Vorstandssitzung anziehen sollst, nachdenkst, oder sogar über die alten Kamellen von früher, denn hörst du ja nichts.“
Es ist gelegentlich frustrierend, wenn man jemanden um sich hat, der immer Recht hat. Jetzt wollte ich es aber ganz genau wissen.
„Würdest du mir bitte erklären, was es nun wirklich mit der Pyramide auf sich hat“, bat ich.
„Das ist nicht so einfach, mit Worten kaum verständlich zu machen, mach die Augen zu, ich will versuchen, es dir in Bildern verständlich zu machen, du weißt, das hat schon öfter geklappt.“
Was ich dann zu sehen bekam, war so ungeheuerlich, daß es mir den Atem verschlug. Antaares hatte Recht, es war kaum zu beschreiben, doch will ich versuchen, in Worten

auszudrücken, was mir da übermittelt worden war. Kein mechanisches Gerät, keine Menschenkraft hatte die Pyramiden errichtet. Als die Erde noch Feuer und Eis war, schuf sie die universelle Energie, die wir Gott nennen, mit reiner Gedankenkraft. In der Bibel steht es beschrieben in Matthäus 17, 20. Wenn das für einen Menschen schon gilt, ist es für Gott ein leichtes. Diese Pyramiden waren und sind die, ja am besten bezeichnet man sie als Akkumulatoren, die Energie aufnehmen, sie weitergeben in einer Form, in der die Erde sie aufnehmen kann. Diese Energie ist so stark, daß sie Feuer und Eis verband, daraus erst Wasser und dann Leben erschuf. Auch heute noch sind die Pyramiden die Spender und Verteiler der göttlichen, alles erhaltenen Energie. Es ist die Form, die es ermöglicht.

„Das hast du gar nicht so schlecht ausgedrückt", lobte mein Engel.

„Aber ich arme Irre häng mir ahnungslos so`n Ding an den Hals", seufzte ich, „aber warum hat es mir auf dem Herzchakra nichts ausgemacht?"

„Dein Herzchakra ist heller als dein Halschakra und konnte die Energie weiterleiten. Daß du ständig Probleme mit deinem Hals hast, weißt du. Du hast eine Stimme wie ein Reibeisen, hustest dauernd, es kratzt und kitzelt dich und wenn du einen Ton singen willst, hört es sich an wie eine knarrende Kellertür."

„Vielleicht sollte ich doch aufhören zu rauchen", murmelte ich bedrückt.

„Sicher würde es dann besser werden, aber glaube nicht, daß es allein vom Rauchen kommt."

„Wovon dann?"

„Du hast schlicht und einfach deine Stimme mißbraucht. Ich rede nicht von den Jahren im Schuldienst, wo du in der großen Halle wirklich brüllen mußtest, um dreißig

verhaltensgestörte Kinder in den Griff zu kriegen. Denk aber an die Nächte, in denen ihr durchgefeiert habt…"
„Ein Korn, ein Bier, ein Lied", unterbrach ich ihn, „das waren noch Zeiten!"
„Wenn du bloß gesungen hättest, wäre es ja noch gegangen, aber du hast nicht gesungen, du hast gebrüllt. Kaltes Bier, kalten Korn und dazu Zigaretten, das halten die besten Stimmbänder nicht aus. Die Jahre im Schuldienst haben dir nur den Rest gegeben. Darum habe ich auch dafür gesorgt, daß du entlassen wurdest."
Das hatte ich mir in dem Moment gesagt, als der Arzt mir eröffnete, daß ich schon Knoten auf den Stimmbändern hatte und keinesfalls mehr unterrichten dürfe. Das war ein paar Wochen nach meiner Entlassung aus dem Schuldienst, bis dahin war ich blitzwütend auf meinen Rektor gewesen, der mich mit sehr fadenscheinigen Gründen ausgebootet hatte. Ja, wenn Antaares dahintersteckte, konnte er nicht anders handeln. So verzieh ich meinem ehemaligen Chef großmütig.
„Um auf die Pyramide zurückzukommen", unterbrach Antaares meinen Gedankengang, „die Stärke der Energie hängt von der Größe der Pyramide ab. Dein Halschakra ist nicht durchlässig, so gibt es dann einen Stau, der sich als Druck fühlbar macht. Wenn du es heilen willst, so kannst du dies nicht mit der Pyramide."
„Was müßte ich tun?" ich fragte es voll böser Ahnungen, und ich hatte Recht damit.
„Keinen Alkohol, keine Zigarette, aber was noch wichtiger ist, kein lautes Wort mehr und nur noch das nötigste sprechen!"
„Alkohol und Zigaretten, das wäre eventuell ja zu schaffen, aber sag selbst, ich und den Mund halten? Das glaubst du ja selbst nicht!"
„Eben, du bist und bleibst eine Quasselstrippe."

„Ist das schlimm? Hast du kein Trostwort für mich?“ fragte ich niedergeschlagen.

„Doch, habe ich. Du redest lange nicht mehr soviel Blödsinn wie früher, und manches hat anderen Menschen schon viel geholfen. Zufrieden?“

Damit war ich zufrieden, und außerdem war ich jetzt ja wohl der einzige Mensch auf der Welt, der wußte, was es mit den Pyramiden auf sich hatte.

„Bilde dir nur keine Schwachheiten ein“, fuhr mein Engel mir sofort in meine selbstgefälligen Gedanken, „du bist nicht der einzige Mensch, der mit seinem Engel redet. Jeder Mystiker weiß über solche Dinge und noch viel mehr Bescheid.“

Da hatte ich mal wieder mein Fett weg.

Seelenhausputz

Wenn ich nur wüßte, was mich vor einigen Tagen bewogen hat, mich derartig unter Alkohol zu setzen, und warum die Wirkung eine so gänzlich andere war, als ich es gewöhnt bin. Normalerweise werde ich ausgesprochen vergnügt und fange meistens zum Entsetzen meiner Umgebung an zu singen. Ich singe nicht schön, aber laut, sehr laut. Nun, diesmal lief alles anders ab, vor allen Dingen merkte ich nicht, wie hoch mein Alkoholspiegel bereits angestiegen war. Aber ich will von Anfang an berichten.
Es war schrecklich heiß. Mir war um die Abendbrotzeit so übel, daß ich glaubte, ich müßte mich übergeben
Da ich aber die Absicht hatte, etwas zu essen, genehmigte ich mir vorher einen Magenschnaps. Danach fühlte ich mich besser, aß eine Scheibe Brot und trank eine Flasche Bier dazu. Zur Vorsicht hinterher noch einen Magenschnaps.
Etwas später stand ich mit meinem Mann auf der Terrasse und plauderte mit den Nachbarn. Weil aber die Straße dazwischen lag und man so laut brüllen mußte, um sich verständlich zu machen, fragte ich, ob wir nicht hinüber kommen könnten, wir brächten auch ein Fläschchen mit. Damit waren beide sehr einverstanden. Wir brachten nicht ein Fläschchen, sondern zwei eisgekühlte Flaschen Sekt mit. Als ich mir im nachhinein die Sache überlegte, mußte ich

feststellen, daß unsere Nachbarn wenig getrunken hatten und wir wohl den Löwenanteil verputzt hatten. Jedenfalls bekam ich einen heftigen Schluckauf. Normalerweise ist mir zu dem Zeitpunkt klar, daß ich genug habe und ins Bett muß. Diesmal kam ich aber auf die Idee, Kognac gegen den Schluckauf zu trinken, der mir auch bereitwillig und reichlich eingeschenkt wurde. Warum mein Mann das zuließ, ist mir bis heute nicht klar. Schließlich ist er dazu da, auf mich aufzupassen. Er sagt, er weiß auch nicht, warum. Als wir endlich aufbrachen, mußte ich mich fest an seinen Arm klammern, um einigermaßen senkrecht unser Domizil zu erreichen. Ich habe mir auch noch die Zähne geputzt, bevor ich ins Bett plumpste. Gerade am Einschlafen wurde ich von einem schrecklichen Schrei und lautem Schluchzen aufgeschreckt. Eine Stimme, die ich voller Schrecken als die meine erkannte, schrie dem Herrgott wilde Anklagen zu.

„Was denkst du dir eigentlich dabei, einem Menschen eine Aufgabe zuzuschustern und ihm nicht das nötige Rüstzug mitzugeben? Wie kannst du mir ein Nervensystem verpassen, das schon aufgibt, wenn ich nur Deinen Namen ausspreche? Beten soll ich, für mich, für andere, für Umwelt, besonders für meine Feinde. Kann ich doch gar nicht, es heult ja sofort los bei mir. Es ist eine Sauerei, jawohl, eine Scheißgemeinheit! Nimm mir meine gräßliche Empfindlichkeit, wenn ich meine Aufgabe erfüllen soll. Ich hab die Schnauze voll, ist das klar?"

In dem Ton, von widerlichem Schreien und Schluchzen unterbrochen, ging es eine ganze Weile. Erschrocken hielt meine Mann mich in den Armen, wenn er mit mir gesprochen hat, um mich zu beruhigen, so habe ich nichts davon gehört. Ich weiß auch nicht, wie lange diese Tirade gedauert hat. Irgendwann wurde es still und ich fiel in ein tiefes, schwarzes Schlafloch.

Mühsam rappelte ich mich am anderen Morgen aus demselben heraus. Dumpf kam mir zum Bewußtsein, daß ich etwas ganz Verrücktes oder gar Böses getan hatte. Als mir alles mit grausamer Klarheit vor Augen stand, ich im Nachhinein wieder das Geschrei hörte, das ich veranstaltet hatte, rief ich entsetzt nach Antaares. „Wieso habe ich das getan? Was ist los mit mir? Ich habe mich noch nie so sinnlos betrunken, geschweige denn so einen Streit mit unserem Boss angefangen. Hilf mir, sag, was los war!"

„Abgefüllt bis Oberkante Unterlippe", schmunzelte Antaares, „habe ich gut hingekriegt, was?"

„Bist du verrückt?" erkundigte ich mich erbost, „das darf doch ein Engel nicht, hast du Satan das Feld überlassen, der soll doch meist im Alkohol stecken?"

„Reg dich nicht auf, ich erkläre es dir. Es stimmt, du hast eine Aufgabe übernommen, du hast auch genau das passende Rüstzeug dafür bekommem, nur schießt du immer weit über das Ziel hinaus. Du kannst nicht unterscheiden, wo du eingreifen darfst und sollst und wo nicht. Für das, was du sollst, würde deine Nervenstärke...". „Ich höre immer Nervenstärke", unterbrach ich ihn ärgerlich, „so etwas besitze ich üüüberhaupt nicht!" Ich sprach mindestens drei Ü, um meinen Worten Nachdruck zu verleihen, aber mein Engel ließ sich nicht beeindrucken.

„Unterbrich mich nicht, sonst sage ich gar nichts mehr!"

„Läßt mich glatt dumm sterben," brummte ich.

„Halt jetzt endlich die Klappe! Also, jedesmal, wenn du dich über deinen Zustand aufregst, weil du nicht erreicht hast, was du wolltest, hast du es herunter geschluckt. Du warst oft sauer auf Gott, hättest dich aber nie getraut, es auszusprechen. Statt dessen hast du klein beigegeben nach dem Motto, Dein Wille geschehe. Das ist in den meisten Dingen auch ganz richtig, aber du hast es im falschen Moment gesagt.

Nicht Gott hat Fehler gemacht, sondern dein Ego, das unbedingt Erfolg sehen wollte. Nun hatte sich soviel Unrat in deinem Inneren angesammelt, daß es heraus mußte. Bei klarem Verstand hättest du es nicht gekonnt, du hättest dich ja nie getraut, dem Boss so die Meinung zu geigen. Es war sozusagen ein Großreinemachen in deinem Seelenhaushalt."
„Und ich habe mir nicht Seinen Unwillen zugezogen?" Ich fragte es ungläubig.
„Hast du das gut ausgedrückt. Warum nicht mit deinen richtigen Worten: Vati, bist du mir jetzt böse?"
Ich lachte schallend, die Vorstellung, den Herrn des Universums mit `Vati' anzusprechen, war zu absurd.
„Ich wollte damit nur deutlich machen, ER *ist* euer aller Vater, und ER ist dir näher, als es dein irdischer Vater je sein konnte. Und ER liebt dich, so wie du bist, ER will dich nicht umerziehen, anders haben, wie irdische Väter das meistens wollen. Was du deinem irdischen Vater sagen konntest, kannst du auch deinem himmlischen Vater sagen."
Jetzt schoß mir auch noch das Wort Pappi durch den Kopf, und um meine Fassung war es endgültig geschehen.
„Ich wollte dir klar machen, daß du Gott alles sagen darfst, es gibt keinen zornigen oder gar rächenden Gott. Das ist eine bösartige Behauptung der Kirche, um die Menschen in ihrer Abhängigkeit zu halten. Gott ist die reinste, bedingungslose Liebe, lies Korinther 13,4 bis 7. Alles, was ihr als Strafe für begangene Sünden anseht, ist nur die Konsequenz einer Gesetzesübertretung. Und diese Konsequenz zieht jeder Mensch selbst. Das Gesetz von Ursache und Wirkung ist immer in Kraft, im positiven wie in negativen Sinne. Wer Gottes Gebote, es sind ja nur 10, übertritt, sei es in Gedanken, Worten oder Werken, gibt sich selbst irgendwann in eine Lage, in der die Übertretung ausgeglichen werden kann. Er tut das, gelenkt von

den Kräften seiner eigenen Seele, damit sie wieder in Gottes Arme zurückkehren kann, von wo sie gekommen ist. Jesus Christus hat es vorgemacht, es ist nur alles so schrecklich verdreht worden im Laufe der Zeit. Wer immer noch glaubt, er könne ja in aller Ruhe sündigen, weil ja Christus für ihn seine Sünden am Kreuz gebüßt habe, er brauche nur zu bereuen und an Ihn zu glauben, der ist... der ist..."
Antaares schien nach einem passenden Ausdruck zu suchen. Ich kam ihm gern zu Hilfe: „Dümmer, als die Polizei erlaubt!"

Erwartung

Ich wartete!

Ständig hatte ich das Gefühl, eine Armee von Mäusen nage an meinen Magenwänden. Ich führte stundenlange Gespräche mit Antaares, aber ich schrieb nichts mehr auf. Er war auch merkwürdig zurückhaltend in seinen Auskünften und ich ahnte, daß das nicht lange gut gehen würde. Als ich eines schönen Tages wieder einmal untätig vor dem Fernseher hockte und mir eine Sendung ansah, die mich in Wirklichkeit überhaupt nicht interessierte, legte er los. Da ich darauf vorbereitet war, fiel ich ihm sofort mit meiner Verteidigungsrede ins Wort: „Wozu soll ich mir denn die Mühe machen, alles aufzuschreiben, wenn kein Mensch etwas davon wissen will? Drei Verlage hüllen sich jetzt in Schweigen, vermutlich schmoren die Manuskripte irgendwo im Regal. Ich schreibe erst weiter, wenn eine Zusage kommt. Ich habe gesprochen!"

„Ich weiß ja, daß du dickköpfig und gelegentlich vernagelt bist", begann Antaares seine Predigt, „neu ist mir allerdings, daß du dumm bist wie Bohnenstroh. Es ist noch gar nicht lange her, daß du in einem deiner frommen Bücher gelesen hast, daß du alles, was du tust, um des Tuns willen tun sollst. Der Weg ist das Ziel, vergiß das nicht. Du sollst vollbringen, was dir als Aufgabe zugedacht ist, ohne Erwartungshaltung.

Ob das, was du schreibst, gedruckt wird oder nicht, muß dir völlig gleichgültig sein."
„Ist das nicht etwas zuviel verlangt?", begehrte ich zu wissen, „Zwei Jahre lang brav am Computer getippt und dann kein Erfolgserlebnis?"
Antaares seufzte abgrundtief. „Wenn dies jemand gesagt hätte, der von göttlichen Wegen keine Ahnung hätte, könnte ich es verzeihen, aber dir nicht!" Ich hatte den Eindruck, wenn ein Engel brüllen könnte, hätte er es jetzt getan, so scharf kamen die letzten drei Worte.
„Schnauz mich nicht an, ich bin schon traurig genug", gab ich zurück, „und halt mich nicht immer für besser, als ich bin. Wenn du dann merkst, daß ich mal wieder gestolpert bin und auf der Nase liege, solltest du mich aufrichten und trösten, aber nicht anschnauzen!" Ich heulte.
„Mein liebes Kind, das habe ich in den letzten Wochen versucht, aber auf dem Ohr warst du völlig taub. Erst jetzt, wo ich eine härtere Tonart angeschlagen habe, hörst du aufmerksam zu. Also, schieb mir nicht in die Schuhe, woran du selbst die Schuld trägst. So, und jetzt reden wir ganz ruhig und vernünftig darüber. Wenn du im Herbst Blumenzwiebeln setzt, erwartest du vor dem Frühjahr keine Blume. Alles muß langsam wachsen und wird zum richtigen Zeitpunkt erscheinen. Für alles, was geschehen soll, gibt es eine bestimmte Zeit, in der es am besten gedeihen kann. Wann der richtige Zeitpunkt für unsere Gespräche ist, weiß ich so wenig wie du. Aber ich weiß, ob sie bald oder in zehn oder zwanzig Jahren der Öffentlichkeit vorgestellt werden, daß es dann genau richtig sein wird. Für dich selbst ist es wahrscheinlich besser, wenn es später geschieht. Dein Ego würde sich trotz des Pseudonyms zu sehr aufplustern. Das wäre wiederum schade für deine Entwicklung.

Denk einmal an Rita. Zwei Jahre hat sie dein erstes Buch im Schrank stehen gehabt. Erst als sie todkrank wurde, nahm sie es zur Hand. Weißt du noch, was sie zu dir gesagt hat?"
Und ob ich das wußte. Sie hatte mich angerufen, wenige Tage, nachdem sie mit der Diagnose Lungenkrebs konfrontiert worden war. „Ich habe nur geschrieen, bis zum Nervenzusammenbruch", hatte sie gesagt, „dann hat man mir Beruhigungsmittel gegeben. Ins Krankenhaus habe ich dein Buch mitgenommen. Da habe ich zum ersten Mal wieder lächeln, nachher sogar lachen können. Und vieles hat mich sehr getröstet."
„Wenn ich nur dafür das Buch geschrieben hätte", hatte ich ihr erwidert, „dann hat es sich schon gelohnt."
„Wenn sie es vorher gelesen hätte, wäre es ihr in dem Augenblick keine Hilfe mehr gewesen, siehst du das ein?"
Wie immer, sah ich alles ein. Nur handeln und denken konnte ich nicht danach. Die Erwartungshaltung hatte sich in mir festgebissen wie ein junger Dackel in Herrchens Pantoffel. Meine Gedanken kreisten um die Lektoren wie hungrige Löwen. Wenn der Briefträger im Anmarsch war, bekam ich Herzrasen.
„Wenn das alles vorbei ist, wirst du Erfolg haben", ließ sich Antaares zu einer Prophezeiung herbei, „auch wenn du noch ein paar Enttäuschungen verkraften mußt."
„Verdammter Schiet", murmelte ich und Antaares räusperte sich warnend. Jedenfalls hörte es sich so an. Ob sich ein Engel wirklich räuspert, weiß ich nicht.

Hochwasser

Als ob Gott eine neue Sintflut beschlossen hätte, so wälzten sich nach dem vielen Regen und der Schneeschmelze Rhein, Maas und Waal, Weser, Mosel und sogar die sonst so harmlose Ruhr durch die Städte. In allen Zeitungen hieß die Schlagzeile „Holland in Not!“ Als ich am Abend die Schreckensbilder im Fernseher sah, kamen mir die Tränen. Die vielen Menschen auf der Flucht und die Angst vor den Deichbrüchen. Ich stellte mir vor, ich müßte alles im Stich lassen und mir war, als flösse aller Jammer in meinem Herzen zusammen. Abends im Bett betete ich, „Herr, halte Deine Hand über die Deiche und sende noch eine Legion Engel, die die Deiche schützen.“

Eine Stimme kam von irgendwo her, die flüsterte: „Du verlangst Unmögliches.“

„Von wem sollte ich Unmögliches verlangen, wenn nicht von IHM? Der Lazarus durch Jesus auferweckt hat, der kann auch die Deiche halten, und wenn sie ein Sieb wären!“

Ich hatte auch meinem Mann gesagt, er möge mitbeten. Vor dem Einschlafen muß man ihm das extra noch einmal sagen, da er normalerweise in derselben Minute einpennt, in der er sich hinlegt. Am nächsten Morgen erzählte ich ihm von der Bemerkung, ich verlangte Unmögliches.

„Wer für Israel das Meer teilen konnte, kann auch die Deiche halten“, antwortete er.
Seltsamerweise hatte ich von dem Abend an das Gefühl, die Deiche würden halten, wenn ich nur nicht aufhörte, zu beten. So brabbelte ich den ganzen Tag Gebete leise vor mich hin und stellte jede Stunde Radio oder Fernseher an, um mich zu überzeugen, daß sie hielten. Immer sicherer war ich mir in dem Gedanken, es könne einfach nicht passieren. Endlich, nach vier bangen Tagen, konnten die ersten Evakuierten wieder in ihre Häuser zurück, zwar war noch nicht überall die Gefahr gebannt, doch das Schlimmste war abgewendet.
„Durch dein Gebet!“
„Antaares, nein, eine solche Verantwortung kann man nicht einem einzelnen Menschen aufbürden. Ich habe zwar immer das Gefühl gehabt, es hinge an mir, aber das habe ich mir doch nur eingebildet. Ich weigere mich, das auf mich zu nehmen.“
„Sei still, und sieh, was ich dir zeigen will.“
Ich schloß die Augen und konzentrierte mich auf die Bilder in meinem Kopf. Ich sah unsere Erde von einem dichten, ganz gleichmäßigem Netz umspannt. Ohne weitere Erklärung verstand ich, was es bedeutete.
„Ich werde es dir aber noch näher erklären. Dies ist das Netz, das aus Gebeten besteht. Stell' dir dein Einkaufsnetz vor. Wenn alle Maschen gleich stark sind, wird es nicht reißen. Ist aber eine angerissen, oder von schlechter Qualität, nützen alle anderen nichts mehr -“
„- eine Kette ist immer nur so stark, wie ihr schwächstes Glied“, unterbrach ich.
„Du gehörst in dieses Netz. Läßt du nach, läßt das ganze Netz nach.“
„Warum dann die Bemerkung, du verlangst Unmögliches? So etwas hast du noch nie gesagt.“

„Das war ich nicht. Da hat ein Fiesling dich in Versuchung führen wollen. Hast du dich nicht gewundert, daß auf deine Antwort nichts mehr kam? Was meinst du, wie flott der weg war!"
„Und du hast ihn das fragen lassen? Wenn ich nun —"
„Ich kenne dich besser, als du dich selbst. Um dich wirklich in Versuchung zu führen, muß schon mehr kommen, als so ein alberner Satz. Um noch einmal auf deine Verantwortung zurückzukommen, ich bringe es mal auf einen ganz einfachen Nenner. Jedes Gebet stopfte ein Loch im Deich. Deins fehlte noch für das letzte. Kapiert?"
Ich hatte verstanden. Es war auch nicht das erste Mal, das ich so ähnlich empfunden hatte. Als im ehemaligen Jugoslawien der vier Tage dauernde Waffenstillstand ausgehandelt werden sollte, hatte ich das selbe Gefühl gehabt und brav immer wieder um Frieden gebetet. Es war dann auch der erste und einzige Waffenstillstand, der eingehalten wurde. Ich hatte mich nur maßlos gewundert, warum ich plötzlich für diesen Serbenführer beten mußte.
„Kein Mensch ist so böse, daß man ihn nicht mit Gebeten umkrempeln könnte. Aber je mehr Böses er tut, um so mehr Haß schlägt ihm entgegen. Und so wird er immer böser. Es ist, als wenn sich ein Hund in den Schwanz beißt. Jesus spricht: 'Ich aber sage euch, liebet eure Feinde; segnet, die euch fluchen, tut wohl denen, die euch hassen.' (Matthäus 5,44). Das ist die einzige Möglichkeit, einen Menschen vom Bösen zu befreien."
Wie oft ich das schon versucht hatte. Aber wenn mir jemand so richtig an den Karren gefahren war, war ich auch prompt blitzwütend geworden. Der Spruch, liebe deine Feinde, es macht sie rasend, machte irgendwann bei uns die Runde, aber so war es ja nicht gemeint.
„Du hast schon eine Erfahrung gemacht, daß du jemand,

der dich haßte, mit Gebeten zu einem Freund gemacht hast," erinnerte mich Antaares.

„Antaares, bitte, darf ich das ein anderes Mal aufschreiben? Du redest jetzt fast zwei Stunden mit mir. Ich kann nicht mehr. Mir tut der Rücken weh. Solange kann ich nicht am Computer sitzen."

„Mach, daß du weg kommst, aber fix!"

„Dankeschön!"

Am nächsten Morgen konnten alle Hochwasserflüchtlinge wieder heim!

Symptomverlagerung

Worum sollte ich dich bitten, HERR, wenn ich bete? Zu allem, was du geschaffen hast, steht im ersten Buch Mose: Und Gott sah, daß es gut war.
In Vers einunddreißig, als ER den Menschen geschaffen hatte, steht sogar: Und siehe, es war sehr gut.
Diese Gedanken gingen mir durch den Kopf, als ich am Sonntagmorgen die Hände zum Gebet faltete. Soll ich um Frieden beten für unsere Erde? Wie hoffnungslos! Wieviele Friedensgebete in allen Völkern sind gebetet worden, und wieviel Kriege sind geführt worden und finden immer noch statt. Kehrt wirklich irgendwo auf der Welt der Friede ein, so erhebt sich im selben Moment woanders ein Volk oder eine Gruppe, und drischt auf andere ein. Als ich einmal mit heftigen, unerklärlichen Schmerzen vom Arzt eine Spritze dagegen bekam, traten prompt an einer anderen Stelle Schmerzen auf. „Symptomverlagerung“, sagte der Arzt, „was das genau ist, und wie das kommt, weiß ich auch nicht, aber das passiert sehr oft, dazu braucht ein Mensch nicht einmal krank zu sein.“
Genauso kommt mir die Menschheit vor. Frieden in Israel und Palästina - im Balkan beginnt das Morden. Frieden in Irland - Rußland greift Tschetschenien an. Wenn das keine Symptomverlagerung ist!

Und ich liege im Bett, warm eingekuschelt, als ginge mich das alles nichts an. Gleich gibt es einen Guten-Morgen-Kuß von meinem Mann, ein leckeres Frühstück, eine heiße Dusche, es gibt sozusagen nichts, worum ich für mich bitten müßte. Ich für mich, für mein Leben, müßte eigentlich den ganzen Tag auf Knien liegen und Gott danken.
„Auf Knien liegen, und das den ganzen Tag, wer sollte dann die Arbeit tun?"
Na, endlich! Mit dem Gedankenwust in meinem Kopf konnte ich nicht allein fertig werden, ich hatte die ganze Zeit darauf gewartet, daß Antaares einen Kommentar dazu gab.
„Weißt du, Antaares, ich meine immer, ich tue nichts für Menschen, die in Not sind. Wenn ich an die vielen Leute denke, die Spenden sammeln, und unter großen Gefahren zu den Notleidenden bringen, oder andere ihr Vermögen opfern -"
„Sag mal, wie dumm bist du eigentlich? Wenn es weh täte, dumm zu sein, müßtest du jetzt erhebliche Schmerzen haben."
Ich schwieg beleidigt. Alles mögliche konnte man mir vorwerfen, aber gegen den Vorwurf, dumm zu sein, war ich allergisch. Das war seit meiner Schulzeit so. Meine große Schwester hatte immer Einsen und Zweien im Zeugnis. Meine Mutter hatte immer damit angegeben , daß sie im Lyzeum die beste Schülerin gewesen war. Von meinem Vater gar nicht zu reden. Und in solch eine Familie von Intelligenzbestien kam ich.
Den mitleidigen Blick von meinem Mathelehrer: Setzen Sie sich ruhig wieder hin, Sie begreifen es doch nicht! - Der Hohn meines Lateinlehrers: Sie tun so, als ob Sie chinesisch lernen müßten! - Der Chemielehrer, als ich chemische Formeln lernen sollte: Sagen Sie, sind Sie so blöde, oder tun Sie nur so? - Und als Krönung vom Direktor: Sie werden unsere Anstalt (er sagte tatsächlich Anstalt) verlassen müssen, das Abitur schaffen Sie nie im Leben!

Ich habe es gar nicht mehr versucht, aber man stelle sich die Reaktion in der Familie vor! Sie taten so, als sei ich geistig behindert und schämten sich für mich. Das wußte Antaares doch! Warum sagte er so etwas? Es sah ihm gar nicht ähnlich.
„Bitte, verzeih mir“, sehr kleinlaut und leise kam es von meinem Engel. Aber mir tat es gut, daß auch ein Engel Fehler machen kann.
„Auch Engel denken nicht immer an alles, auch sind wir nicht, wie die Menschen immer annehmen, vollkommen. Aber ich werde dir erklären, warum ich mich zu so einer Bemerkung hinreißen ließ.“
Einen Augenblick lang war es ganz still. Und in diese Stille kam, ohne daß ein Wort gefallen war, die Erkenntnis, daß ich nichts anderes tun mußte, als das, was ich immer tat.
„Wenn du alles, was deine Pflicht ist, als Gottesdienst ansiehst, wenn du die Führungsaufgaben, zu denen man dich berufen hat, nach besten Kräften erledigst und dich nur Gott verantwortlich fühlst, so tust du für die Menschen ebensoviel, vielleicht sogar mehr, als jene, die Nahrung und Kleidung zu den Notleidenden bringen. Du hast die Aufgabe, den Seelen das Licht zu bringen, das du erkannt hast.“
Das war wieder für mich ein ‘starker Tobak’. Licht in die Seelen bringen! Bewußt hatte ich das jedenfalls nie versucht. Was ich aber immer erreichte, wenn ich viele Leute um mich hatte, die auf mein Kommando hörten, daß die meisten sich köstlich amüsierten und es immer sehr lustig zuging. Ich dachte angestrengt nach. Nein, ich hatte nicht nur Witze gemacht und die Gruppe aufgeheitert. Wenn jemand traurig oder unglücklich war, hatte ich ihn getröstet oder mit ihm geweint.
„Jedesmal, wenn du eine neue Stufe deines Bewußtseins erreicht hast, müssen alle, mit denen du in Berührung kommst, mitziehen, ob sie es wollen oder nicht. Sie merken es auch selbst nicht.“

„Kein Wunder, ich merke es ja selber nicht.“

„Das ist auch nicht wichtig, Gott merkt es, das allein zählt. Wenn du jetzt oft von einem Termin zum anderen, von einer Pressekonferenz zum Interview, von Arbeitssitzung zu Vorstandssitzung flitzt, so weißt du, wie sehr du gebraucht wirst. Eines mußt du noch lernen: einige Dinge benutzt du nur zur Selbstdarstellung. Denke daran, nur wenn du dich als Werkzeug siehst, wirst du auf die Dauer deiner Aufgabe gewachsen sein.“ Antaares machte eine wirkungsvolle Pause, „Werd’ mir bloß nicht hochnäsig, das kann ich nicht ausstehen. Gott übrigens auch nicht!“

Birken

Vor unserem Hause stehen zwei hohe Birken. Vom Bett aus sehen wir in ihre Kronen, und wer im Frühjahr den ersten Hauch von Grün in den Zweigen sieht, verkündet es triumphierend, denn nun wird es Frühling. Im Herbst, wenn das Laub in der Sonne wie Altgold schimmert, können wir uns an der Pracht gar nicht satt sehen. Jedoch im Sommer, wenn die langschwänzigen Samen vor unserer Haustür zuhauf liegen und ich die kleinen Samenfitzel nicht nur auf dem Fußboden, sondern überall, einschließlich der Suppenschüssel wegwischen muß, gibt es schon mal einen Seufzer. Wenn dann die ersten Stürme die Blätter herumwirbeln, daß ich eigentlich alle paar Stunden den Eingang fegen müßte, knirsche ich gelegentlich mit den Zähnen. Aber missen möchten wir die Birken nicht. Heute morgen aalte ich mich noch genüßlich in den Federn, weil Wochenende war und mein lieber Mann dann das Frühstück macht. Ein Sonnenstrahl kroch vorsichtig über den Berg und leuchtete die Bäume an. Ich schaute scharf hin, war da nicht schon ein Hauch von Grün? Ach nein, doch noch nicht im Februar. Woher kam mir der Gedanke, daß die Birken einst grün sein werden und ich werde es nicht mehr sehen. Nach dem ersten Schrecken sagte ich mir, macht ja nichts, in Gottes Garten wird es vielleicht schönere Bäume geben, und überhaupt, das wird dann nicht mehr wichtig für mich sein. Der nächste Gedanke, aber ohne meinen Mann gehe ich nicht.

„Das liegt nicht in deiner Macht." Nein, dachte ich, das ist wahr, aber wird ER es nicht verstehen, daß ich das himmlische Licht nur mit meinem Mann zusammen erleben will?

Antaares, dem ich ja nur etwas vordenken muß, antwortete mit einem Jesuswort: „Du sollst lieben Gott, deinen Herrn, von ganzem Herzen, von ganzer Seele und von ganzem Gemüte. (Matth. 22,37) Wenn du drüben ankommst, und den Herrn im seinem Glanz siehst, willst du nicht zu IHM gehen?"

Ohne zu zögern sagte ich: „Nein!"

In dem Schweigen, das folgte, lag ein unausgesprochener Vorwurf.

Ich suchte nach Worten, um mich zu verteidigen, das war nicht einfach. Überschwemmt von einer Gefühlswelle, die mir die Tränen in die Augen trieb, sagte, bzw dachte ich, daß Gott mir die Verantwortung für einen Menschen gegeben hatte und zugleich die tiefe Liebe für ihn. Wie kann ER da von mir erwarten, daß ich bei meinem Übergang in eine andere Welt meinen Mann, sollte er länger leben als ich, allein lasse? Nichts hat mir auf dieser Welt wirklich Freude gemacht, wenn ich sie nicht mit ihm teilen konnte. Bei jedem Kummer hat er mich in die Arme genommen und getröstet. Er hat mir buchstäblich Rosen unter die Füße gebreitet. Er hat mich gepflegt, wenn ich krank war, weit über das Maß hinaus, was sonst Ehemänner für ihre Frauen tun. Als ehemalige Krankenschwester weiß ich gut darüber Bescheid. Nein, es gibt nichts, was mich veranlassen könnte, nicht an der Schwelle des Zwischenreiches zu warten, bis wir auch den weiteren Weg zusammen gehen können.

Als ich dies fertig gedacht hatte, heulte ich wie ein Schloßhund. Ich angelte nach meinem Taschentuch und wartete auf Antaares' Antwort. Es kam keine. „Nanu?" schluchzte ich. Und dann kam es, ganz leise, fast demütig: „Verzeih mir!"

Da heulte ich noch mehr. Ich konnte auch nicht aufhören, als ich aufgestanden und angezogen war. Mein Mann kam herein, sah mich vor dem Spiegel sitzen mit dem vergeblichen Bemühen, mich zu schminken. Immer noch kullerten mir dicke Tränen übers Gesicht. Aber ich konnte ihm von dem Gespräch nichts erzählen, dann hätte ich mich überhaupt nicht beruhigt.

„Es ist nichts Schlimmes, ich schreib es heute Nachmittag auf." Er zog sein T-Shirt weit von sich und ich steckte meinen Kopf darunter und heulte ihm das Unterhemd naß. Aber schminken konnte ich mich erst lange nach dem Frühstück!

Gottes Herz

Ich hatte wieder einmal meine kritischen fünf Minuten. „Lieber Gott", philosophierte ich eigentlich mehr vor mich hin, „was hat dich nur bewogen, diesen schönen Planeten mit Menschen zu bevölkern? Sie machen ihn ja doch nur kaputt. Und wie hast du es wirklich gemacht? Adam aus Lehm und Eva aus seiner Rippe, also, so bibelgläubig bin ich nicht, daß ich das wörtlich nehmen kann. Die Darwin'sche Theorie, daß wir vom Affen abstammen, gefällt mir auch nicht. Allerdings, wenn man so vor einem Affenkäfig steht und den Viechern zusieht, könnte man es zumindest in Betracht ziehen. Dann allerdings muß ich zugeben, daß mir die Affen sehr viel sympathischer sind, als manche meiner Mitmenschen, die ich ja auch als deine Kinder und meinen Nächsten ansehen sollte.

Es macht mich traurig, wenn so ein Mensch sich so aufführt, daß es mich ekelt, oder ein Tier quält, daß ich so eine Wut kriege, daß ich ihm den Hals umdrehen möchte. Ich kriege das nicht in den Griff, was soll man..."

„Wenn du mit deiner Faselei einmal Pause machen würdest", fiel mir Antaares in meine Tirade, „könnte ich dir vielleicht antworten. Ich weiß zwar auch nicht auf alles eine Antwort, aber vielleicht kann ich dir doch eine kleine Hilfestellung geben. Auf deine Frage, *wie* er den Menschen geschaffen hat, gibt es eine wunderschöne, allerdings sehr romantische Antwort, mit der ein dogmenverhafteter Mensch oder ein Wissenschaftler natürlich nichts anfangen kann."

„Aber ich kann, du weißt, ich bin hoffnungslos romantisch, erzähle bitte."

„Ist es dir schon einmal passiert, daß du so voll Gefühl warst, daß du glaubtest, das Herz würde dir zerspringen?"

„Oh ja, wenn ich verliebt war", ich erinnerte mich gut.

„Als ER alles erschaffen hatte, nicht nur die Erde, sondern alle Galaxien und Universen, blickte ER sich um, Freude und Liebe zu allen Dingen erfüllte sein Herz, wurde unermeßlich groß und vor dieser Liebe und Freude zersprang SEIN göttliches Herz in tausend und mehr Stücke. Jedes dieser Stücke wurde ein Mensch. So ist die ganze Menschheit ein einziges göttliches Herz."

„Das ist wirklich eine schöne Geschichte", vor meinem inneren Auge waren während der Erzählung Abermillionen funkelnde Splitter durch das All gerast, waren auf der Erde und anderen Planeten gelandet und wesenhaft geworden, aber andererseits - „Dann ist Gott jetzt also Herz-los?"

Antaares sagte mit tiefem Ernst: „Wenn ihr es doch verständet, ihr alle seid Gottes Herz!"

Eine ganze Weile blieb es ganz still. Das mußte ich erst verdauen. Und dann, irgendein fieser kleiner Dämon mußte mich wohl beim Wickel haben, bohrte ich weiter: „Ich kann aber nicht glauben, daß in Seinem Herzen soviel Schlechtigkeit wohnt, wie wir an den Menschen erleben."

Antaares seufzte tief, „warum schiebt ihr immer Ihm in die Schuhe, was ihr in eigener Verantwortung tut? Der göttliche Teil eures Selbst ist rein und unberührt, der Spiegel der Seele kann nie getrübt werden. Was da Böses und Schlechtes in die Welt gebracht wird, kommt nur aus dem menschlichen Verstand."

„Gut, daß ich nie intelligent war, immer war ich das Dummchen in der Familie. Und die Intelligenzbolzen, wie meine Schwester, sind bis heute Atheisten."

„Andererseits", fuhr er fort, ohne meinen selbstgefälligen Einwurf zu beachten, „darfst du auch nicht vergessen, daß alle Dinge zwei Seiten haben müssen. Wenn es keine Nacht gäbe, könntest du den Tag nicht erkennen, wenn das Leid von der Erde genommen würde, verschwände auch die Freude, wenn ihr den Unterschied zwischen gut und böse nicht erfahren müßtet, würdet ihr Gott nicht erkennen. Siehst du das ein?"

Ich sah es ein, und auch, daß ich auf alle Fragen, die Gott betrafen, nie Antworten erhalten könnte, die ich verstehen würde.

Gebet

Ich lag im Bett und überdachte den Tag. Alles, was ich mir vorgenommen hatte, war gut über die Bühne gegangen, obwohl es eine völlig neue Verantwortung war, die ich übernommen hatte. Angst und Nervosität hatten mich genug geplagt, ich hatte immer wieder um Hilfe gebetet. Nun, sie war mir in reichem Maße zuteil geworden, und jetzt war es an der Zeit zu danken.

„Lieber Antaares, wie gut ist Gott heute zu mir gewesen, danke ihm auch für mich, meine Worte reichen nicht aus."

„Das brauche ich nicht, ich bin doch dein Gebet."

Genau diese Worte tickerten in meinen Kopf, noch ehe ich meine beendet hatte. Ich verstand das nicht. „Wieso bist du mein Gebet? Gott hat dich erschaffen und zu meinem Schutz geschickt, so dachte ich jedenfalls immer. Stimmt das denn nicht?"

„Ach, das wird wieder schwierig zu erklären sein. Denk' einmal darüber nach, wo Gott ist."

„Ist doch klar, überall."

„Also auch in dir, nicht wahr?

„Ja, sicher."

„Und wenn Er wirksam wird und etwas erschafft, so tut er das auch durch dich, klar? Es ist nicht so, daß wir direkt allein von dir erschaffen werden, aber jedes deiner Gebete, jeder

Gedanke an Gott erfüllt uns mit mehr Leben und Kraft. Sind wir vorher einem Schatten ähnlich, der von Seiner Allmacht belebt wurde, so erschaffst du deinen Engel durch Liebe zu Gott und dein Gebet."

Ich versuchte, das richtig zu verstehen. Nachdenklich sah ich aus dem Fenster. Am dunklen Nachthimmel stand leuchtend der Vollmond, dekorativ umrahmt von kleinen weißen Wolkenstreifen.

„Siehst du den Mond auch so, wie ich ihn sehe? Siehst du die schwarze Silhouette der Kirche, umrahmt von den alten Bäumen? Oder sind die Dinge, die wir hier als Materie bezeichnen, für dich anders, transparenter?"

„Ich sehe mit deinen Augen, ich taste mit deinen Händen und ich fühle mit deinem Herzen."

„Mit anderen Worten, du bist in mir, ein Teil von mir, und auch von mir geschaffen."

„So könnte man es ausdrücken."

Sollte ich jetzt sagen, *wir* lagen eine Weile schweigend in den Kissen und sahen aus dem Fenster? Dann schoß mir, wie schon so oft, eine ganz verrückte Parallele durch den Kopf. Mir fiel die Geschichte von dem Regenwurm ein, der sich im Frühling erwartungsvoll durch die Erde in das Sonnenlicht arbeitet. Hinter ihm kommt ebenfalls ein Regenwurm ans Licht. Begeistert sieht der Wurm den anderen an, „bist du aber hübsch, wollen wir heiraten?" - „Blödmann" knurrt ihn der andere an, „ich bin doch dein anderes Ende!"

So habe ich sicher auch viele „Enden", die ich nicht kenne, Dinge und Wesen, die in mir sind, zu mir gehören und ich erkenne sie ebenso wenig wie der Regenwurm sein anderes Ende. Antaares amüsierte sich königlich. „Uns mit einem Regenwurm zu vergleichen, bringst auch nur du fertig -" „- und wenn du das in deinem Club erzählst, das glaubt dir keiner", setzte ich mit dem Spruch nach, den mein Mann und ich

immer anwenden, wenn einem von uns etwas Unglaubwürdiges oder Außergewöhnliches widerfährt.
Bis ich einschlief, kicherte ich noch vor mich hin. Ich stellte mir einen Engelclub vor, in dem sich die Engel treffen und sich über die Dinge unterhalten, die sie mit ihren Schutzbefohlenen erleben.

Bettgeschichten

Der Sonntagmorgen ist unsere Schmuse- und Kuschelzeit. Aber erst nach dem Frühstück. Spätestens gegen sieben Uhr ist einer von uns am Verhungern und seufzt dann so laut und jammervoll, daß der andere auch wach wird und sofort feststellt, daß er auch dringend nach Nahrungsaufnahme verlangt. Also, im Bademantel ein kleines Frühstück und dann husch wieder ins Bettchen. Dann können wir uns in Ruhe miteinander beschäftigen, ohne daß die Mägen störend dazwischen knurren.

In der ersten Zeit, als ich mit Antaares sprach, war mir der Gedanke, daß beim Sex jemand, und sei es auch ein Engel, am Bett steht und zuguckt, etwas peinlich. Langsam gewöhnte ich mich daran, aber ein ganz kleiner Pieks blieb doch, wenn ich in solchen Stunden an ihn dachte. Heute nun war es so aufregend gewesen, weil ich schon bei der ersten Berührung sozusagen „um die Lampe kreiste", daß ich überhaupt nichts mehr gedacht hatte. Als mein Mann unter die Dusche ging, brachte ich den Mut auf, Antaares direkt zu fragen.

„Jeder Harmonie in der Materie muß eine Harmonie des Geistes vorangehen, denn wie du gelernt hast, geschieht nichts in der Materie, was nicht vorher im Geiste gewesen ist. Ihr seid Materie und Geist, wir Engel sind reiner Geist.

Wenn ihr in eurem Geist harmoniert, so tut ihr das auch im Körper, und jetzt mach die Augen zu, ich zeige dir, was wir tun."

Ich machte gehorsam die Augen fest zu und das Bild, das Antaares mir einspielte, war wunderschön. Ich sah zwei Lichtgestalten zu Häupten unseres Bettes stehen, sie näherten sich und schmolzen zu einem hellen Strahl zusammen mit doppelt soviel Leuchtkraft. Dann trennten sie sich wieder.

„Was ihr im Körper getan habt, geschieht bei uns auf geistigem Gebiet, je tiefer die geistige Beziehung ist, um so intensiver auch die körperliche. Vergleiche eure jetzige sexuelle Beziehung mit der, die ihr vor dreißig Jahren hattet -"

„Das war ein Nichts gegen heute", unterbrach ich ihn, „Ja, weil ihr euch auch geistig immer mehr genähert und angepaßt habt. Deswegen sind schnelle sexuelle Abenteuer auch so unbefriedigend, wenn die Menschen nur die körperliche Erfüllung suchen. Das kann aber auf die Dauer nicht klappen, denn damit kommen nur die Tiere aus."

Ich war immer noch im Banne dieses herrlichen Lichtstrahles.

„Ich hoffe, daß ihr, du und Heinz' Engel, ebensoviel Freude habt an eurem gemeinsamen Licht wie wir an unserem Sex, es hat mir immer leid getan, wenn du nur zugucken müßtest."

„Das ist lieb von dir", in seiner Stimme klang eine tiefe Rührung, „sonst muß ich immer für das Wohlbefinden meines Schützlings sorgen, daß jemand sich um das meine sorgt -" seine Stimme kippte um.

Ich war so platt, daß es mir die Sprache verschlug. Offensichtlich weinte mein Engel vor Rührung.

„Nein, ich weine nicht richtig", schluckte er, „es ist nur –"

„Ist ja schon gut", wenn ich jetzt nicht schnell umschwenkte, lag ich gleich im Bett und heulte auch vor innerer Bewegung. Es mußte mir schnell etwas einfallen.

„Weißt du“, sagte ich nach kurzem Nachdenken, „wenn ich mir schon Gedanken um das Wohlbefinden der Regenwürmer mache, die auf die Auffahrt kriechen, und ich sie sorgfältig aufsammele und auf den Rasen trage, dann kann ich mich ja wohl auch um das Wohlbefinden meines Engels kümmern.“

„Hattest du es im letzten Gespräch nicht schon mit den Regenwürmern?“ Er hatte sich rasch wieder gefaßt. „Ich kann dir aber wirklich versichern, ich habe keine Ähnlichkeit mit einem solchen.“

Das glaubte ich ihm aufs Wort.

Klassentreffen

Nach fünfundvierzig Jahren nahm ich zum ersten Mal an einem Treffen meiner Abiturklasse teil. Da ich selbst das Abitur nicht gemacht hatte, sondern wegen meines totalen Unverständnisses für die Mathematik, die an dieser Schule Hauptfach war, vorzeitig abgegangen war, stand ich nicht mehr in der Klassenliste. Eine ehemalige Mitschülerin vermittelte mir nun eine Einladung. Gespannt wie ein Flitzbogen reiste ich mit meinem Mann nach Süddeutschland. Durch einen, wie kann es anders sein, Stau auf der Autobahn kamen wir mit Verspätung an, als alle anderen schon richtig in Stimmung waren. Es dauerte auch gar nicht lange, bis ich kräftig mitmischte. Mitten in einer Lachkaskade stieß mich mein Nachbar an. Mit sehr rüden und harten Worten befand er, ich sollte gefälligst den Mund halten und mich nicht so aufspielen. Wie immer, wenn mich einer hart anfährt, verkrampfte sich mein ganzes Inneres und ein körperlicher Schmerz durchfuhr mich. Noch ehe ich irgendwie reagieren konnte, spürte ich die beruhigende Hand meines Engels auf der Schulter. „Bleib ruhig, es ist alles in Ordnung."

Ich blieb ruhig. Mein Nachbar wurde von seiner Frau sehr unsanft zum Gehen aufgefordert und verließ leicht schwankend den Raum. Es wurde dann doch noch ein schöner Abend.

Kaum saßen wir auf der Rückfahrt wieder im Wagen, löcherte ich Antaares mit Fragen.

„Antaares, warum mußte ich so hart attackiert werden?"

„So hart, wie es gekommen ist, sollte es nicht werden. Aber ich mußte verhindern, daß du, aufgedreht wie du warst, womöglich deinen Klassenkameraden zwei Tage lang mit deinem Gequassel auf die Nerven fielst. Ich hatte das Gefühl, du brauchtest einen kleinen Dämpfer."

„Und der arme Friedhelm mußte sich damit ein schlechtes Karma einhandeln?"

„Er war in dieser Runde der einzige, der dafür in Frage kam!"

Diese Antwort kam in einem Ton, der keine weiteren Fragen zuließ, jedenfalls nicht zu diesem Thema. Aber ich wollte ja schließlich noch mehr wissen.

„Warum ist Lenas Mann so schrecklich ungeduldig geworden? Springt vor lauter Wut noch über eine Mauer und fällt in den Dreck. Und das, wo die nächste Tür nicht weit ist. Wir waren alle so entsetzt."

„Du hast nicht nachgedacht", antwortete Antaares, „wenn du richtig überlegt hättest, wäre es dir schon eingefallen. Der arme Mann hat in den paar Stunden buchstäblich die Hölle erlebt. Erinnere dich, was dir Herr Arnold über deine Ausstrahlung gesagt hat. Sie ist für viele Menschen einfach nicht zu ertragen. Jetzt kam noch dein Mann dazu, bei ihm ist es nicht viel anders. Auch Günther und seine Frau haben eine starke Kraft in ihrer Aura, das hat euch ja so schnell zueinander finden lassen. Und dieser arme Mensch saß nun mitten dazwischen. Sein Inneres, welches soviel Spiritualität nicht ertragen kann, war so in Aufruhr, daß ihm nur die Flucht blieb. Als er aus der Tür schoß, war es wirklich in allerletzter Minute. Es war so, als hätte man den Teufel mit dem Hintern auf den Weihwasserkessel gesetzt."

Der letzte Satz verschlug mir die Sprache. Dann stellte ich mir Luzifer vor, wie er kreischend vom Weihwasserkessel springt und mit eingekniffenem Schwanz aus der Kirche rast. Ich lachte laut, mein Mann am Steuer, der ja von diesem Zwiegespräch nichts mitbekam, erschrak geradezu vor meinem unvermittelten Heiterkeitsausbruch. Nach meinem Bericht amüsierte er sich genauso.

„Noch eine letzte Frage ist mir wichtig, warum mußte ich in letzter Minute noch über mein Gespräch mit dem verstorbenen evangelischen Pfarrer berichten? Ich habe schon lange nicht mehr daran gedacht, Günther selbst brachte irgendwie die Rede auf die Kommunikation mit Verstorbenen."

„Weil die Information, die Günther bekam, der eigentliche Grund war, daß du zu diesem Klassentreffen fahren solltest. Niemand in seiner Umgebung hatte die Erfahrung gemacht, daß die Sakramente der katholischen Kirche, besonders die Seelenmessen, hilfreich und oft notwendig sind, um den Verstorbenen auf ihrem Weg ins Licht weiterzuhelfen. Immer, wenn in Günthers Gegenwart davon gesprochen wurde, sandte er negative Ströme aus. Die tun ihm nicht gut und anderen auch nicht. Nun kann er, wenn es nötig ist, anderen mit diesem Wissen helfen."

Ich berichtete meinem Mann von diesem Gespräch.

„Hab ich mir doch sowas gedacht", er grinste, „und noch etwas, wir sind schon fast zuhause, es ist in den letzten zehn Jahren nicht mehr vorgekommen, daß wir fünfhundert Kilometer ohne die kleinste Verzögerung durchfahren konnten! Und jetzt kommt bestimmt kein Stau mehr."

„Ich habe es gewußt", triumphierte ich, „der liebe Günther hat es doch vorher ausgependelt."

Günther's Engel

Ein lieber Freund fragte mich, ob der Name Antaares irgend etwas bedeute. Ich wußte es nicht und fragte meinen Engel bei der nächsten Gelegenheit.

„Die Zusammensetzung der Buchstaben zeigt den Bewußtseinsgrad an", antwortete er, „aber was das im einzelnen bedeutet, ist nicht zu erklären, das könntest du wirklich nicht verstehen, es ist ja auch nicht wichtig für dich."

Ich gab diese Antwort an meinen Freund weiter. Der aber hatte schon eine neue Frage: „Kannst du bitte deinen Engel fragen, wie mein Engel heißt?"

„Fragen will ich ihn gern, aber ich bezweifle, daß etwas dabei herauskommt."

Ich hatte nur zum Teil recht.

„Ich kann dir den Namen nicht sagen, denn er hat noch keinen, der für das menschliche Verständnis in Frage käme."

Ich merkte, daß ich ein dummes Gesicht machte.

„Soll ich einmal deine Worte brauchen", flaxte er, „du guckst ganz schön dumm aus der Wäsche."

Noch während er zu einer weiteren Erklärung ansetzte, sah ich auch schon vor mir, was er meinte.

„Wenn sich Menschen- und Engelsbewußtsein vereinen, geht von jedem etwas auf den anderen über, dann ordnen sich die Buchstaben - wie soll ich sagen - menschenverständlich."

Ich hatte das ganz genau so gesehen. Aus zwei Gebilden war etwas herausgeströmt, hatte sich überlagert und wieder getrennt.

„Jetzt erst könnte auch Günther seinen Engel nach dem Namen fragen, erst jetzt könnte er ihn verstehen. Aber ehe keine Bewußtseinsvereinigung stattgefunden hat, geht gar nichts."

„Wie lange muß Günther noch darauf warten?" ich fragte das, weil mich Günther mit Sicherheit gebeten hätte, Antaares danach zu fragen.

„Ungefähr so lange, wie du auf das Erscheinen dieses Buches!" (Darf ein Engel so ironisch sein?)

„Mit anderen Worten, lernt endlich, geduldig zu sein!"

„Du hast es erfaßt!"

Ein paar Tage später ringelte ich mich zum Mittagsschlaf auf meiner Couch zusammen. Ich hatte das Gespräch über die Engelnamen noch nicht aufgeschrieben, weil die Zeit dazu fehlte. Jetzt ließ ich es mir noch einmal durch den Kopf gehen. Mittendrin gingen meine Gedanken plötzlich in eine ganz andere Richtung. Als ich später am Computer saß, fiel mir einfach nicht mehr ein, wie es gekommen war und ich beginne mitten im Gespräch.

„Und wenn ich sterben muß", hatte ich gesagt, „gehst du dann mit hinüber?"

„Nein, ich bringe dich bis zur Tür und öffne sie für dich. Da stehen dann andere, die dir weiterhelfen. Ich bin nur für die auf Erden Weilenden zuständig. Ich könnte darüber hinaus nichts für dich tun."

„Wenn du dann einen anderen Menschen betreust, hast du hoffentlich einen, der dich hören kann, und nicht so einen vernagelten Holzkopf."

„Nett von dir, ich hoffe das auch sehr."

„Sag mal", mir fiel ein Gedanke plötzlich schwer auf das Herz, „werde ich dich je wiedersehen? Wenn ich es mir ge-

nau überlege, da ich dann auch Geist bin, müßte ich dich dann ja wirklich *sehen* können."
„Ich verspreche dir, wir werden uns sehen können!"
Ich war beruhigt, der Gedanke, ihn für immer zu verlieren, hatte mir schon die Tränen in die Augen getrieben.
Am Abend kamen meine Skatschwestern. Wir hatten monatelang nicht spielen können, weil eine von uns aus dem Ort fortgezogen war. Im Gegensatz zu früher, als wir noch jede Woche unseren Skatabend hatten, sahen wir uns nun seltener. Ich mußte wohl empfindlicher geworden sein, denn jedesmal, wenn eine von den Beiden ein schlechtes Blatt hatte, stöhnten sie laut: „Ohgottegott!" Ich zuckte jedes Mal zusammen, wußte aber genau, daß ich nichts sagen durfte, wenn ich die Stimmung nicht verderben wollte. Innerlich sagte ich: Herr, höre bitte nicht hin!
Als ich im Bett lag, sprach ich Antaares an, bekam aber keine Antwort. Da wir alle dem Wein reichlich zugesprochen hatten, sagte ich mir, daß man auch im beschwipsten Zustand seinen Engel mit Sicherheit nicht hören kann, selbst wenn er etwas sagt. So fragte ich am nächsten Tag: „Mir wird immer ganz elend, wenn ich dies Ohgott-Geschrei höre und denke dabei an das zweite Gebot. Gott sollte doch zuviel kriegen."
„Dies Geschrei erreicht Ihn nicht", antwortete Antaares, „aber die Menschen, die das tun, beleidigen damit ihr eigenes, göttliches Selbst, die Folgen müssen sie ertragen."
„Warum hat Gott nur bei diesem Gebot ausdrücklich Strafe bei der Übertretung angedroht? Bei dem fünften, du sollst nicht töten, hätte ich das viel eher verstanden. Mord ist doch ein größeres Verbrechen, als Seinen Namen zu mißbrauchen?"
„Das hat andere Gründe. In alter Zeit haben einige Menschen den Gottesnamen mißbraucht zu satanischen

Zwecken, zu schwarzer Magie. Das ist die größte und schlimmste Gesetzesübertretung. Auf sie folgt auch heute noch die schrecklichste Strafe."
Wie schön, wenn man über solche Dinge mit jemand Kompetentem reden kann, gelegentlich mischt er sich aber auch ungefragt ein. Im Fernsehen kam die Nachricht, daß Frankreich wieder Atomversuche machen wolle in der Südsee. Ich flehte Gott an, das zu verhindern, am Schluß des Gebetes sagte ich: „Jesus Christus, öffne dein Herz und nimm die Erde in deine Liebe hinein - Zwischenruf: „Hat ER schon!" — „und nimm mich auch in dein Herz auf - „ Zwischenruf: „ Bist schon drin!" – „und sag meinem Engel, er soll die Klappe halten, wenn ich mit dir rede!"

Heimsuchung

Nachdem ich mich jahrelang mit Unterleibsbeschwerden herumgequält hatte, riet mir mein Arzt zur Operation. Ich wollte nicht, aber im Skiurlaub wurden die Schmerzen so unerträglich, daß ich nur noch einen Wunsch hatte, ins Krankenhaus. Wieder daheim angekommen, wollte ich mir eine Überweisung zur Operation besorgen, als mir meine Freundin dringend abriet. Ich solle auf jeden Fall erst ihren Arzt konsultieren, der ihr mit Akupunktur sehr geholfen hatte. Einen Termin bekam ich auf Anfrage sehr schnell. So saß ich ein paar Tage später im Wartezimmer und harrte der Dinge, die da kommen sollten.
Die Sprechzimmertür ging auf und eine sympathische Stimme sagte meinen Namen. Ich sah auf und was ich sah, verblüffte mich so sehr, daß ich das Gefühl hatte, mir bliebe der Mund offen stehen. Der schneeweiße, perfekt gestärkte und gebügelte Arztkittel und die ebenso makellose weiße Hose hätten im Verein mit den eleganten weißen Schuhen bestimmt ein sehr seriöses Bild vermittelt, wenn nicht das Gesicht des jungen Mannes gewesen wäre, das diesen Eindruck vollständig zunichte machte. Mein erster Gedanke: ein Lausbub - mein zweiter: aber ein ganz lieber! Er lachte mich an und das Lachen ging wie ein Sonnenstrahl durch den ganzen Raum. Fröhlichen Herzens folgte ich ihm ins

Sprechzimmer. Die Anamnese schien ihm Spaß zu machen, die meiste Zeit kicherten wir wie die albernen Backfische (Entschuldigung, Herr Doktor). Als ich ging, sagte er etwas sehr Nettes, ich sei der krönende Abschluß der Woche gewesen und er habe es sehr genossen.
Ach der Arme, dachte ich, er hat ja keine Ahnung, was auf ihn zukommt.
Es dauerte ungefähr drei Monate, bis er dahinter kam, was er sich mit meiner Behandlung aufgehalst hatte. Nach anfänglicher Besserung, die ihn mit Euphorie erfüllte, kam der erste Rückfall. Er runzelte unwillig die Stirn. Nach weiteren drei Wochen der zweite. Er konstatierte, ich sei eine Heimsuchung. Beim dritten Schmerzanfall verließ ihn seine frohe Laune, er wurde wütend: „Verdammt nochmal, warum werden Sie nicht gesund?“ Ich übermittelte ihm mein tiefstes Mitgefühl, es schien ihn nicht zu trösten. Da er mir nun ernstlich leid tat, sprach ich mit Antaares über das Problem. In den letzten Tagen hatte ich mit dem Doktor über meine Gespräche mit meinem Engel geredet. Er hatte sie dann gelesen und mich freundlicherweise nicht für verrückt erklärt. So konnte ich ihm sagen, warum ich nicht gesund wurde.
„Der Arzt kann dich überhaupt nicht gesund machen“, hatte Antaares gesagt, „solange dein Schmerzkarma nicht erfüllt ist, geht das einfach nicht. Aber nur dieser Arzt ist in der Lage, deine Schmerzen in Grenzen zu halten. Denn, wie du erfahren hast, helfen dir die schwersten Schmerzmittel, einschließlich Morphium, überhaupt nicht mehr. Nicht daß du denkst, das sei bereits Gewöhnung, nein, es bedeutet, daß du den Schmerzen nicht entkommen kannst. Damit du aber keinen Blödsinn machst, wie operieren lassen oder dir mit diesen Mitteln schadest, haben wir dich immun dagegen gemacht -“
„Finde ich gemein“, unterbrach ich ihn, „hättest du das nicht eher sagen können?“

Wie immer, wenn ich etwas sage, was seiner Meinung nach Unsinn ist, tat er, als habe er nichts gehört.
„- und haben dich zu diesem Arzt gebracht."
Wortwörtlich richtete ich die Botschaft meinem Doktor aus. Er hörte mit steigendem Entsetzen zu und platzte heraus: „Um Himmelswillen, dann habe ich Sie womöglich noch zehn Jahre am Hals!"
„Ich glaube nicht, daß es so lange dauern wird", antwortete ich gekränkt, „bei allem Wohlwollen, das wäre mir auch zuviel."
Er erklärte mir dann, so sei es ja nicht gemeint, aber jetzt habe er leider keine Zeit mehr, die Sprechstunde sei sehr voll, eilte hinaus, um fünf Minuten später wieder herein zu fegen, um weitere Fragen zu stellen.
„Antaares, da haben wir uns etwas eingebrockt!"; ich sagte es seufzend, als ich wieder im Wagen saß und heim fuhr.
„Was heißt eingebrockt? Du bist doch nie glücklicher, als wenn du einem Menschen von mir erzählen kannst. Außerdem ist es auch für ihn wichtig, er wird davon profitieren."
Und das finde ich sehr gut.

Geist und Materie

Lange hatte ich kein Gespräch mehr aufgeschrieben. Nicht, daß ich nicht mehr mit Antaares gesprochen hatte, aber es waren verhältnismäßig unwichtige Dinge. Da mein Leben inzwischen in einem freundlichen, streßfreien Fluß verlief, gab es auch keinen Grund, große Gemütsbewegungen mit Antaares auszuloten. Umso verblüffter war ich, als er sich eines Nachmittags sehr nachdrücklich meldete. Ich hatte mich soeben zu einer kleinen Siesta auf meiner Couch zusammengeringelt und befand mich in dem Schwebezustand zwischen Wachen und Schlafen, als mir Bilder eingespielt wurden, mit denen ich zunächst nichts anfangen konnte.

Vorausschicken möchte ich, daß mir der Streit zwischen Nichtkatholiken und dem Dogma der katholischen Kirche, Maria sei Jungfrau gewesen, völlig gleichgültig war. Jesus ist Gottes Sohn, ob Maria nun Jungfrau war oder nicht. Da ich eine Jungfrauengeburt logisch nicht nachvollziehen konnte, war Maria für mich eben keine Jungfrau. Nun hatte Antaares beschlossen, mich eines Besseren zu belehren. Man stelle sich mein Erstaunen vor, als sich vor meinem inneren Auge der Querschnitt einer Gebärmutter zeigte. Ich sah den gesamten Ablauf einer Geburt. Das Faszinierende daran aber war, daß sich innerhalb der Gebärmutter absolut nichts befand, im Augenblick des Durchgehens durch das Jungfernhäutchen erschien der Kopf, die Schultern und nach und nach das ganze Baby.

„Antaares, was bedeutet das, wie soll ich das verstehen?“

Sehr langsam, sehr zart und in einem ganz anderen Tonfall als sonst begann mein Engel mit der Erklärung: „Gott ist Geist und wie du weißt, existiert für den Geist kein wie auch immer geartetes Hindernis. Als Gott sich entschied, in Christus Materie zu werden, bedurfte es für Marias Schoß nur der Information des göttlichen Geistes, sie sei schwanger. So war Jesus Christus in ihrem Schoß nur in seinem Geistleib, dessen Vorhandensein auch die Wölbung des Leibes veranlaßte. In dem Moment der Geburt symbolisierte die Jungfernschaft den Übergang aus reinem Geist zur Materie. Es mußte eine Grenze geben von reinem Geist und der vom göttlichen Geist beseelten Materie. So ist die Jungfräulichkeit Marias überhaupt erst die Voraussetzung der Geburt Christi.“

Ich war, ja, wie soll man einen Gemütszustand beschreiben, in dem man glaubt, im Himmel zu sein. Freude, Seligkeit, Überraschung - alles das sagt in Wirklichkeit nichts aus über das, was ich fühlte. Bisher war es immer so gewesen, daß ich fragte und dann, nicht immer sofort, aber doch irgendwann eine Antwort bekam. Nun war mir aus heiterem Himmel eine Information gegeben worden, nach der ich nie gefragt hatte, und die mich im Grunde genommen überhaupt nicht interessiert hatte.

„Wir können nicht zulassen, daß sich in deinem Kopf ein solcher Irrtum festsetzt. Weil Erklärungen oder Dogmen nichts helfen, haben wir dir gezeigt, wie Jesus Christus Mensch geworden ist.“

„Warum sagst du ‘wir’? Hast du das dieses Mal nicht allein gemacht?“

„Na, überleg' doch mal, wenn du ins Kino gehst, läuft der Film auch nicht von allein. Da ist ein Filmvorführer, da sind Platzanweiser und die Beleuchtung muß auch stimmen. Alles muß zur gleichen Zeit am richtigen Platz sein, dafür sorgt dann der Chef des Hauses. Und so mußten auch jetzt verschiedene Faktoren zusammen wirken - nein, frag mich jetzt bloß nicht, welche, es war sowieso schon schwierig genug."
Er hatte Recht, die Frage hatte mir auf der Zunge gelegen, aber entweder war ich damit überfordert oder er, ich hielt jedenfalls gehorsam den Mund.
„Fällt dir schwer, nicht wahr? Macht nichts, ich bin sehr froh, daß du das Wichtigste begriffen hast."
Ich faltete die Hände und sprach ein inniges Dankgebet.

Diana

Ich saß vor dem Fernseher, als die Trauerfeier für Lady Diana übertragen wurde. Die Trauergemeinde in der Abtei saß regungslos mit starren Gesichtern. Die Menge auf dem Platz davor schluchtzte herzbrechend und als Elton John das Lied für Diana anstimmte, schluchzte ich genauso. Zugleich erfüllte mich ohnmächtiger Zorn auf die Königsfamilie, die ein solches Menschenkind skrupellos benutzt hatte, um die Thronfolge zu sichern, und dann abgeschoben hatte.
Die Hände vor das Gesicht geschlagen, kauerte ich in der Sofaecke. Da erschien vor meinem inneren Auge ein Bild. Ich hörte auf zu weinen; ich sah den Erdball, und von oben kam ein heller Lichtstrahl und tauchte unsere Erde in ein warmes Leuchten. Dazu eine Stimme: „Ihr Licht wird immer bei euch sein!“
„Antaares“, flüsterte ich, „danke, ich bin jetzt nicht mehr so traurig.“
In der folgenden Nacht träumte ich von Diana und Mutter Theresa. Im Morgengrauen, als ich im Halbschlaf war, berichtete mein Engel mir, was in Wahrheit geschehen war. Aber als er begann zu sprechen, glaubte ich, nicht recht zu hören. Kaum kannte ich seine Stimme wieder. Auch die Wahl seiner Worte war so ungewöhnlich, daß ich meinte, es sei nicht mein Engel. Auf die Frage, ob er wirklich Antaares sei, antwortete er:

„Ich spreche zu dir in einem höheren Auftrag, und dies sind nicht meine Worte, sondern die eines höheren Engels. Bitte, schreib es so, wie es dir gesagt wird, auch wenn es dir seltsam erscheint:
Es waren aber unter den Cherubim zwei, die hießen Lindan und Miriam. Miriam jammerte das Elend in Indien und im Auftrage des HERRN wurde er Mutter Theresa. Etwas später machte sich Lindan auf den Weg. Es war da die erste Familie Englands dem HERRN ein Greuel. Ihre Herzen kannten keine Liebe mehr, jede Wärme war von Protokoll und Zeremonie erstickt worden. Bedenkenlos brachen sie liebende Herzen um der Reputation willen. Lindan wurde zu Diana. Und ihr Weg glich dem des Gekreuzigten. Eingezogen unter großem Jubel wie der HERR in Jerusalem, verkannt und verstoßen wie der HERR im Garten Gethsemane. Den Part der Hohepriester übernahmen die Medien. Da aber ihre Aufgabe erfüllt war ging sie in den Tod. Dies war ihr Opfertod, denn durch sie erlebte die Königsfamilie die Liebe. Da sie sie aber nicht kannten, verbargen sie sich vor dem Volke fünf Tage. Denn sie waren voll Furcht.
So ist Prinz Charles der Gesegnete und der Verfluchte: Gesegnet, weil ihm ein Engel geschenkt wurde, verflucht, weil er ihn nicht erkannte und ihn verstieß. Lindan und Miriam sind wieder zusammen in des HERRN Reich. Aber ihr Licht wird immer bei euch sein."

Wer bin ich?

Ein guter Freund fragte mich nach meinem spirituellen Namen. Ich war verblüfft. Hatte ich überhaupt einen? „Frage deinen Engel", sagte mein Freund.
An einem stillen Vormittag, ich saß in der Küche und putzte Gemüse, stellte ich in Gedanken die Frage nach meinem spirituellen Namen. Es blieb still, aus dem Garten klang nur der Ehestreit eines Eichelhäherpaares, das sich der Lautstärke nach ganz entsetzlich beschimpfte. Noch einmal konzentrierte ich mich auf die Frage und vernahm zu meiner Empörung klar und deutlich das Wort: „Distel!"
Augenblicklich entstand vor meinen Augen das Bild des Waldweges, den ich jahrelang täglich mit meinem Hund gegangen war. Disteln, einen halben Meter hoch, säumten ihn. Sie hatten dunkelrote Blüten, in denen Unmengen von Hummeln, berauscht von Blütenduft und Nektar, den Sommer feierten. Ein hübscher Anblick, gewiß, aber mir fiel auch der Disteln fressende Esel aus Waggerls Weihnachtsgeschichte ein. Irgendwie war ich enttäuscht, fast beleidigt. Mir hatte etwas Hehres, Beeindruckendes vorgeschwebt.
„Du hast nicht richtig zugehört", die Stimme gluckste vor unterdrückter Heiterkeit. „Hast du dich jetzt als Eselfutter verstanden? Ich habe nicht Distel, sondern Silberdistel gesagt."
Das Bild des Waldweges verschwand, statt dessen sah ich in

der Erinnerung einen Vorgarten in Süddeutschland. Auf einem Rasenstück vor dem Haus stand so eine Silberdistel, schätzungsweise drei Meter hoch.
„Groß, schön, leuchtend und alles beherrschend“, ich fühlte mich enorm gebauchpinselt, als die Stimme fortfuhr: „Nichts kann in ihrer Nähe gedeihen, alles piekst sie weg!“
„Das ist nicht wahr“, ich fühlte mich total verkannt, „was ist mit meinem Mann? Der macht nicht den Eindruck, als wenn er in meiner Nähe eingeht!“
„Das ist ganz was anderes.“
„Wieso? Ich bitte dringend um Erläuterung!“
„Als die Silberdistel eine bestimmte Höhe erreicht hatte, setzte man eine Stütze dazu und band sie daran fest. Sonst hätte der erste stärkere Sturm sie umgeblasen. Sie lehnte sich fest an die Stütze und wuchs mit ihr zusammen. So ist es mit euch Beiden. Deine Stütze ist fest mit dem Stamm verbunden, dadurch auch geschützt vor allem, was von außen angreifen könnte. Deine Stacheln halten alles von ihm fern. Du aber würdest ohne ihn vom ersten Windhauch abgeknickt werden, denn in dir selbst bist du nicht fest genug, um allein zu stehen.“
„Das ist schön“, sagte ich leise, „ich danke dir von Herzen.“

Allen Menschen, ganz besonders aber meinen Lesern, wünsche ich, daß sie lernen, in sich hinein zu horchen und sich ihres liebevollen Begleiters bewußt zu werden. Mit ihm reden und sich mit ihm freuen zu können. Seien Sie gewiß, Ihr Engel ist bei Ihnen, immer.
Ihre

Karina Silberweg

ISBN
3-89453-113-4

DM 24,80
SFr 23,-
ÖS 199,-

55 Spielkarten 6x9 cm in einer Faltschachtel

Entscheiden mit Engeln

Ursula Mattheus & Hellena-Maria Gabriel

Mit unvergleichlichem Charme, Leichtigkeit und Humor geben diese Karten Antwort auf konkrete Fragen und Klarheit bei Entscheidungen. In den Engelentscheidungskarten begegnen uns unsere lichtvollen Begleiter mit direkten Anweisungen und weiser Führung. Fünf Engelkarten zum Verschenken runden dieses ansprechende, in Blau und Gold gehaltene Orakelspiel ab.

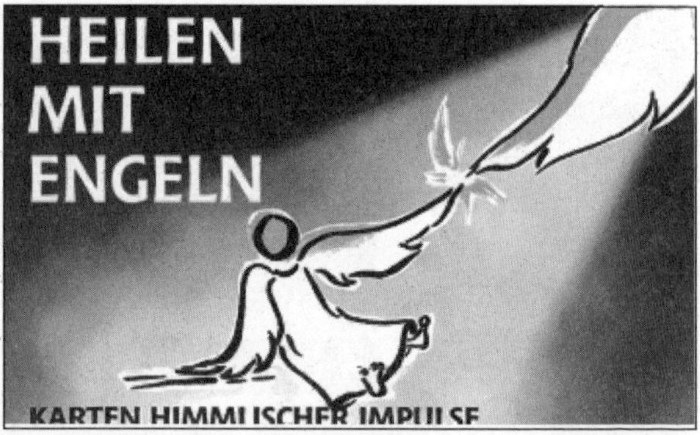

ISBN
3-89453-094-4

DM 24,80
SFr 23,-
ÖS 199,-

55 Spielkarten 6x9 cm in einer Faltschachtel

Heilen mit Engeln

Hellena-Maria Gabriel

Mit diesen neuen Engelkarten finden Sie Zugang zu Ihren inneren Heilungskräften. Das Kartenset baut auf der Einsicht auf, daß Heilung von Körper und Seele einer geistigen Grundlage bedarf. Die Impulse der Engel wirken inspirierend und schöpferisch, und Sie erreichen Ihr Potential an Liebe, Wissen und Energie. So können Sie die inneren Qualitäten entwickeln und positive Kräfte entfalten, damit Sie und andere liebevoll auf den Weg der Heilung kommen.

ISBN
3-89453-202-5
DM 24,80
SFr 23,-
ÖS 199,-
55 Spielkarten
6x9 cm in einer
Faltschachtel

Engel für Liebe & Partnerschaft

Hellena-Maria Gabriel

Mit diesem neuen Engel-Set erhalten Sie inspirierende Impulse, die die Harmonie in Ihrer Partnerschaft fördern und die Liebe vertiefen. Die hinreißend gemalten Engel regen als unmittelbar wirkende Bilder die positiven inneren Kräfte in Liebe und Partnerschaft an. Sie erhellen und beleben Beziehungen in sanfter Weise und führen zu einer spirituellen Perspektive in Herzensangelegenheiten.

ISBN
3-89453-032-4
DM 24,80
SFr 23,-
ÖS 199,-
55 Spielkarten
6x9 cm in einer
Faltschachtel

Engelspiel

Karten Himmlischer Inspiration von Ursula Mattheus

Engel sind Wesen des Lichts, mit denen wir Menschen bewußt in Verbindung treten und erfahren können, wie heilend, harmonisierend und belebend ihre Energie auf uns wirkt. Erwachsene und Kinder können dieses zauberhafte, in blau und gold gestaltete Kartenspiel auf vielerlei Weise benutzen: zur Meditation, als Orakel, als begleitenden Impuls für den Tag oder als Spiel für mehrere Personen in Gruppen und in der Familie.
Bewährt auch in der therapeutischen Praxis.

ISBN
3-89453-190-8

DM 9,80
SFr 9,80
ÖS 72,-

Engel-Postkarten-Edition 1
10 verschiedene
Doppel-Karten

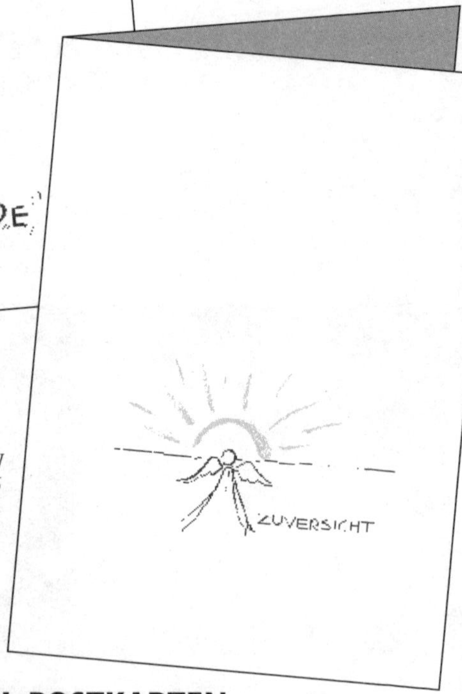

ISBN
3-89453-210-6

DM 9,80
SFr 9,80
ÖS 72,-

Engel-Postkarten-Edition 2
10 verschiedene
Doppel-Karten

ENGEL-POSTKARTEN-EDITION 1 & 2

Hellena-Maria Gabriel

Jeweils 10 verschiedene der schönsten Motive aus dem beliebten Kartenset „Heilen mit Engeln“ von Hellena-Maria Gabriel finden Sie in diesen beiden Postkarten-Editionen. Für jede Gelegenheit und in allen Situationen läßt sich ein passender Engel finden, der Ihrer Korrespondenz einen „himmlischen Impuls“ verleiht.

Informationsanfrage

Bitte informieren Sie mich über:

❑ Metamorphische Methode / Energiearbeit

❑ Akupunktur, -pressur

❑ Psychol. spirit. Therapie / T´ai Chi

❑ Meditation / Spiritualität / Vierter Weg

❑ Whole-Self-Methode

❑ Orakel

❑ Gesamtprogramm

❑ Seminare/Ausbildungen ❑ Übungspartner/-gruppen

zu den oben angekreuzten Themen

Bitte in BLOCKSCHRIFT *ausfüllen!*

Name: ....

Vorname: ....

Straße: ....

Land: .... PLZ: ....

Ort: ....

Tätigkeit: ....

Falls der
:oupon bereits
verwendet
wurde,
richten Sie
Ihre
Informations-
anfrage
bitte an:

Ryvellus
/ VSB
Postfach 4738
D-38037
ɜraunschweig

Die Karte läßt
sich schnell
ɹnd einfach in
einem
**Fensterbrief
umschlag**
verschicken

ENGEL-LICHT-TAROT

Rebecca Bachstein

Das Engel-Licht-Tarot vereint die Energien der Engel mit der Weisheit des Tarot. Im Rahmen dieser tiefgründigen Symbolik sind die nach alter Tradition wichtigsten Engel und Erzengel dargestellt. So entstanden wunderschöne Bilder, die unsere Seelenkräfte direkt ansprechen und uns inspireren. Daher eignet es sich gut als velschichtiges Orakel zu allen Lebensfragen. Ein ausführliches Beibuch gibt vertiefende Erklärungen, Legesysteme und Hilfe für die Deutung.

32 vierfarb. Karten, Beibuch, 160 S.
DM 29,80 / SFr 28,50 / ÖS 233,-
ISBN 3-89453-247-5

☞ Für Fensterbriefumschlag geeignet

Ryvellus / VSB
Postfach 4738

D - 38037 Braunschweig

Taizé

Michael Albus

Die Einfachheit des Herzens

Das Vermächtnis von Frère Roger

Gütersloher Verlagshaus

Bibliografische Information Der Deutschen Bibliothek
Die Deutsche Bibliothek verzeichnet diese Publikation in der Deutschen Nationalbibliografie; detaillierte bibliografische Daten sind im Internet über http://dnb.ddb.de abrufbar.

FSC
Mix
Produktgruppe aus vorbildlich bewirtschafteten Wäldern und anderen kontrollierten Herkünften
Zert.-Nr. SGS-COC-1940
www.fsc.org
© 1996 Forest Stewardship Council

Verlagsgruppe Random House FSC-DEU-0100
Das für dieses Buch verwendete FSC-zertifizierte Papier *EOS* liefert Salzer, St. Pölten.

2. Auflage, 2006

Umschlaggestaltung: schwecke.mueller Werbeagentur unter Verwendung eines Fotos von Frère Roger, © getty images
Reproduktionen: redheaddesign, Steinhagen
Satz: Katja Rediske, Landesbergen
Druck und Einband: GGP Media GmbH, Pößneck
Printed in Germany
ISBN-13: 978-3-579-06931-9
ISBN-10: 3-579-06931-4

www.gtvh.de

Inhalt

Einleitende Worte

Vorwort

Während die christlichen Kirchen in Europa aus ihrer offensichtlichen Schwäche vorläufig nicht mehr herauskommen, boomt Religion. Was immer man darunter versteht und wie immer sie sich zeigt.

In einer Welt, die massiv versucht, das Leben, vor allem an seinem Anfang und an seinem Ende, in den Griff zu bekommen, in der wieder einmal Allmachtsphantasien Auferstehung feiern, in der das Meiste aufgeklärt zu sein scheint, verschafft sich heimlich und unheimlich die große Sehnsucht Bahn, die wir Religion nennen.

Es entstehen neue Wallfahrtsorte, Orte, die wie Magnete wirken, weil sie Leben im Ursprung versprechen. Moderne Wallfahrtsorte können sein: Fußballstadien, Rockfestivals, Motorradfahrertreffen und manch andere Orte mehr.

Ein solcher Ort ist auch Taizé, das Dorf auf einem Hügel in Burgund.

Seit über 60 Jahren geht von dort eine religiöse Energie aus, die jährlich Zehntausende, vor allem junge Menschen, aus Europa und auch aus Übersee in ihr Kraftfeld zieht.

Worin liegt die Faszination von Taizé? Das habe ich mich immer wieder gefragt. Ich habe mir und anderen die Frage lange Jahre hindurch gestellt. Es hat Zeit gebraucht, bis ich in Umrissen ahnen konnte, wo die Quellen von Taizé ihren Ursprung haben.

Eine der Hauptquellen ist das, was Frère Roger, der Gründer der Brüdergemeinschaft von Taizé, die »Einfachheit des Herzens« nennt.

Taizé ist ein authentischer Ort, ohne Masken, Verkleidungen und Verstellungen, ohne Umschweife. Dort wird Ernst gemacht mit der Religion. Dort wird Religion freigelassen. Nicht in einen Raum der Willkür hinein, sondern in eine Gestalt, die lebbar ist. Sie verlangt etwas und sie gibt etwas. Taizé ist nicht einfach und nicht billig zu haben.

Bei der Arbeit an einer Fernsehreportage ist mir Taizé so nahe gekommen, dass ich einiges festhalten und mitteilen wollte, was das flüchtige Medium nicht festhalten kann. Davon ist in diesem Buch die Rede.

Ich verbinde damit auch einen Dank an die Brüder von Taizé, die mir auf eine ganz unaufdringliche Weise ans Herz gewachsen sind. Stellvertretend nenne ich Frère Roger, dessen Bescheidenheit, Herzlichkeit, Wärme und Menschlichkeit mich nachhaltig beeindruckt haben. Als der unvergessene Papst Johannes XXIII. einst nach Taizé gefragt wurde, hat er mit der Bemerkung geantwortet: »Ah, Taizé, der kleine Frühling!«. Inzwischen ist Taizé in die Jahre gekommen. Und noch immer ist dort Frühling: Kleines Senfkorn Hoffnung.

Und das wird es und muss es auch bleiben. Auch nach dem schrecklichen Abend des 16. August 2005, an dem eine geistesgestörte Frau mit Messerstichen dem 90 Jahre alten Frère Roger das irdische Leben ausgelöscht hat. Das Entsetzen, das mich und viele Menschen an jenem Abend und in jener Nacht ergriff, kann man nicht mit Worten beschreiben. Man steht ratlos, stumm davor, stellt auch wieder jene alte, nicht zur Ruhe kommen wollende Frage: Wo war Gott an diesem Abend? Die Frage muss man leider stehen lassen – und hoffen und vertrauen gegen alle Hoffnungslosigkeit und über alles Misstrauen hinaus. Man muss wachen, kämpfen und beten – auch mit Tränen in den Augen.

Was mich getröstet hat, das war das Verhalten der Brüder auf dem Weltjugendtag in Köln, der zu diesem Zeitpunkt gerade stattfand. Als die Brüder, die gerade mit vielen anderen in einer Kölner Kirche zum Gebet versammelt waren, gegen Mitternacht die schreckliche Nachricht erhielten, gaben sie das bekannt – und setzten das Gebet fort! Das hat nicht nur etwas mit beherrschtem Verhalten zu tun. Es ist vielmehr der Ausdruck des Glaubens in der Stunde des Schmerzes und der Not selber. Und es ist Vertrauen pur in den unbegreiflichen Gott.

Gerade hatte ich das Manuskript dieses Buches fertig gestellt, als das Unbegreifliche geschah. Was tun?, fragte ich mich. Im Grunde hätte ich das kleine Kapitel am Schluss, in dem ich versucht habe, Frère Roger so zu beschreiben, wie er auf mich und sicher auch auf viele andere ganz persönlich wirkte, welchen Eindruck er hinterließ, aus der Gegenwart in die Vergangenheit umschreiben müssen. Ich habe es nicht getan. Ich habe es in der Gegenwartsform stehen lassen, weil Frère Roger gegenwärtig ist und bleibt. Der wachsende zeitliche Abstand wird diese Gegenwart nur noch unterstreichen.

Die Frage, wie es in Taizé weitergeht, ist keine überflüssige Frage, aber sie ist auch nicht die wichtigste aller Fragen. Der Weg, den die Brüder gehen, ist vorgezeichnet. Sie werden einzeln und gemeinsam Leuchtfeuer in der Nacht der »modernen« Zeit bleiben. Davon bin ich überzeugt.

Michael Albus

Grundworte

Nüchternheit und Leidenschaft

Wie jeder Christ musst du die Spannung auf dich nehmen
zwischen der totalen vom Heiligen Geist geschenkten Freiheit
und den Unmöglichkeiten,
vor die dich die gefallene Natur stellt,
die Natur deines Nächsten
und deine eigene.

Leib und Seele

Bleib niemals auf der Stelle,
zieh vorwärts mit deinen Brüdern,
lauf dem Ziele zu auf den Spuren Christi!
Und seine Spur ist ein Weg des Lichts:
Ich bin, aber auch ihr seid das Licht der Welt.
Damit die Klarheit Christi dich durchdringe,
genügt es nicht,
sie so zu betrachten, als seiest du nur Geist;
du sollst dich entschlossen
mit Leib und Seele
auf diesen Weg machen.

Festigkeit und Geschmeidigkeit

Steh zu deiner Zeit,
pass dich den Bedingungen des Augenblicks an.

Liebe deinen Nächsten,
wo auch sein religiöser oder ideologischer Standort sein mag.

Mut und Kampf

Liebe die Enterbten –
alle, die unter der Ungerechtigkeit der Menschen leiden
und nach der Gerechtigkeit dürsten.
Ihnen galt die besondere Aufmerksamkeit Jesu;
fürchte nicht, durch sie belästigt zu werden.

Finde dich niemals ab mit dem Skandal der Spaltung unter den Christen,
die alle so leicht die Nächstenliebe bekennen
und doch getrennt bleiben.

Liebe und Freude

Sei unter den Menschen ein Zeichen der brüderlichen Liebe und der Freude.

Sätze wie auf steinernen Tafeln. Aufgeschrieben vor einem halben Jahrhundert. Nach Jahrhunderten Feindschaft zwischen den Christen. Nach den Erfahrungen zweier vernichtender Kriege.

Sätze der Nüchternheit. Sätze der Einsicht. Sätze der Erfahrung.

Sie stehen in der Präambel der Regel von Taizé. Damit jeder weiß, woran er ist. Wenn er sich darauf einlässt.

Sätze der Entschiedenheit. Die Gefahr der Überforderung eingeschlossen. Auch die des Scheiterns. Aber formuliert, in Form gebracht auf Gelingen hin.

Keine Anleitung, sich wohl zu fühlen. Kein Wolkenkuckucksheim. Kein Luftschloss.

Sätze wie Zelte. Aus der Kraft des Vorläufigen. Man baut auf. Man bricht ab. Man geht weiter. Wenig Gepäck. Leichte Last. Lust zu gehen.

Sätze der Kraft. Sätze einer geheimnisvollen Leidenschaft. Sätze der Verwandlung.

Wenig Platz für Theorie. Viel Platz für Praxis. Angewiesen auf Kampf und Kontemplation.

Wer sitzen bleibt, für den sind sie tote Sätze. Wer geht, für den werden sie unabsehbar lebendig.

Manche gehen. Sie haben Sehnsucht danach. Hören das glühende Schweigen, das aus ihnen spricht.

Die Angst vor dem Restrisiko

Warum Mystik wichtiger ist als Wellness

Jede Zeit hat ihre Zauberworte. Zwei von ihnen, die in diesen Jahren hoch im Kurs stehen: Mystik und Wellness. Für viele ein und dasselbe. Und doch: Der Unterschied zwischen beiden kann größer nicht sein.

Das Ziel der Mystik bleibt wie ihr Anfang: ein Geheimnis. Folglich nicht zu lüften.

Das Ziel von Wellness ist sich wohl fühlen, rundum kuschelig: Das ist machbar.

Mystik richtet sich auf etwas Anderes, auf einen Anderen, als wir selbst sind. Wellness meint nur: mich selbst.

Mystik ist nicht zu haben. Wellness ist zu haben. Man kann sie kaufen.

Mystik ist Außer-Sich-Sein. Wellness: Bei-Sich-Sein. Das ist auch schon viel. Aber nicht alles.

Mystik birgt in sich ein Restrisiko. Es ist wie bei der Kernkraft: trotz aller Sicherheitsmaßnahmen, trotz aller ausgefeilten Techniken: Ein Rest von Risiko bleibt. Es ist nicht alles beherrschbar. Wellness birgt in sich kein Restrisiko. Funktioniert die eine Technik nicht, kann man es mit einer anderen versuchen. Eine wird schon »klappen«. Koste es, was es wolle. Es ist alles beherrschbar.

Mystik sucht nach Gott. »Solo dios basta!« Wellness sucht nach dem Menschen. Ich allein genüge mir.

Weil Mystik nicht zu »machen« ist und Wellness zu machen ist, ist Mystik wichtiger als Wellness.

Heute steht Mystik in der Gefahr, zur Wellness zu verkommen. Die Fangarme des Kommerz' haben längst nach der Mystik gegriffen. Es gibt Angebote zuhauf.

Mystik hat eine lange Geschichte. Ihre Heimat sind die Religionen. Dort wohnte sie von Anfang an. Man kann sie nicht von dieser Urheimat trennen. Es hat jedoch den Anschein, als ob sie sich in der alten Heimat nicht mehr wohl fühle, nicht mehr geschätzt werde. Deshalb ist sie zum Flüchtling geworden. Auf der Suche nach einer anderen Wohnung. Viele Wohnungen stehen leer. Die alten Wohnungen auch.

Christliche Mystik kommt von Jesus Christus. Er brachte keine Lehre. Er lebte ein Leben. Nicht für sich. Für andere. Dafür starb er auch.

Der Anfang ist also ein Leben und Sterben. Keine Lehre. Der Anfang trägt ein Gesicht.

Sind wir uns beim Eintritt ins dritte Jahrtausend ausreichend darüber im Klaren, dass Christus vor zweitausend Jahren nicht auf die Erde gekommen ist, um eine weitere Religion zu stiften, sondern um jedem Menschen Gemeinschaft mit Gott anzubieten?

...

Sind die Herzen der Christen weit genug, ihre Fantasie offen und ihre Liebe brennend genug, um den Weg des Evangeliums zu entdecken: ohne Aufschub als Versöhnte zu leben?

...

Wenn die Christen sich die schlichte Einfachheit und unbegrenzte Herzensgüte bewahren, wenn ihnen daran liegt, die tiefe Schönheit der menschlichen Seele zu entdecken, tun sich ihnen Wege auf, in Christus miteinander in Gemeinschaft zu sein.

Diese Gemeinschaft, die die Kirche ist, kann für Jugendliche wieder glaubwürdig werden, wenn sie zur Klarheit findet, indem sie aus ganzer Seele zu lieben und zu verzeihen sucht, und wenn sie auch mit geringen Mitteln gastlich offen steht, dem Leiden der Menschen nahe.

Niemals auf Abstand, nie in Abwehrhaltung und befreit von harter Strenge kann sie das schlichte Vertrauen des Glaubens bis in unsere Herzen leuchten lassen.

»Das Christentum steht erst am Anfang«, schreibt der orthodoxe Theologe Olivier Clément. »Wir erleben, wie sich ein armes und freies Christentum abzeichnet, das fähig ist, ein ungeschminkteres Zeugnis vom Evangelium abzulegen.«

Frère Roger

Jesus in seiner Zeit

Mensch für die Menschen

Zeit und Herkunft Jesu

Ende der sechziger Jahre des vergangenen Jahrhunderts taucht an vielen Orten der Welt ein Plakat mit folgendem Text auf:

Gesucht wird: Jesus Christus alias der Messias, Sohn Gottes, König der Könige, Herr der Herren, Fürst des Friedens usw.
Berüchtigter Führer einer Untergrundbefreiungsbewegung. Er hat sich folgender Vergehen schuldig gemacht:
Er praktiziert ohne Lizenz als Arzt, Weinhersteller und Essensverteiler; legt sich mit Geschäftsleuten im Tempel an. Er verkehrt mit bekannten Kriminellen, Radikalen, Subversiven, Prostituierten und Leuten von der Straße. Er behauptet, die Autorität zu haben, Menschen in Gottes Kinder zu verwandeln.
Äußere Erscheinung: typischer Hippie – langes Haar, Bart, Robe, Sandalen. Er treibt sich gerne in Slums herum, hat einige reiche Freunde, verkriecht sich oft in der Wüste.
Achtung: Dieser Mann ist extrem gefährlich. Für seine zündende Botschaft sind besonders jene jungen Leute anfällig, denen man nicht beigebracht hat, ihn zu ignorieren. Er verändert Menschen und behauptet, sie frei zu machen.
Warnung: Er läuft immer noch frei herum.

Dieser Text, der aus der Hippie-Bewegung in den USA stammt, zeichnet ein Jesusportrait, angesichts dessen den

Theologen und auch einigen Historikern die Haare zu Berge stehen dürften. Aber aus ihm leuchtet auch der ferne Widerschein einer großen Faszination auf.

Die Zeit um die Geburt Jesu war unruhig. Das Land, in dem er zur Welt kam, Palästina, war durchsetzt von Aufruhr, geprägt von kleinen und größeren Aufständen gegen die römische Besatzungsmacht. Hunger, Not und Elend waren bei den kleinen Leuten an der Tagesordnung. Die Römer suchten, nachdem sie im Jahr 63 vor Christi Geburt Jerusalem erobert hatten, ihre Macht zu festigen. Die Methoden, die sie dabei anwendeten, waren nicht zimperlich.

Zudem gab es eine Menge von kleineren oder größeren politischen Bewegungen, denen nicht nur die Römer ein Dorn im Auge waren, sondern auch die verkrustete Priesterkaste am Tempel von Jerusalem, die sich verselbstständigt hatte und ein religiöses Establishment darstellte, das mit dem tatsächlichen Leben der Menschen relativ wenig Verbindung hatte. Das jüdische Volk hatte keinen Einfluss darauf, wer seine religiösen Führer wurden. Der Hohe Rat in Jerusalem war ein Selbstbedienungsladen. Wer Sitz und Stimme in ihm hatte, das bestimmten die Mitglieder des Hohen Rates und die Tempelpriester unter sich.

Zahlreiche Wanderprediger waren unterwegs und verkündeten in den Städten und Dörfern ihre Botschaften. Ihnen allen eigen war die Erwartung einer Befreiung aus den Wirren und Ängsten der Zeit. Gerüchte wurden in Umlauf gebracht, Leidenschaften angefacht und mancher Aberglaube stand in hoher Blüte.

Das Leben der Menschen damals muss dumpf gewesen sein. Ihre Lebenskreise waren eng gezogen und vollzogen sich vor einem düsteren religiösen und politischen Horizont.

Jedenfalls erwarteten – dafür gibt es viele Zeugnisse aus der damaligen Zeit – die Menschen eine Erlösung aus ihren persönlichen Sorgen und Nöten und eine Befreiung von der politischen Herrschaft der Römer.

In diese Zeit hinein wurde Jesus geboren. Seine Geburt war so normal wie alle Geburten zu jeder Zeit. Das Kind und seine Familie teilten von Anfang an das Schicksal der anderen Menschen.

Die Umstände der Geburt Jesu deuten also darauf hin, dass Jesus nicht mit dem erkennbaren Anspruch auf die Welt kam, etwas Besonderes zu sein. Ihm war nichts Menschliches fremd. Er tauchte nicht auf als große Lichtgestalt, die eine geheimnisumwitterte Lehre verkündete und die Menschen an vage Versprechungen fesselte. Er war von Anfang in allem uns gleich.

Ein Text aus der Frühzeit des Christentums bringt dies zum Ausdruck:

> Er, der in Gottesgestalt war, erachtete das Gottgleichsein nicht als Beutestück; sondern er entäußerte sich selbst, nahm Knechtsgestalt an und wurde den Menschen gleich. In seiner äußeren Erscheinung als ein Mensch erfunden, erniedrigte er sich selbst und wurde gehorsam bis zum Tode, bis zum Tod am Kreuz.
>
> Brief an die Philipper 2,6–8

Jesus war auch kein Mensch ohne Gefühle. Freude, Trauer, Zorn und Zärtlichkeit waren ihm nicht fremd. Jesus hat Tränen vergossen. Er hatte Hunger. Er hatte Verlangen nach Schlaf.

Eines Tages verließ er den engeren Kreis der Familie, in der er aufgewachsen war, und ging an die Öffentlichkeit. »Er

Essensausgabe

ging« ist wörtlich zu verstehen. Er wanderte durchs Land, zog durch die Städte und Dörfer, erfüllt von der Sehnsucht, den Menschen, die in Angst und Schrecken lebten, Umrisse eines ganz anderen Lebens zu zeigen, eines richtigen Lebens im falschen, eines Lebens, nach dem sie sich insgeheim sehnten.

Der Umstieg Jesu vom Privaten ins Öffentliche war nicht begleitet von irgendwelchen Machtansprüchen oder von einem politischen Programm. Sich der Öffentlichkeit zuzuwenden, hieß für ihn auch nicht, sich auf ein Rednerpodest zu stellen und Parolen zu verkünden. Er stieg nicht hinauf, um von oben herab zu wirken, sondern er stieg hinab und hinein in die Mitte der Menschen. Wie er mit Menschen umging, für welche Menschen er besondere Sympathien hatte und was er ihnen vermitteln wollte, das zeigte sich im persönlichen und direkten Umgang mit ihnen. Er sprach nicht *über* sie, sondern *mit* ihnen.

Er litt nicht an Wirklichkeitsverlust, sondern stand mitten im Leben. Er blieb nicht stehen, er ging weiter, er wanderte. Er produzierte keine gestanzten Formeln, sondern erzählte Geschichten. Er hielt sich nicht in vornehmer Distanz zu den Leuten, er berührte sie. Er war ihnen nahe. Gespreizte Würde war ihm fremd.

Die Wendung, die er in seinem Leben vollzogen hat, hat er immer wieder damit begründet, dass er einen inneren Auftrag verspürte, sich selbst zu den Menschen zu bringen. Von außen gesehen hatte er keinen spürbaren Anlass. Die Bewegung kam von innen heraus. Darin liegt eine Frage, ein Geheimnis.

Jesus war, ist und bleibt ein Mensch für andere. Anders ist er schwerlich zu begreifen.

Er lebt weiter. Er ist nicht zu fassen.

Was da steht, ist die schlichte Vernunft

Habe ich mich, noch ein Kind, getäuscht, wenn mich die Wahrnehmung der Bergpredigt erschütterte, mich aus der Selbstzufriedenheit und dem Ehrgeiz verjagte?

Lese ich sie heute, als Wissenschaftler, in historischer Bildung erzogen, so ist meine Reaktion:

Was da steht, ist die schlichte Vernunft. Einige Wendungen in ihr sind zeitbedingt. Aber jeder sieht: Würden wir ihre Forderungen erfüllen, so wäre unser aller Leben besser, niemand würde verlieren.

Und die Seligpreisungen können wir am heutigen Tag in uns selbst erfahren, wenn wir uns ihrem Inhalt öffnen.

Carl Friedrich von Weizsäcker

Was ist Mystik?

Kein Auge hat gesehen, kein Ohr hat gehört

Grundstriche einer konkreten Mystik

Seit der Mensch in der Welt ist, versucht er sich selbst zu verstehen, eine Erklärung für sein Dasein zu finden. Die Versuche hören nicht auf. Die Wege der Suche wechseln. Die Suche bleibt beständig. Sie gehört zum Menschsein. Sie macht uns aus.

Sobald der Mensch in der Welt ist, fragt er nach sich selbst. Er fragt nach sich selbst aus Angst vor dem Tode. Damit fängt alles Fragen an.

Wo komme ich her? Wo bin ich? Wo gehe ich hin?

Das sind die entscheidenden Fragen. Es sind die Grundfragen jeder Religion. Es sind religiöse Fragen. Und weil sie religiöse Fragen sind, gehen sie im Grund und im Ziel über die reinen Fakten unseres Lebens hinaus. Sie können aber auch nicht von ihnen absehen. Eine Gemengelage ist das – ineinander verschichtet und verwoben Zeit und Ewigkeit.

Mystik zu definieren, macht keinen Sinn. Wie auch soll das Grenzenlose in die Schranken unseres begrenzten Denkens verwiesen werden?

Die Geschichte der Mystik ist nichts anderes als das Leben selbst und bedeutet immer neue Anläufe gegen die Festung der Fragen. Aber die Festung fällt nicht. Und dennoch hört die Belagerung nicht auf. Seltsam. Merkwürdig.

Was ist die Festung? – Ist sie ein Prinzip, das sich uns in den Weg stellt? Ist sie ein Konstrukt unseres Denkens, dem wir den Namen Religion geben oder das wir gar GOTT nennen? Ist sie ein Hindernis, das wir überwinden müssen?

Nein, die Festung ist unser Leben selbst. Unsere Zeugung, unsere Geburt, unsere Liebe, unser Glück, unser Unglück, unsere Freude, unsere Trauer, unser Sterben, unser Tod, unsere Einsamkeit, unsere Zeit und unsere Ewigkeit. Das ist die Festung. Sie ist etwas Natürliches. Etwas, das wir vorfinden. Etwas, in dem wir uns befinden, ohne je danach gefragt worden zu sein, ob wir uns darin befinden wollen oder nicht. Dass wir das als ein Geheimnis erfahren, eines mit Dunkelheiten zumal, nimmt nicht wunder. Es ist so.

Glockenturm, Wahrzeichen

Das ist der Ausgangspunkt. Dieser bestimmt jeden weiteren Weg, jeden Versuch, dahinter zu kommen oder davor oder darüber oder darunter. Der Ausgangspunkt ist die Bedingung und die Grenze der Mystik. Beide sind fließend, entziehen sich der Festlegung, flutschen wie ein Fisch aus der Hand, wenn man sie fest zu fassen versucht.

Mystik ist kein Ausnahmezustand. Wer mystisch lebt, der macht die Augen auf, öffnet die Ohren, riecht, schmeckt und spricht. Aber das ist nur die eine Seite. Die andere: Er schließt die Augen, hört nichts mehr als den Ton der Stille und verschließt seinen Mund.

Mystik ist nicht nur Ekstase, Außersichsein. Mystik ist auch Enstase, Insichsein.

Mystik ist beides. Und nur dann konkret. Sonst bleibt sie Geraune, Gemurmel, Geschwafel.

Nicht nur Meister Eckhart lässt grüßen.

Mystik ist mehr als die Mystik des Mittelalters

Das Dilemma ist offenkundig. Mystik ist im allgemeinen Verständnis und in der schwindenden Kenntnis festgelegt auf die Mystik des Mittelalters.

Ein Blick in das weit verbreitete Wörterbuch von Gerhard Wahrig zeigt das. Dort heißt es:

Mystik. *Form religiösen Erlebens, in der nach vorbereitender Askese durch Versenkung oder Ekstase innige Verbindung mit dem Göttlichen gesucht wird; in Deutschland gewann die Mystik durch Seuse und besonders Meister Eckhart (1260 bis 1327) literarische und sprachschöpferische Bedeutung (zu lateinisch mysticus < griechisch mystikos »die Mysterien betreffend, geheimnisvoll, geheim«; zu griechisch myein »(Augen und Lippen) schließen«.*

Mystiker. *Vertreter, Anhänger der Mystik.*

Mystisch. *Die Mystik betreffend, zu ihr gehörig, von ihr stammend, geheimnisvoll, dunkel.*

Mystizismus. *Wunderglaube, schwärmerische Religiosität.*

Danach ist Mystik in jedem Fall etwas Außergewöhnliches, das mit dem normalen Leben *eigentlich* nicht viel oder gar nichts zu tun hat. Mystik ist in diesem Verständnis etwas für Eingeweihte, für Menschen, die abgehoben haben, denen der Bodenkontakt fehlt.

Aber es gab schon vor Meister Eckhart Mystiker und nach ihm auch. Und es wird so lange Mystikerinnen und Mystiker geben, solange es Menschen gibt.

Blickt man nur auf die Mystik des Christentums, dann war der erste Mystiker niemand Geringerer als Jesus von Nazaret selber. Er hat immer wieder vom Geheimnis gesprochen, aus dem der Mensch kommt, in dem er lebt und in das er endlich und unendlich hineingeht. Alle Mystik des Christentums hat durch ihn seine Grundprägung erhalten und muss sich an ihm »messen« lassen. Nach dem Mittelalter ist das nicht anders. Die Frage ist nur, ob wir in der Lage dazu sind, die Mystikerinnen und Mystiker, die mystischen Bewegungen unserer Zeit hinreichend wahrzunehmen, das heißt, sie für wahr zu nehmen.

Mystisch ist der Mensch, der sich auf die Suche macht nach seinem Grund und nach seinem Ziel.

Mystisch ist der Mensch, der mit ganzer Kraft und Leidenschaft versucht, dieser Suche in seinem Leben eine konkrete Gestalt zu geben, der die damit verbundene Verbindlichkeit und Entschiedenheit nicht scheut, der bereit ist, ein Risiko einzugehen.

Mystisch ist der Mensch, der das in seinem Leben Gegebene, Vorhandene, Vorgefundene nicht nur bedingt, sondern absolut ernst nimmt und ihm nicht auszuweichen versucht.

Mit anderen Worten: Mystisch lebt der Mensch, der nicht nur den großen Wurf diskutiert, sondern der, der sich nicht zu schade ist, Hand anzulegen. Und sich dabei die Hände schmutzig zu machen.

Mystisch ist der Mensch, der alles, was er hat und kann, einsetzt und dennoch ALLES von GOTT erwartet.

Schaffen und Schauen

Es ist kein Beruf in der Christenheit, der von der Gnade der Beschauung ausgeschlossen wäre. Wer immer ein Gemüt innehat, dem kann auch das Licht der Beschauung aufgehen …
Und niemand soll wähnen, er habe die Gabe des wahren Lichtes sozusagen für sich.
…

Wer die Burg der Beschauung zu besetzen verlangt, soll sich erst auf dem gegebenen Felde tätigen Lebens praktisch erproben.

Erst kommt die Zeit des Wirkens, und erst zuletzt kommt die Zeit der Beschauung.

Darum muss der vollkommene Mensch erst in Tugenden den Ackerboden der Seele pflegen, um nachher in die Scheunen der Ruhe zu sammeln … Aber manchmal will einer, wenn er auch nur ein bisschen göttlicher Erleuchtung verkostet, schon nicht mehr zu menschlichen Dingen zurückkehren und möchte sich davon drücken, sich mit Sorgen für die Mitmenschen zu belasten.

Wir suchen die Ruhe des beschaulichen Lebens – und möchten nichts anderes, als was uns Labung brächte, ohne dass wir uns anstrengen müssten.

Aber erst soll nach Gottes Willen die Seele ihre Kräfte aufwenden im Schaffen, um danach auch der Beschauung sich zu erfreuen.

Gregor der Große

Das Heute Gottes und das Morgen der Menschen

In diesem Abschnitt der Geschichte lädt uns das Evangelium ein, zu lieben und es durch unser Leben zu sagen. In erster Linie macht unser Leben den Glauben für unsere Umgebung glaubwürdig.

Dies gilt auch im Geheimnis der Gemeinschaft, das der Leib Christi, seine Kirche ist. Weithin verlorene Glaubwürdigkeit kann wieder wachsen, wenn die Kirche aus dem Vertrauen, Verzeihen und Erbarmen lebt und in Freude und Einfachheit gastlich offensteht.
Dann gelingt es ihr, lebendige Hoffnung weiterzugeben.
(...)

Im schlichten Gebet begreifen viele eines Tages, dass Gott einen Ruf an sie richtet. Welchen Ruf?
Gott erwartet, dass wir uns darauf vorbereiten, Träger der Freude und des Friedens zu werden.

Hören wir auf ihn, wenn wir in uns seine Worte vernehmen: »Bleib nicht stehen, geh weiter, deine Seele lebe auf!« Dann erkennen wir, dass wir zu etwas Unendlichem, etwas Absolutem hin geschaffen sind. Und mit einem Mal merken wir: In Grenzsituationen wird der Mensch bisweilen vollkommen er selbst.

Wenn wir einander beistehen, uns von Hindernissen nicht aufhalten lassen und es uns gelingt, stets neuen Mut für die nächsten Schritte zu finden, begreifen wir, dass es eine Freude des Herzens, ja ein Glück für jeden gibt, der auf den Ruf Gottes antwortet. Ja, Gott will, dass wir glücklich sind. Und das Unerhoffte tritt ein. Die langen, kaum erhellten Nächte liegen hinter uns. Mag uns der Weg manchmal auch durch Dunkelheit führen – es muss uns nicht schwächen, sondern kann uns innerlich aufbauen.

Es lockt uns, von einer Entdeckung zur nächsten zu gehen. Den anbrechenden Tag als Heute Gottes zu empfangen. In allem den Frieden des Herzens zu suchen. Und das Leben wird schön … und das Leben wird schön sein.

Frère Roger

Die Geschichte von Taizé

Taizé

Mystischer Ort des Christentums

Es gibt Orte in der Welt, die strahlen, die sich herausheben aus vielen anderen Orten der Welt.

Es gibt Orte, die Leuchtfeuer sind und den Weg weisen auf dem unruhigen Meer der Zeit.

Es gibt Orte, an denen sich die Suche nach Sinn, die Sehnsucht nach Hoffnung verdichten zu der Ahnung: Das könnte es sein!

Taizé in Burgund ist ein solcher Ort.

Ein kleines Dorf auf einem der zahlreichen Hügel dieses alten Landes.

Wer in den Kategorien der »einen Welt« oder der Globalisierung denkt, mag sagen: Ein Dorf hinter dem Mond. Das Dorf hinter dem Mond aber ist wie eine Sonne.

Heute kann man sagen: Wenn es einen Plan Gottes gibt, dann hat Taizé in diesem Plan gelegen. Aber der Plan brauchte die Ausführung. Und Gottes Pläne bedürfen der Menschen.

»Gott an sich« vermag nichts. Gott braucht die Menschen, nicht den Menschen.

Also gilt es auf die konkrete Geschichte dieses Dorfes auf dem Hügel zu schauen, das heute zu einer Stadt auf dem Berg geworden ist. Sechzig Jahre sind eine lange Zeit. Da aber vor Gott tausend Jahre wie ein Tag, wie eine Wache in der Nacht sind, sind sechzig Jahre eine kurze Zeit. Es kommt darauf an, aus welcher Perspektive man das Phänomen Taizé anschaut. Schaut man es im Lichte dessen an, was sein Gründer, Frère Roger Schutz, das »Heute Gottes« nennt, dann beginnt es zu leuchten.

Roger Schutz, geboren 1915, sammelte 1939 als evangelischer Theologiestudent in Lausanne erstmals Freunde um sich zu gemeinsamer, von Gebet getragener Arbeit. Beten und arbeiten gehörten für ihn von Anfang an zusammen.

Er organisierte Studientagungen und geistliche Übungen für Laien. Der Zweite Weltkrieg unterbrach diese Arbeit abrupt. Aber er konnte Roger Schutz nicht daran hindern, den Weg, den er einmal eingeschlagen hatte, fortzusetzen – allen Hindernissen zum Trotz.

1940 fand er in dem fast menschenleeren Taizé, ein paar Kilometer von Cluny entfernt, ein Anwesen. Dort nahm er während des Krieges Flüchtlinge von beiden Seiten der Front auf.

1942 schlossen sich ihm zwei Brüder an. Aber die Gestapo verjagte sie von Taizé.

1944 kamen sie zu viert zurück.

1949 legten die ersten sieben Brüder ihr Lebensengagement ab: in Taizé zu bleiben bis zum Tod, arm, gehorsam und ehelos zu leben.

Roger Schutz, nun Frère Roger, wurde der erste Prior der »Communauté de Taizé«.

Seitdem ist die Gemeinschaft ständig gewachsen. Heute gehören ihr über 100 Brüder aus verschiedenen christlichen Kirchen und Ländern an. Eine Anzahl von ihnen leben in

Taizé, die andern arbeiten als »ausgesandte Brüder« an verschiedenen Brennpunkten der Welt.

Taizé ist der Versuch, die getrennte Christenheit wieder zu vereinen, alte konfessionelle Gräben zuzuschütten und ein lebendiges und nicht allein wortreiches Zeugnis der Sehnsucht nach Einheit zu sein.

Taizé ist keine Utopie. Die Gemeinschaft steht in einer langen christlichen Tradition, die bis in die Zeit der ersten Mönche zurückreicht.

Taizé ist eine Antwort auf die Herausforderung von heute.

Taizé ist ein Ort der Übersetzung einer Botschaft und eines Auftrags, den viele als »alt« bezeichnen.

Taizé zeigt, dass man etwas neu machen kann, ohne die Tradition über Bord zu werfen.

Das haben vor allem junge Menschen bemerkt. Sie kommen zu Zehntausenden jedes Jahr auf den Hügel. Der Strom fließt. Er reißt nicht ab.

Taizé, alte Häuser, von den Brüdern bewohnt

Die helle Spur

Das Leben der Brüder hat Wurzeln

Die Brüdergemeinschaft von Taizé hat ihre Lebensweise nicht neu erfunden. Sie fußt auf einer alten Tradition, hat Wurzeln, die tief in die Zeit hinabreichen. Das Entscheidende ist, dass in Taizé die Übersetzung in unsere Zeit gelungen zu sein scheint.

Sicher ist der Urgrund in der christlichen Botschaft selbst zu suchen. Es wurde und wird in Taizé kein anderer Grund gelegt als der, den Jesus von Nazaret selbst gelegt hat und der er selber *ist*. Er war der erste Mystiker. Sein Leben fordert zur Nachfolge heraus.

Aber dann kamen von Anfang an die Versuche hinzu, mit dieser unerhörten Botschaft umzugehen, sie durch das Leben auszulegen. Taizé ist auch ein Versuch, das Leben Jesu auszulegen. Auslegung als Leben. Mehr praktisch als theoretisch.

Die Frage, wie Christen in dieser Welt vor dem Angesicht Gottes leben sollen, wurde schon früh in der Geschichte des Christentums gestellt. Sie war eine zwingende Frage in einer nichtchristlichen Umwelt. Man sah die Christen und war erstaunt über sie. Woher dieses merkwürdige Leben? Woher diese Hoffnung? Woher dieser Glaube? Woher diese Liebe?

Im zweiten oder dritten Jahrhundert nach Christi Geburt bat ein Heide namens Diognet seinen christlichen Freund um näheren Aufschluss über dessen Religion. Drei Fragen standen für Diognet im Vordergrund: a) Was ist das für ein Gott, auf den die Christen ein so großes Vertrauen setzen? b) Wo ist der Grund für ihre auffällige Nächstenliebe? c) Warum ist die Religion der Christen erst so spät in diese Welt gekommen?

Der Freund, dessen Namen wir nicht kennen, hat einen *Brief an Diognet* geschrieben und in ihm versucht, auf die Fragen zu antworten. Wenn man diesen Brief gut 1800 Jahre später liest, gerät man ins Staunen, reißt die Augen auf und kommt ins Nachdenken. Neben aller zeitlichen Verhaftetheit stehen Sätze darin, die offenbar auch für heute geschrieben sind und die eine Grundorientierung vermitteln über das Leben der Christen zu allen Zeiten. Es ist ein mystisches Programm, das da auftaucht, ein Programm, das von Anfang an und an seinem Ende die Dimensionen der Erde aufbricht und sich ins Kosmische, ins Weltall hinein ausbreitet.

Charakteristik der Christen

Denn die Christen sind weder durch Heimat noch durch Sprache und Sitten von den übrigen Menschen verschieden. Sie bewohnen nirgendwo eigene Städte, bedienen sich keiner abweichenden Sprache und führen auch kein absonderliches Leben. Keineswegs durch einen Einfall oder durch den Scharfsinn vorwitziger Menschen ist diese Lehre aufgebracht worden, und sie vertreten auch keine menschliche Schulweisheit wie andere …
Sie bewohnen Städte von Griechen und Nichtgriechen, wie es einem jeden das Schicksal beschieden hat, und fügen sich der Landessitte in Kleidung, Nahrung und in der sonstigen Lebensart, legen aber dabei einen wunderbaren und anerkanntermaßen überraschenden Wandel in ihrem bürgerlichen Leben an den Tag. Sie bewohnen jeder sein Vaterland, aber nur wie Gäste; sie beteiligen sich an allem wie Bürger und

lassen sich alles gefallen wie Fremde; jede Fremde ist ihnen Vaterland und jedes Vaterland eine Fremde. Sie heiraten wie alle andern und zeugen Kinder, setzen aber die geborenen nicht aus. Sie haben gemeinsamen Tisch, aber kein gemeinsames Lager.

Taizé, alte Dorfkirche

Sie sind im Fleische, leben aber nicht nach dem Fleische. Sie weilen auf Erden, aber ihr Wandel ist im Himmel. Sie gehorchen den bestehenden Gesetzen und überbieten in ihrem Lebenswandel die Gesetze. Sie lieben alle und werden von allen verfolgt. Man kennt sie nicht und verurteilt sie doch, man tötet sie und bringt sie dadurch zum Leben.

Sie sind arm und machen viele reich; sie leiden Mangel an allem und haben doch auch wieder an allem Überfluss. Sie werden missachtet und in der Missachtung verherrlicht; sie werden geschmäht und doch als gerecht befunden. Sie werden gekränkt und segnen, werden verspottet und erweisen Ehre. Sie tun Gutes und werden wie Übeltäter gestraft; mit dem Tode bestraft, freuen sie sich, als würden sie zum Leben erweckt.

Um es kurz zu sagen: Was im Leibe die Seele ist, das sind in der Welt die Christen. Wie die Seele über alle Glieder des Leibes, so sind die Christen über die Städte der Welt verbreitet. Die Seele wohnt zwar im Leibe, stammt aber nicht aus dem Leibe; so wohnen die Christen in der Welt, sind aber nicht von der Welt. Die unsichtbare Seele ist in den

sichtbaren Leib eingeschlossen; so weiß man zwar von den Christen, dass sie in der Welt sind, aber ihre Religion bleibt unsichtbar ...
Die Seele ist zwar vom Leibe umschlossen, hält aber den Leib zusammen; so werden auch die Christen von der Welt gleichsam in Gewahrsam gehalten, aber gerade sie halten die Welt zusammen. Unsterblich wohnt die Seele im sterblichen Gezelt; so wohnen auch die Christen im Vergänglichen, erwarten aber die Unvergänglichkeit im Himmel ...
In eine solche Stellung hat sie Gott versetzt, und sie haben nicht das Recht, dieselbe zu verlassen ...
Gott selbst, er hat wahrhaftig die Wahrheit und sein heiliges und unfassbares Wort vom Himmel her unter den Menschen Wohnung nehmen lassen und ihren Herzen eingegründet, indem er nicht, wie man erwarten sollte, den Menschen einen Diener schickte, etwa einen Engel oder einen Fürsten oder einen von denen, die mit der Verwaltung im Himmel betraut sind, sondern den Schöpfer und Bildner des Alls selbst, durch den er die Himmel geschaffen, das Meer in seine Grenzen eingeschlossen hat, dessen Geheimnisse alle Himmelskörper treu bewahren, von dem die Sonne die Maße ihrer Tagesumläufe vorgezeichnet erhielt, nach dessen Befehl der Mond in der Nacht scheint, dem die Sterne gehorchen, welche der Bahn des Mondes folgen, von dem alles geordnet und bestimmt und dem alles unterworfen ist, die Himmel und was im Himmel, die Erde und was auf Erden, das Meer und was im Meere ist, Feuer, Luft, Abgrund, was in den Höhen, was in den Tiefen und was dazwischen ist. Diesen hat er zu ihnen gesandt ...
Wie einen Menschen zu Menschen sandte er ihn, zur Erlösung schickte er ihn, zur Überzeugung, nicht zum Zwang; denn Zwang liegt Gott ferne. Er sandte ihn, um zu rufen, nicht zum Verfolgen; er sandte ihn in Liebe, nicht zum Gericht.

Die Brüder von Taizé

Moderne Nachfahren der alten Mönche

Seit es das Christentum gibt, gibt es die Mönche. Die, die einsam leben und einsam in Gemeinschaft. Sie leben unter ganz bestimmten Bedingungen und Regeln, die sie sich freiwillig auferlegt haben. Die Regel der Mönche ist das Programm einer verdichteten mystischen Lebensform, die ihren Grund im Evangelium hat.

Mönche wollen in ganz besonderer Weise ihr Leben aus dem Geheimnis Gottes gestalten. Von Anfang verstanden sie sich als Kämpfer. In der Frühzeit wurden sie Athleten genannt. Das Wort kommt aus dem Griechischen. Sie waren Athleten im Kampf gegen die Welt und gegen ihren eigenen Leib. Ihre Seele wollten sie retten für das ewige Leben. Berichte aus der Zeit, in der die ersten Mönche in die Wüsten gingen – das war im dritten und vierten Jahrhundert –, lesen sich heute wie Erzählungen vom Krieg.

In ihrem Leben gehören zwei Dinge untrennbar zusammen: das Gebet und die Arbeit. Benedikt von Nursia, der Vater des abendländischen Mönchtums, der Gründer des Benediktinerordens, hat es in lateinischer Sprache so genannt: ora et labora, bete und arbeite.

Hinter diesem beständigen und geordneten Wechsel im Leben der Mönche verbirgt sich auch eine große geschichtliche und kulturelle Leistung. Ohne die Arbeit und das Gebet der Mönche wäre Europa nicht das geworden, was es heute ist. Durch sie haben die Europäer lesen und schreiben gelernt. Von der Musik und den anderen Künsten ganz zu schweigen. In einer zunehmend geschichtsvergessenen und sich mehr und mehr von ihrem religiösen Mutterboden loslösenden Welt darf daran erinnert werden.

Mönche sind Menschen, die die Stille lieben und das Schweigen. Aber was sie im Schweigen und in der Stille erfahren haben, geben sie weiter. *Darüber* können sie nicht schweigen. Es ist das Lob Gottes, das am Anfang und am Ende aller ihrer Lebenserfahrung steht. Sie sind so davon erfüllt, dass sie es singen, nicht mehr nur mit einfachen Worten sagen wollen und können.

Genau das tun auch die Brüder von Taizé. Aber sie tun es nicht für sich, nicht hinter Klostermauern, nicht abgeschlossen von der übrigen Welt. Sie tun es mit andern zusammen. Und sie tun es nicht mehr wie die alten Mönche siebenmal am Tag, sondern drei Mal: morgens, mittags und abends. Und sie tun es eigentlich nur singend oder schweigend.

Sie sind der Armut verpflichtet, der Einfachheit, wie sie sagen. Sie nehmen kein Geld an, keine Spenden, keine Erbschaften. Sie leben von dem, was sie durch ihre eigene Arbeit verdienen.

Ehelos bleiben sie auch. Nicht, weil sie Ehemuffel wären. Sie wollen ein Zeichen sein: Durch ihren Verzicht auf die Ehe betonen sie auf besondere Weise das Dasein für alle Menschen im Namen Gottes. Und sie wollen damit sagen: Gott allein genügt!

Wie die alten Mönche sind sie auch dem Gehorsam gegenüber ihrem Prior, ihrem Oberen, verpflichtet. Aber auch dem Hören auf das, was ihnen Gott durch ihre Brüder und die Menschen, mit denen sie täglich zusammenkommen, sagen will. Es ist ein sehr weiter Gehorsam, kein Befehlsempfang. Und ihre Persönlichkeit wird dabei nicht ausgelöscht – im Gegenteil.

Vor allem eines zeichnet sie aus: Freude. Eine tiefe innere Freude, die ihr Leben prägt.

Cluny

Macht hat Grenzen

Das Wort »Cluny« sagt vielen heute nichts mehr. Manchmal verbindet sich bei Kundigen und kulturell Gebildeten damit noch die ferne Erinnerung an ein mittelalterliches Kapitel im Geschichtsbuch. Längst vergessen.

Diesen Eindruck macht auch der Ort selber. Er liegt in Burgund. Nur zehn Kilometer von Taizé entfernt.

Kommt man zu Fuß die Berge herab, dann sieht man im Tal die kleine Stadt. Sie wirkt ein wenig verschlafen und abseits. Der Hochgeschwindigkeitszug Paris–Lyon rauscht im Zwanzig-Minuten-Takt durch den Talgrund. Er zerreißt die Idylle, fährt durch die Nachdenklichkeit im Kopf. Irgendwie passt das nicht zusammen.

Touristenbusse und Ruinen erinnern daran, dass Cluny seine große Zeit hatte. Cluny war einmal nicht nur ein Kloster wie viele andere in Burgund und Europa. Es war in seinen besten Zeiten eine Klosterstadt mit zehntausend Mönchen. Heute kaum mehr vorstellbar.

Man ahnt etwas davon, wenn man durch die Ruinen der ehemaligen Klosteranlage geht. Heute hört man dort das Krächzen der Raben, die um die Türme fliegen. Früher erklang hier siebenmal am Tag und in der Nacht der Gregorianische Choral der Benediktiner. Das Kloster Cluny wurde im Jahre 910 von Wilhelm von Aquitanien gegründet. Es

Cluny, Klosterruine

war eine Zeit, in der das Christentum und die Idee des Mönchtums schon alt geworden waren und auch so aussahen. Die weltlichen und politischen Bindungen der Kirche waren unüberschaubar geworden. Heute würde man sagen: Sie waren verfilzt. Wie oft in der Geschichte besannen sich einige wenige auf die Lust des Beginns und versuchten einen neuen Anfang.

Die Mönche in Cluny nahmen die Regel Benedikts besonders ernst. An erster Stelle stand für sie das Gotteslob, die tägliche und nächtliche feierliche Liturgie. Nichts war ihr vorzuziehen.

Durch die strenge Bindung an das Evangelium und die von ihm inspirierte Regel sollten die Gewichte kirchlichen Handelns wieder ins rechte Lot gebracht werden.

Das Bemühen der Mönche vor über tausend Jahren ist als die »Cluniazensische Reform« in die Geschichte des Abendlandes eingegangen. Ihre Begeisterung war ansteckend. Überall in Europa wurden neue Reformklöster gegründet.

Man spricht oft so leicht vom Auf und Ab der Geschichte. Es ist nichts anderes als das Auf und Ab der Menschen selber. Man beginnt etwas – und der Schwung erlahmt, Ermüdung und Erschöpfungen höhlen die Begeisterung des Anfangs aus. So war es auch in Cluny. Der Ort blieb eigentlich immer ein Baustelle, die vom Willen zu Macht zeugte. Aber Macht in wessen Auftrag? In welchem Namen? Zu welchem Zweck und Ziel?

Macht hat Grenzen. Auch geistliche Macht. Die Französische Revolution von 1789 war das Ende von Cluny. Die Mönche wurden vertrieben, und die Leute in der Umgebung holten sich aus der Klosteranlage die behauenen Steine für den Bau neuer Wohnhäuser.

Cluny ist ein Mahnmal. Es erinnert an die immer wieder aufbrechende Kraft zur Erneuerung des christlichen Lebens. Es führt aber auch frappierend vor Augen, macht offenbar, wie gefährdet der Versuch der Erneuerung ist und immer bleiben wird, den glühenden Kern der christlichen Botschaft durch den Lauf der Zeiten zu retten. Es bedarf immer wieder eines neuen Anlaufs. Und jeder neue Anlauf wird ein vorläufiger Anlauf bleiben. Alles ist Anlauf. Alles ist Übergang.

In Cluny ging Frère Roger 1940 zum Notar und kaufte das Anwesen von Taizé. Er war mit dem Fahrrad unterwegs.

Vom guten Eifer, den die Mönche haben sollen

Wie es einen bösen, bitteren Eifer gibt, der von Gott trennt und zur Hölle führt, so gibt es auch einen guten Eifer, der von der Sünde trennt und zu Gott und zum ewigen Leben führt. Diesen Eifer sollen die Mönche mit glühender Liebe betätigen, das heißt:

Sie sollen einander mit Ehrerbietung zuvorkommen.

Sie sollen ihre körperlichen und seelischen Schwächen mit größter Geduld aneinander ertragen.

Sie sollen sich im gegenseitigen Gehorsam überbieten.

Keiner suche das, was er für sich, vielmehr das, was er für die anderen als nützlich erachtet.

Die brüderliche Liebe sollen sie einander in lauterer Gesinnung erweisen.

Gott sollen sie in Liebe fürchten.

Ihrem Abte sollen sie in aufrichtiger und demütiger Liebe zugetan sein.

Christus sollen sie gar nichts vorziehen, der uns alle zusammen zum ewigen Leben führen möge.

Die Regel des heiligen Benedikt, 72. Kapitel

Die Gewohnheit

Die Gesetzlichkeit und die Gewohnheit! Beiden erliegt täglich, wer sich in seiner geistlichen Disziplin nicht mehr von der Liebe Christi und der Nächstenliebe antreiben lässt. Wenn es gut ist, sich regelmäßige Gebetszeiten aufzuerlegen, dann nur aus Liebe zum Herrn, nicht auf Grund eines Gesetzes. Gewiss gibt es Tage, an denen die Regelmäßigkeit bedrückt. Unser natürliches Wesen lebt ja in der Auflehnung gegen seinen Herrn. Nur wenn wir unsere Liebe zu Christus erlöschen lassen, besteht die Gefahr, dass wir unter der Regel, die wir uns auferlegt haben, um regelmäßig zu beten und zu meditieren, als unter einem neuen Gesetz leiden.

Das einzige Mittel gegen Gesetzlichkeit und Gewohnheit ist gerade, seiner Regel treu zu bleiben, bei der Anwendung der Regel immer die glühende Hingabe und die Anbetung zu suchen.

An Tagen des Überdrusses wollen wir uns an die Disziplin halten, die wir uns auferlegt haben, und betrübt sein darüber, dass wir sie ohne Freude und ohne Liebe erfüllen. Sollte es aber ganz unmöglich werden, sie zu leben, dann bliebe immer noch der Weg, sich Christus zu überlassen. Auch wenn die innere Flamme erloschen scheint, ist es immer noch möglich, in der Stille zu warten und sich daran zu erinnern, dass »mitten im kalten Winter ein Ros' entsprungen« ist.

Frère Roger

Cîteaux

Schweigen heißt sein Wort halten

Es war der 21. März 1098, der Tag des heiligen Benedikt, als sich Robert, der einstige Abt des Klosters Molesme, das aus Cluny hervorgegangen war, mit zwanzig seiner Mitmönche im großen Forst von Cîteaux niederließ, um in der dortigen Abgeschiedenheit die Regel Benedikts besonders genau zu befolgen.

Über die Herkunft des Namens »Cîteaux« gibt es verschiedene Erklärungen. Die eine besagt, dass er vom altfranzösischen Wort »cistels« kommt, was so viel wie »üppig sprießendes Schilfrohr« heißt. Die andere leitet den Namen von »Zisterne« her. Das heißt »Brunnen, Ziehbrunnen«. Beide Herleitungen haben etwas für sich. Und beide besagen, dass es sich um ein wasserreiches, ja um ein

Sumpfgebiet gehandelt hat. Jedenfalls war der Ort einsam genug, um zuerst einmal die Mönche vom Weltgetriebe fern zu halten.

Auch in Cîteaux gab es das berühmt-berüchtigte Auf und Ab der Geschichte. Hoch-Zeiten wechselten mit Zeiten des tiefen Niedergangs. Besonders verbunden ist das Kloster mit dem Namen des heiligen Bernhard von Clairvaux, der an Ostern 1112 in das Kloster von Cîteaux eintrat. Er muss eine faszinierende Persönlichkeit gewesen sein, ein großer Prediger auch. Aber die Begeisterung über ihn wird heute gemindert durch die Tatsache, dass er sich nicht scheute, zum Kreuzzug ins Heilige Land aufzurufen. Tausende Menschen, darunter auch viele Kinder, haben dadurch einen schrecklichen Tod erlitten. Auf beiden Seiten.

Aus der Gründung von Cîteaux wuchs dann auch ein Reformzweig des Benediktinerordens, die Zisterzienser. Sie

Cîteaux, Bibliothek

haben für die Geschichte Europas eine große Bedeutung erlangt.

Die Französische Revolution machte der Herrlichkeit von Cîteaux ein böses und schnelles Ende. Ruinen erinnern bis heute an diese Zeit, in der die Kirche die Zeche bezahlen musste für ihre Sünden, für ihr Macht- und Besitzstreben. Man kann das nicht vertuschen und schönreden. Genauso wenig wie man die große kulturelle Leistung der Mönche von Cîteaux, ihr Beten und ihr Arbeiten würdigen muss.

In den Jahren dazwischen wurden die Gebäude, sofern sie noch benutzbar waren, eine Zeit lang als Besserungsanstalt für jugendliche Straftäter genutzt.

1898, achthundert Jahre nach dem Gründungstag des Zisterzienserordens, konnten die Mönche das Kloster, besser gesagt die Trümmer, wieder zurückkaufen. Und im Jahr 1902 wurde Cîteaux wieder in den Rang des Mutterklosters eingesetzt. Von da ab begannen die Mönche wieder mit neuem Schwung an die Arbeit zu gehen und eine Landwirtschaft aufzubauen, zum Beispiel Käse zu produzieren, den sie im eigenen Klosterladen heute verkaufen. Und sie fingen an, die wichtigsten Gebäude wieder aufzubauen oder zu restaurieren.

Heute kommen wieder junge Mönche hinzu, auch aus Osteuropa. Man hat, wenn man das Kloster besucht, den Eindruck, dass der Geist des Anfangs in die alten Mauern zurückgekehrt ist. Cîteaux ist heute ein Leuchtfeuer des Glaubens und des entschiedenen christlichen Lebens in Frankreich, ganz anders als Taizé – und doch in den Wurzeln eng mit ihm verbunden. Frankreich selbst kann man heute als entchristlicht bezeichnen. Es ist Missionsland geworden. Die Antwort der Mönche auf dieses Faktum kann

Cîteaux, Kreuzgang

man in Cîteaux jeden Tag sehen, hören und mit Händen greifen: Es wird wieder gebetet, gesungen und gearbeitet.

Ein Ort des Schweigens, an dem der Mensch sein Wort hält

Wenn du an diesen Ort kommst,
erinnere dich:
Er war Hunderte von Jahren
ein Ort des Schweigens,
an dem der Mensch sein Wort gehalten hat.
Für dich, der du über dieses Land gehst:
Bis heute ist es immer noch die Bestimmung dieses Ortes.

Wenn du seine Botschaft vernehmen,
seine Geschichte begreifen,
sein innerstes Geheimnis entdecken willst,
dann beende dein Geschwätz
und befreie dich von jedem Druck.

Diese Wälder, diese Steine,
diese Mauern und diese Erde,
die Menschen, die hier anwesend sind,
sie laden dich ein zu dem,
was am besten für dich ist.

Bist du jemals diesen Weg gegangen,
auf dem die ganze Welt in ihrer ersten Frische erscheint
neu und rein
wie das Wasser, das aus der Quelle fließt?

Hast du jemals daran gedacht, dass diese Quelle
im Innersten deiner selbst entspringt,
unerschöpflich, voll Freude und brüderlich?

Seit neunhundert Jahren
sind Citeaux und die Gemeinschaft der Zisterzienser
einzig und allein dazu da,
dir einen besseren Zugang zu diesem Ort zu verschaffen.

Während du diesen Ort besuchst,
höre mit deinem ganzen Sein
auf den, der dich gefunden hat,
bevor du ihn jemals gesucht hast:

Die Liebe, die dich durchdringt,
dich durchströmt
unendlich und
immer neu.

Frère Olivier Quenardel

Taizé zwischen Cluny und Cîteaux

Unsere Lage räumt uns eine so unermessliche Freiheit ein, dass wir uns nicht um jene hätten zu kümmern brauchen, die vor uns das gemeinsame Leben gelebt haben. Aber was wäre unser Leben gewesen, hätten wir es ohne jede Solidarität geführt? Wir hatten das Mysterium des Volkes Gottes im Auge, und deshalb konnten wir in Taizé nichts weiter sehen als einen einfachen Treib, der einem großen Baum eingepfropft ist, ohne den er gar nicht leben könnte.

In diesem Zusammenhang erscheint die Lage unseres Dorfes zwischen Cluny und Citeaux bedeutungsvoll.

Auf der einen Seite Cluny, die große benediktinische Tradition, die alles humanisiert hat, womit sie in Berührung gekommen ist. Cluny mit seinem Sinn für das Maß, für die sichtbare, in der Einheit gestaltete Gemeinschaft. Cluny, Anziehungspunkt für Menschen, die bewusst oder unbewusst auf der Suche waren nach ihrer eigenen inneren Einheit mit dem Nächsten.

Unter den Äbten von Cluny die Gestalt des Petrus Venerabilis, dieses so menschlichen, so sehr um die Nächstenliebe und die Einheit bemühten Christen, der Gesten zu setzen vermochte, mit denen er seiner Zeit um Jahrhunderte voraus war. Als das Konklave zwei Päpste wählte, war er großzügig genug, gerade jenen, der aus Cluny stammte, einen seiner Brüder, zu bitten, um der Einheit Willen zurückzutreten.

Im Vorgriff über die Einstellungen seiner Zeit hinweg nimmt er den von der öffentlichen Meinung verurteilten Abälard auf und bietet ihm Asyl. Und wiederum ist er es, der in seiner Zeit die Menschen aufrüttelt, indem er in zündender Rede auf die Macht der Begegnung von Angesicht zu Angesicht hinweist:

»Jesus wird immer mit mir sein und sich zu keiner Zeit von mir trennen. Zu keiner Zeit, gewiss, denn ihm allein werde ich anhangen und alles verachten und von mir stoßen, was nicht er ist. Jesus wird mein Leben sein, meine Nahrung, meine Ruhe, meine Freude. Er wird meine Heimat sein und mein Ruhm. Jesus wird alles sein für mich, soweit es möglich ist durch die Hoffnung und die Liebe hier auf Erden bis an die Schwelle der Ewigkeit. Dann werde ich ihn schauen von Angesicht zu Angesicht. Er hat es verheißen.«

Auf der anderen Seite von uns Citeaux, das zur Zeit des Petrus Venerabilis durch einen anderen, nicht minder bedeutenden Christen mit neuem Geist erfüllt wurde; durch den heiligen Bernhard.

In Bernhard macht sich schon der ganze reformatorische Eifer bemerkbar, der im 16. Jahrhundert aufbrechen wird. Der Heilige erneuert Citeaux um die Regel, nach der Cluny lebt, zu reformieren. Angesichts der Unbedingtheit des Evangeliums lehnt er jeden Kompromiss ab. Er spricht die Sprache eines Reformators. Der Sinn für das Vordringliche ist bei ihm stärker entwickelt als der für die großen Zusammenhänge. An einen seiner Brüder schreibt er:

»Auf dieser Welt hat nichts Bestand ... darum bleibt nichts anderes übrig, als entweder voran- oder zurückzugehen. In dem Zustand bleiben, den man erreicht hat, ist unmöglich. Wer nicht fortschreiten will, schreitet zurück. Jesus Christus selber ist der Preis für das Rennen. Wenn du stehenbleibst, während er mit großen Schritten weitergeht, kommst du nicht nur dem Ziel nicht näher, sondern das Ziel selbst entfernt sich von dir.«

Nichts trägt so viel bei zum inneren Frieden und zur Demut, wie wenn man den Sinn für das Vordingliche mit dem Sinn für die durch mehrere Generationen gelebte Kontinuität verbindet: Ich bin ein unnützer Knecht. Was ich nicht zustandebringe, werden andere nach mir vollbringen. Wo heute noch die Reife fehlt, werden andere die reife Frucht ernten können.

Frère Roger

Taizé als Versuch von Religion

Zeit haben

Was also ist die Zeit?
Wenn mich niemand danach fragt, weiß ich es,
wenn ich es aber einem, der mich fragt, erklären soll, weiß ich es nicht.

So hat der heilige Augustinus geantwortet, als man ihn fragte, was Zeit sei.

Sie bleibt ein Geheimnis – die Zeit. Nicht erklärbar, nicht aufklärbar, nur scheinbar zu messen. Wenn man sie zu messen beginnt, hat man sie und hat man schon verloren.

Zeit ist da und ist nicht da. Ist sie da, ist sie schon vergangen. Schlüpfrig wie ein Fisch, der der Hand, die zufassen will, entgleitet.

Wenn ich jetzt »jetzt« sage, ist jetzt schon vorbei. Ewigkeit im Augenblick. Zeit in Ewigkeit. Ewigkeit in der Zeit.

Wir sind in die Zeit hineingeboren, manche sagen auch: hineingeworfen. Und im Tode werden wir wieder herausgeworfen aus der Zeit, hinausgeschleudert in eine Nacht, von der wir nichts wissen. Deshalb hoffen wir auch auf ein ewiges Licht.

Aber wenn wir vergehen, so bleibt doch die vergehende Zeit.

Vielfach sind die Versuche in der Geschichte von uns Menschen, der Zeit auf die Spur zu kommen. Es geht einfach nicht. Die Zeit weicht aus, fliegt, entzieht sich.

Auf einer alten Sonnenuhr in einem kleinen Hafen in der Bretagne steht der Satz:

Tempus fugit velut umbra – die Zeit flieht einem Schatten gleich. Wir fliehen mit ihr.

Aber wohin? Die Zeit – voller Tücken und Fallen.

In der Geschichte des Abendlandes, vor allem nach dem Eintritt des Christentums in diese Geschichte, wird bald der Versuch sichtbar, die Zeit in den Griff zu bekommen, ihrer habhaft zu werden. Man sperrte die Zeit ein, hielt sie fest in Maßen und Strecken, teilte sie ein, zerteilte sie. Zeit wurde Menschen-Zeit.

Aber was ist Zeit? Wem gehört sie? Ist sie Eigentum Gottes oder Besitz der Menschen?

Zeit hat etwas mit dem Grund- und dem Urverständnis unseres Glaubens zu tun. Der Glaube ist die Schnittlinie, die Wasserscheide zwischen Zeit und Ewigkeit … Wer glaubt,

Taizé, Innenhof der Brüderhäuser

weiß seine Zeit »in Gottes Händen«? In Gottes Händen hat alles »seine« Zeit.

In das Geheimnis, das wir Gott nennen, kann man nur eintauchen und sich versenken, wenn man Zeit nicht als Strecke versteht, auf der sich Zeitpunkt nach Zeitpunkt aneinander reiht. Man muss verweilen, innehalten, das Rasen im Kreis, das Rennen der Uhrzeiger, das digitale Springen anhalten.

Das Geheimnis Gottes entzieht sich dem linearen Zeitverständnis. Man kann es nur erahnen in einer sich langsam erfüllenden, schließlich erfüllten Zeit.

In der Kirchengeschichte hat schon relativ früh die Uhrenzeit Einzug gehalten. In den alten Klöstern hört man noch heute die laut tönenden, die Stille des Raums durchschneidenden Glockenklänge der Tagzeituhren, die die Stunden des Chorgebetes anzeigen. In den Klöstern auf dem Heiligen Berg Athos ertönt mitten in der Nacht der metallische Klang des Symandrons und holt die Mönche aus ihrem leichten Schlaf in die dunkle Kirche zum Gotteslob.

Im Spätmittelalter wurden die Uhren an den Kirchtürmen und Rathäusern angebracht. Das war das Ende eines Zeitverständnisses, das vom Rhythmus der Natur, vom Lauf der Jahres-, Tages- und Nachtzeiten bestimmt war und der Anfang einer Zeit, die dann schließlich bis in unsere Gegenwart hinein den Tag zur Nacht und die Nacht zum Tag machte. »Rund um die Uhr« heißt heute die Devise. Es herrscht der Typus des Machers, der die Zeit fest und straff im Griff hat.

Hat er die Zeit im Griff – oder sie ihn?

Nutzt er die Zeit aus – oder sie ihn?

Unterwirft er sich die Zeit – oder ist er nicht der Zeit unterworfen?

Das ist der Fort-Schritt, den wir uns selber, futuristisch und froh gestimmt, selbst geschaffen haben. Ein wirklicher Fortschritt oder ein Schritt von uns fort?

Gott sei Dank gibt es noch Orte in den Kirchen, an denen die erfüllte Zeit erfahren werden kann. Cîteaux und Taizé sind solche Orte. Dort wird nicht nur das Lob Gottes gesungen, sondern die Zeit hat dort Qualität, nicht mehr nur Quantität.

Um wirklich mystisch zu leben, braucht man viel Zeit.

Wir haben eine Rasanz, eine Geschwindigkeit, eine Überhitztheit in die privaten und öffentlichen Lebensprozesse hineingebracht, die in Wirklichkeit keinen Fortschritt mehr bedeuten. Keuchend, Hamstern gleich, rennen wir im Rad, das sich immer nur auf der Stelle dreht.

Wir wissen vor lauter Informationen nicht mehr, welche Information wichtig, weniger wichtig und welche unwichtig ist. Wir speichern, ohne zu fragen, ob es sich zu speichern lohnt. Wir speichern weit mehr als das, worüber wir in den Grenzen unserer menschlichen Natur und in der Zeit unseres Lebens überhaupt verfügen können. Wir überhitzen unsere Arbeitsprozesse, unsere Tages- und Nachtabläufe, unsere Bewegungen von einem Ort zum andern so sehr, dass wir dabei richtig krank werden am Leib und an der Seele.

Der Überhang an Zukunftserwartungen, die Inflation der Ansprüche, der Dauerstress durch allzu schnelle Veränderung, sie könnten nicht so fatal wirksam werden, wenn sich in unserem Verhältnis, in unserer Beziehung zur Dimension der Zeit, zu Vergangenheit, Gegenwart und Zukunft also, ein tiefgreifender Wandel vollziehen würde. Er wird sich nicht von selbst vollziehen. Wir müssen ihn selbst vollziehen. Wir müssen langsamer bis langsam werden. Kaum mehr vorstellbar für die Heere der Gestressten, die atemlos durch das Leben hasten und am Schluss eigentlich nicht gelebt haben.

Das Haus des Lebens ist gebaut aus Zeit. Weniger ich selbst als vielmehr die Zeit baut am Haus meines Lebens. Und beständig wird umgebaut. Auch in den langweiligsten Biografien finden permanent Abrisse, Um- und Neubauten statt.

Die Menschen, die im Haus der Zeit wohnen, sind Gäste; sie hausen nur vorübergehend in ihren Wohnungen. Gäste fragen immer wieder nach dem Weg, wie es weiter geht. Wenn ich ein Stück weiter weiß, dann ziehe ich um.

Die Zeit hat verschiedene Rhythmen und Geschwindigkeiten, sie hat auch verschiedene Langsamkeiten. Der Zeittakt wechselt im Lauf des Lebens. Aber nicht nur meine Zeit hat verschiedene Takte, sondern auch die Zeit der anderen, die Zeit der Natur, die Zeit der Tiere und Pflanzen. Alles hat seine Zeit und seine Stunde. Ich kann im Grunde nicht festlegen, wann diese oder jene Zeit in meinem Leben »an der Zeit« ist. Oft werde ich gegen meinen Widerstand, ohnmächtig, in ein wechselndes Geschehen hinein gezwungen. Das ist eine alte Menschheitserfahrung. Wer sie ignoriert, den holt sie unvermutet und unerwartet wieder ein.

Auch wenn es für viele paradox klingt, unvorstellbar erscheint: Entscheidend ist die Langsamkeit. Die Langsamkeit ist der Vorgeschmack der ewigen Zeit, der Ewigkeit. Einer Zeit, in der tausend Jahre vor Gott wie ein Tag, wie eine Wache in der Nacht sind.

Alles hat seine Stunde, und eine Zeit (ist bestimmt) für jedes Vorhaben unter dem Himmel:
Eine Zeit fürs Geborenwerden und eine Zeit fürs Sterben.
Eine Zeit fürs Pflanzen und eine Zeit, das Gepflanzte auszureißen.
Eine Zeit, zu töten, und eine Zeit, zu heilen,
eine Zeit, einzureißen, und eine Zeit, aufzubauen.
Eine Zeit, zu weinen, eine Zeit, zu lachen;
eine Zeit, zu klagen, und eine Zeit, zu tanzen.
Eine Zeit, Steine zu werfen, und eine Zeit, Steine zu sammeln.
Eine Zeit, zu umarmen, und eine Zeit, der Umarmung sich zu enthalten.
Eine Zeit, zu suchen, und eine Zeit, zu verlieren;
eine Zeit, aufzubewahren, und eine Zeit, wegzuwerfen.
Eine Zeit, zu zerreißen, und eine Zeit, zu nähen.
Eine Zeit, zu schweigen, und eine Zeit, zu reden.
Eine Zeit, zu lieben, und eine Zeit, zu hassen;
eine Zeit für den Krieg und eine Zeit für den Frieden.

Prediger Kohelet 3,1–8

Die Zeiterfahrung der frühen Menschheitsgeschichte war bestimmt vom Lauf der Natur. Im ewig gleichen Rhythmus der Jahreszeiten vollzog sich das Leben, dessen Spanne überschaubar war. Zeit wurde in der Regel noch als heilige Zeit erfahren.

In den Reden des Südseehäuptlings Tuiavii aus Tiavea ist das zu hören:

Was macht der Papalagi (der weiße Mann) mit seiner Zeit? – Ich bin nie recht dahinter gekommen. Ich glaube, die Zeit entschlüpft ihm wie eine Schlange in nasser Hand, gerade weil er sie zu sehr festhält. Er lässt sie nicht zu sich kommen. Er jagt immer mit ausgestreckten Händen hinter ihr her, er gönnt ihr die Ruhe nicht, sich in der Sonne zu lagern. Sie soll immer ganz nahe sein, soll etwas singen und sagen. Die Zeit ist aber still und friedfertig und liebt die Ruhe und das breite Lagern auf der Matte. Der Papalagi hat die Zeit nicht erkannt, er versteht sie nicht, und darum misshandelt er sie mit seinen rohen Sitten.

Die moderne Welt wird beherrscht vom Mythos der Gleichzeitigkeit. Die Mittel der technischen Kommunikation sind ein groß angelegter Versuch, die Zeitunterschiede auf unserer Erde zu überwinden. Sie wiegen uns in der Illusion, alles geschehe gleichzeitig. Aber der Augenschein und die Tatsachen sprechen gegen diese Illusion. Sie vertreiben den Menschen immer mehr aus dem Traumparadies der Gleichzeitigkeit. Daraus erwachsen weltweite Konflikte, und das Gefühl einer immer größer werdenden Ohnmacht des Einzelnen breitet sich aus. Auch wenn wir die Zeit beschleunigen, so bleibt doch der Raum, den wir in der Zeit durchmessen müssen, gleich. Der Mensch ist nie seiner Zeit voraus.

Der jüdische Religionsphilosoph Martin Buber hat dazu eine chassidische Geschichte überliefert, in der berichtet wird, wie der Rabbi von Berditschew einen Menschen auf der Straße eilen sah, ohne nach rechts oder links zu schauen: »Warum rennst du so?«, fragte er ihn. »Ich gehe meinem Erwerb nach«, antwortete der Mann. »Und woher weißt du«, fährt der Rabbi fort zu fragen, »dass dein Erwerb vor dir liegt, so dass du ihm nachjagen musst? Vielleicht ist er dir im Rücken, und du brauchst nur innezuhalten, um ihm zu begegnen. So aber fliehst du vor ihm.« – Angesichts dieser Geschichte kommt der Verdacht auf, als ob wir mit unserem Hetzen und Jagen auf der Flucht nicht mehr nur vor der Zeit, sondern auch vor uns selber sind.

Am Horizont der Zeit, die wir die Moderne nennen, erscheint die alte Flammenschrift des »gezählt – gewogen – geteilt«, die einst schon dem König Nebukadnezar in seinem nächtlichen Palast Angst und Schrecken einjagte. Die Menschen sind hin- und hergerissen zwischen Langeweile und Hektik, zwischen Raserei und Verzweiflung, zwischen Hoffnung und Hoffnungslosigkeit. Es ist – wieder – die Rede von Endzeit. In der zerteilten Zeit ist die Zeit selber verschwunden.

Die Zeit des Endes ist die Zeit der Dämonen, die das Herz besetzen (und vorgeben, Götter zu sein), so dass der Mensch in seinem Innern keinen Platz mehr für sich selbst findet. Er findet in seinem Herzen keinen Platz zum Ausruhen mehr, nicht weil es voll ist, sondern weil es völlig leer ist. Wenn er doch wüsste, dass die Leere selbst, sofern der Geist über ihr schwebt, ein Abgrund voll schöpferischer Fülle ist … Aber das kann er nicht glauben. Es gibt keinen Platz mehr für den Glauben.
Es gibt keinen Platz mehr in den dichten Menschenmassen der eschatologischen Gesellschaft, in der Gesellschaft des Endes, in der alle, für die kein Platz mehr ist, zusammengeworfen werden, herumgeschubst, leibhaftig in einen Strudel leerer Formen geworfen, menschliche Gespenster, die ziellos durch ihre Städte geistern und alle wünschen, sie wären nie geboren worden.

Thomas Merton

Zeit bleibt paradox. Es geht uns mit ihr, wie es Augustinus ging. Wir haben Zeit. Und wir haben sie nicht. Manchmal ist es schwer, sich damit einverstanden zu erklären.

Zeit, die wir nicht für uns in Anspruch nehmen, ist heilige Zeit. Und Taizé ist ein Ort, an dem dies geschehen kann. Dort ist Zeit dafür.

Religion haben

Zwischen »Relief« und »Relikt« steht in den meisten Wörterbüchern der Begriff »Religion«. Aber die Definitionen bleiben unklar.

Es gibt zahlreiche Begriffe von Religion. Man sagt, sie sei die ehrfurchtsvolle Scheu vor einer Gottheit, vor den Göttern, die Frömmigkeit, das Bewusstsein des Menschen von seinem Verhältnis zu übersinnlichen Mächten, von denen er sich unwillkürlich abhängig fühlt.

Wenn das Wort selber nicht mehr ausreicht, dann verwendet man Ersatzbegriffe. Man spricht von Naturreligion, in der der Mensch seine Götter in den Naturgewalten erkennt, oder von Gesetzesreligion, in der der Mensch zu Gott in ein Verhältnis des Gehorsams tritt, oder der Erlösungsreligion, die bestimmt ist vom Verhältnis der Liebe Gottes zu den Menschen.

Manche – aber immer weniger – setzen Religion mit Kirche gleich. Oder mit einem frommen Gefühl angesichts der Größe und Herrlichkeit der Natur oder angesichts der Erfahrung des Glücks – weniger des Leids. Wieder andere betonen den verstandesmäßigen Anteil am Begriff der Religion. Sie flüchten vor der Brandung der Gefühle in die Klarheit und Helle des Verstandes. Und im Gegenzug beklagen manche eine verkopfte Religion, die für Gefühle keinen Raum lässt.

Heute spricht man auch viel von Ersatzreligionen, wenn der Mensch sein ganzes Leben auf bestimmte Dinge ausrichtet und sie geradezu vergöttert, wenn er sich ihnen mit einer wahrhaften Inbrunst hingibt – denkt man nur an die modernen Kulte wie Fitness, Wellness, Outfit, Bodybuilding,

Lifestyle, Geld, Auto und Macht ... Die Welt ist voll von solchen »Religionen«. Der Name Gottes taucht in ihnen nicht auf.

Man kann es drehen und wenden, wie man will: Dem Begriff der Religion kommt man nicht bei. Die großen Denker haben sich an ihm abgemüht, die großen Theologen sich an ihm versucht. Die Literatur zum Thema ist unübersehbar geworden. Meist sind die Begriffsversuche vom abendländischen Denken geprägt, und es ist schwer oder nahezu unmöglich, sie auf andere Kulturen und Denksysteme zu übertragen.

Jedenfalls hilft heute der Rückgriff auf die Geschichte des Begriffs nicht viel. Es ist ganz offenbar, dass die Menschen mit ihren Denkversuchen angesichts der Religion immer wieder scheitern.

Wir können uns der Sache, um die es geht, nur annähern, wir können sie nur umschreiten – ehrfürchtig oder aggressiv –, einfangen oder gar erreichen können wir sie nicht. Das Bemühen endet in einer Kreisbewegung. Wir rufen Bilder zu Hilfe. Aber auch sie genügen nicht. Nichts genügt.

Der Dichter Rainer Maria Rilke (1875–1926) hat das so zum Ausdruck gebracht:

Ich lebe mein Leben in wachsenden Ringen,
die sich über die Dinge ziehen.
Ich werde den letzten nicht vollbringen,
aber versuchen will ich ihn.

Ich kreise um Gott, um den uralten Turm,
und ich kreise jahrtausendelang.

Und ich weiß noch nicht, bin ich ein Falke, ein Sturm
oder ein großer Gesang.

Offenbar gibt es in uns Menschen einen verborgenen Antrieb, eine stille Kraft, die uns über uns hinausführen will. Wenn wir wissen wollen, von welcher Art diese Kraft ist, dann müssen wir uns auf sie einlassen, dürfen uns ihrer heimlich-unheimlichen Wirkung nicht entziehen. Man kann natürlich auch gegen diese Kraft, wenn man sie spürt, angehen, sich ihr widersetzen. Man kann sie auch bewusst verneinen, für nichtig erachten.

Beide mögliche Haltungen zeigen unser Verhältnis zu dieser Kraft an. Sie ist mit unserem Dasein gegeben. Selbst wenn wir ihr ausweichen wollen, müssen wir etwas tun. Wir sind geradezu gezwungen, uns ihr gegenüber zu verhalten. In uns drängt etwas über uns hinaus. Unsere Natur will übernatürlich sein.

Religion ist so etwas wie das Verlangen nach einer Antwort im Ganzen. Sie geht von der Überzeugung oder dem Glauben aus, »dass es eine andere Wirklichkeit gibt, und zwar eine von absoluter Bedeutung für den Menschen, welche die Wirklichkeit unseres Alltags transzendiert«. (Peter L. Berger)

Mit dieser Haltung gegenüber der mir innewohnenden Kraft lasse ich mich nicht nur auf das Vorhandene, Vorgegebene ein, sondern ich bewerte es gleichzeitig auch. Ich bewerte damit auch alle menschlichen Erscheinungen, die von dieser Kraft ebenfalls ergriffen und durchwirkt sind – gleich, ob es sich um eine schreckliche, unheimliche oder eine beruhigende und bergende Macht handelt. Sie kann als aufbauend und zerstörend erfahren werden. Sie hat viele Gesichter.

Religion in einem solchen Sinn heißt nicht nur, das Vorgegebene und Vorhandene anzunehmen, sondern es gleichzeitig auch zu unterwandern. Religion ist etwas Subversives. Religion ist Unterwanderung des Gegebenen.

Es geht also letztlich darum, dass ich mich auf die Tatsache meiner eigenen Existenz einlasse, dabei zu erfahren, wer ich wirklich bin, welche meine Möglichkeiten und welche meine Grenzen sind. Religion ist, so gesehen, ein anderes Verständnis, ein anderes Gefühl für die Wirklichkeit, in der ich lebe.

Noch einmal: Sich auf Religion einzulassen bedeutet, den Standpunkt der Beobachterin und des Beobachters aufzugeben, vom hohen Ross des eigenen Denkens und der Willkür herabzusteigen. Sich darauf einzulassen bedeutet, in den Fluss des Lebens zu steigen und sich seiner Strömung und seinem Lauf zu überlassen, auch auf die Gefahr hin, dass er zu Katarakten führt.

Zweifelsohne kommt damit auch Angst ins Spiel – und folglich der Versuch, gegen den Strom zu schwimmen, dem Rad in die Speichen zu greifen.

Religion ist keine einfache Sache. Sie ist nicht aufzuklären. Sie bleibt geheimnisvoll.

Die Rolle der Zuschauerin und des Zuschauers entspricht ihr nicht.

Wer sich ihr ausliefert, wird von ihr mitgerissen. Er wird eine Enthusiastin und ein Enthusiast.

Das Wort »Enthusiasmus« kommt aus der griechischen Sprache und heißt wörtlich übersetzt: »In Gott sein« – ganz und gar.

Wer Religion hat, wird sich aber dennoch in aller Begeisterung einen nüchternen Blick bewahren. Religion ist alles andere als der »Heiligenschein des Jammertals«, wie Karl

Marx es vor langer Zeit einmal formuliert hat. Wer Religion hat, erkennt seine Grenzen und die Grenzen der Welt an – und versucht mit den Tatsachen zu leben.

Die Situation des modernen Menschen ist nicht neu, sie hat nur andere Bedingungen und Umstände als früher. Viele Enttäuschungen gehen tiefer, viele Hoffnungen sind vergeblicher geworden, und der Glaube ist von Zweifeln angefressener denn je.

Wohin wir es in unserem frohgemuten Fortschrittsoptimismus gebracht haben, das hat der Theologe und Philosoph Romano Guardini am 27. Januar 1960 in seinem Tagebuch festgehalten. Dort notiert er:

Die apokalyptischen Reiter:
Die große Zahl
Die perfekte Technik
Die absolute Wohlfahrt
Die Geschlossenheit der »Welt«.

Das Bild von den apokalyptischen Reitern ist alt, aber es ist zutreffend. Apokalyptisch ist es insofern, als es, dem Wortsinn nach, in der Aufzählung der Fakten, mit denen wir unsere moderne Welt ausgestattet haben, die Lage enthüllt.

Wir glauben an die große Zahl. Aber die Lage wird unübersichtlicher.

Wir haben nahezu perfekte technische Mittel und Instrumente entwickelt, mit denen wir das Leben in den Griff bekommen wollten und wollen. Aber es scheint so, als ob uns das Leben selber wieder in den Griff nähme. Wir haben nahezu perfekte Wohlfahrtssysteme geschaffen, deren Lücken immer deutlicher werden.

Wir haben unsere Welt geschlossen und abgedichtet mit zahlreichen Systemen von Versicherungen und Risikominderungen. Aber durch die Ritzen der geschlossenen Welt zieht ein kalter Wind, der uns frieren lässt.

Wir sind geblieben, die wir waren. Wir werden bleiben, die wir sind. Wir treten das Rad in unseren bequem eingerichteten Käfigen immer schneller und geraten dabei immer mehr außer Atem. Aber es bewegt sich fast nichts. In Wirklichkeit sind wir, trotz unseres Fortschrittsoptimismus' an einem toten Punkt angekommen.

Es ist wieder einmal Zeit, neu zu beginnen.

Wer aber neu beginnen will, der richtet seinen Blick nach einem Ziel, das seinen Blick weitet, das hinter seinem kleinen Horizont liegt.

Im Unterschied zu den anderen Geschöpfen ist der Mensch ein Wesen, das nach sich selber fragen kann. Wer jedoch nach sich selber zu fragen beginnt, der fragt sogleich auch über sich hinaus.

In allen Religionen stellen sich die Grundfragen des Menschen:

Woher die Welt und ihre Ordnung? Warum sind wir geboren, und warum müssen wir sterben? Wer bestimmt das Schicksal des Einzelnen und der Menschheit? Wie begründen sich das sittliche Bewusstsein und das Vorhandensein ethischer Normen?

Hans Küng

Nimmt man alles zusammen an Beobachtungen, Fakten und Erfahrungen, dann lassen sich vorsichtig ein paar Versuche formulieren, was Religion ist.

- Religion ist die Unterbrechung menschlicher Selbstbestimmung.
- Religion ist das, was ich aus meiner Einsamkeit mache.
- Religion ist die Fähigkeit, mit offenen Fragen sinnvoll zu leben.
- Religion ist die Urkraft, die uns Menschen mitkonstituiert und die sowohl heilsam als auch zerstörerisch sein kann.
- Religion ist das Verhältnis zu etwas, das mir heilig und zugleich unheimlich ist.
- Religion ist die Fähigkeit und die Bereitschaft, nach etwas zu fragen, was über meinen Horizont hinausgeht, was meine Herkunft und meine Zukunft übersteigt.

Ausgangspunkt ist das unteilbare Erleben des einzelnen Menschen.

Der Mensch macht die Erfahrung, dass er in der Zeit da ist und dass der Tod seine Zeit beendet. Im Laufe seines Lebens entdeckt er, dass er selbst widersprüchlich und fremden Widersprüchen ausgesetzt ist. Diese Spannung äußert sich beispielsweise im Erleben der eigenen Endlichkeit und des inneren und äußeren Widerstandes dagegen. Ebenso in der Grunderfahrung der Begrenztheit und Abhängigkeit und aus der ihnen folgenden Sehnsucht nach Einheit und Ganzsein können, nach Heil.

Je weiter man versucht, unter die Oberfläche aller Erscheinungen und Erfahrungen zu dringen, relativiert man die äußeren Gegebenheiten, und desto klarer wird, dass Religion etwas ist, was den Menschen zutiefst und unbedingt angeht.

Religion ist das innere Bauprinzip des Menschen, eine Urkraft, die zum Handeln antreibt.

Die Religionsgeschichte zeigt, dass Religion in dem Maße gut erscheint, als es ihr gelingt, die zerstörerischen Kräfte im Menschen zu zähmen und ein Klima des Friedens zu schaffen. Doch muss man nüchtern festhalten, dass auch der Versuch der Zähmung unvollkommen bleiben wird. Die destruktiven Kräfte im Menschen sind nie vollständig zu beherrschen.

Insofern kann Religion als die Wirklichkeit und die Anerkennung der Vorläufigkeit bezeichnet werden.

Frère Roger spricht von der »Dynamik des Vorläufigen«. Sie besteht im Verzicht auf Perfektion. Dieser Verzicht wiederum besteht aus der nüchternen und leidenschaftlichen Erkenntnis, dass wir Menschen beständig der Erneuerung bedürfen, bis ein Anderer vollendet, was wir begonnen haben.

In Taizé kann man sehen und hören, was die Voraussetzungen und die Folgen eines ständigen Beginnens sind.

Taizé ist ein Versuch der Religion. Auch er ist vorläufig. Er läuft voraus. Das Ende ist offen.

Stille suchen

Vielen Menschen fällt es schon gar nicht mehr auf, dass sie in einem nicht enden wollenden Lärm leben, leben müssen.

Wo gibt es bei uns in Europa, von ein paar geschützten Landschaften und Orten abgesehen, wirklich noch die Stille? Wo einen Ort, an dem man nicht den Lärm der Flugzeuge am Himmel hört, das unablässige Rauschen des Autobahnverkehrs, den durchdringenden Ton der Fernsehgeräte und der Radios?

Es ist schwer, dem Gedudel der Musikteppiche zu entrinnen, die uns über die Ohren gezogen werden, ob wir wollen oder nicht. Musik? Ob diese Geräusche den Namen »Musik« überhaupt noch verdienen? Überall halten sie Einzug. Inzwischen auch schon in manche Kirchen.

Wer am Rand einer Straße steht, hört immer wieder das Gewummer und Gestampfe der überlauten Musik aus den Verstärkern der Autoradios. Das kann einen richtig aggressiv machen. Und dann die vielen Menschen mit dem Knopf im Ohr. Unterwegs, auf dem Weg zur Arbeit, beim Joggen, in der Bahn. Musik direkt auf das Trommelfell. Ärzte stellen immer mehr Hörschäden auch schon bei jungen Menschen fest.

Ich frage mich immer wieder: Was treibt Menschen dazu, sich mit Lärm zuzuschütten, mit hässlichen Geräuschen dicht zu machen? Mir scheint, als ob sie irgendetwas unbedingt nicht hören wollten. Als ob sie Angst hätten vor etwas, das hinter dem Lärm sich verbirgt. Als ob sie Furcht davor hätten, hinter dem lauten Land sich selbst zu begegnen.

Aber es gibt auch die andere Bewegung. Viele Menschen sind des Lärms überdrüssig, sie werden ganz krank, übernervös und unruhig davon, die Ohren rauschen ihnen wie überschäumende Wildbäche, sie können nicht mehr schlafen, kommen nicht mehr zur Ruhe.

Die Sehnsucht nach Stille wächst.

Viele versuchen, zu flüchten, auszusteigen, nicht mehr mitzumachen. Aber ist das die Lösung? Nur für sich still zu sein, sich in seiner eigenen Stille zu verschanzen? Dabei zu vergessen, dass es andere Menschen gibt, für die man Verantwortung trägt? Nein, auch die Stille ist nicht nur für mich allein da. Sie gehört nicht nur mir.

Es ist Zeit, darüber nachzudenken, was Stille war, was Stille ist, was Stille sein könnte.

Wir sind dabei, uns im Lärmen und Rauschen der Technik selbst zu verlieren.

Das Beste ist, einen stillen Ort aufzusuchen und der Stille in Gedanken nachzugehen. Für manche wird das ein weiter Weg, für manche ein Lebensweg, in der Regel ein immer neuer Anlauf. Aber auch das können nicht alle. Manche müssen buchstäblich im Lärm versuchen, Stille zu finden. Wir sollten uns davor hüten, die Stille als ein Privileg für Begnadete werden zu lassen. Stille ist eine Gnade für alle.

Stille finden

Wir sind auf der Suche nach etwas, das allen in die Kindheit scheint und worin noch niemand war: Stille. Aber wie Stille finden in der Welt der vielen Worte, der schrillen Töne, dem Brummen und Rauschen der Motoren? Wie Stille finden im Gebrüll einer Musik, die keine mehr ist, die jeden Wohlklang verloren hat?

Wir sind gezwungen, in Schwaden des Lärms zu leben, die wie Nebelbänke unser Leben durchziehen. Sie rauschen vorbei, hüllen uns ein, machen uns stumm und dicht. Stumm sein ist etwas anderes als still sein.

Aber auch die Stille verstummt nicht. Sie hat einen Ton. Auf hohen Bergen kann man ihn hören. Auch im Schlagen des eigenen Herzens, im Rauschen des Blutes im inneren Ohr. Es gibt sie nicht pur, die Stille. Vielleicht auch deswegen suchen wir sie.

Wir fürchten die Stille, weil uns ihre Einsamkeit ängstigt. Wir lieben die Stille, auch wegen der Einsamkeit, die uns gut tut. Alle großen Dinge kommen aus der Stille.

Wenn alles still wird, langsam oder schlagartig, kann sich das Geheimnis des Lebens entfalten. Es gibt kein Geheimnis ohne Stille.

Viele Menschen suchen Orte auf, an denen sie warten, bis die Stille zu ihnen spricht. Ja, Stille spricht. Sie hält Botschaften bereit, die in einer lauten Welt nicht oder nur schwer zu vernehmen sind.

Auch die Natur schenkt uns Stille. In den großen Wäldern, an den Ufern breiter Flüsse, auf den Gipfeln hoher Berge, auf dem unendlich scheinenden Meer, in den weiten Wüsten. Gerade dorthin haben sich die Menschen begeben, wenn sie ihr ganzes Leben auf die Waagschale werfen wollten. Dort hofften sie, das Maß zu finden, welches sie nur das Schweigen und die Stille lehren konnten, das sie aber unbedingt zu einem erfüllten Leben brauchten wie das tägliche Brot, wie das Wasser zum Trinken.

Wer still wird, macht sich weit, öffnet sich. Aber das braucht Zeit und Geduld, geht nicht per Technik und Knopfdruck.

Still sein heißt auch auf Einwände verzichten, auch dort, wo wir sie anbringen könnten, mit Fug und Recht und guten, gewichtigen Gründen. Stille tritt ein, wenn Urteile gesprochen werden. Vor dem Richter fällt man ins Schweigen.

Die Stille hat viele Gesichter. Sie kann auf uns lasten, und sie kann befreiend sein, uns aufatmen lassen. Sie kann die Dämonen entfesseln und uns stark für den Frieden machen.

Im Herzen der Stürme waltet die Stille. Im Auge des Taifuns herrscht Ruhe.

Stille Menschen sind wie Leuchttürme, wie Felsen in der Brandung, wie Feuer in der Nacht. Mahnmale des einen Notwendigen, auf das alles im Leben ankommt. Und im Tod.

Wir Menschen kommen aus der Stille unvordenklicher Zeiten. Und wir werden zurückkehren in eine Stille von unvorstellbarer Dauer. Woher kommen wir? Wohin gehen wir?

Die Antwort wissen wir nicht. Um die Fragen nach unserer Herkunft vor aller Zeit und nach unserer ewigen Zukunft bleibt es still. Alle Forschungen, alle hehren und hohen Gedanken, alle Versuche der Aufklärung vermögen daran nichts zu ändern. Je mehr wir wissen, je tiefer wir denken, je weiter wir enthüllen, desto unheimlicher erscheint die Stille, aus der wir kommen und in die wir gehen.

Letztlich ist die Stille die tragfähigste, die belastbarste Antwort auf die Frage nach dem Grund und dem Ziel unseres Daseins. Diese Antwort auszuhalten, sie zu ertragen, dazu braucht es Geduld und noch einmal Geduld, den Mut gegen die Schrecken, die in der Stille aufstehen können, und die Kraft, die tiefe Freude zu spüren, die sie uns schenkt.

Gott lieben heißt, sein Leben beten

Wer heute außerhalb der Kirchenmauern öffentlich über Beten spricht, der muss sich darauf gefasst machen, ein wenig seltsam angeschaut und gefragt zu werden, ob das denn wirklich noch in unsere moderne Zeit hineinpasse: mit Gott zu sprechen, vor ihm zu schweigen, ihn anzurufen, ihn zu loben, zu preisen, in ihm die Quelle, das Licht des Lebens zu suchen und zu sehen.

Beten ist das Eingeständnis einer tieferen Abhängigkeit. Es sind die Unempfindlichsten nicht, die die Skepsis, aber auch den Willen, ihr Leben selbst zu bestimmen, zum Ausdruck bringen, die sich nicht dem Wirken einer »fremden Macht« und den Ordnungen eines fremden Gesetzes unterwerfen und abhängig machen wollen.

Vielen werden zum Thema »Beten« heute Sätze einfallen, Erinnerungen aus frühen Kindertagen aufsteigen.

Etwa: »Not lehrt beten«; oder: »Da hilft nur noch beten.« Momente großer Angst – seltener großer Befreiung –, Augenblicke, Minuten, Stunden der Verzweiflung. Vielleicht noch die Abende zu Hause, wenn die Mutter – seltener der Vater – am Bett saß und einen Text vorsprach, den man sich dann kindlich zu Eigen machte.

Weniger schon werden es sein, die noch ein Andenken haben an die geprägte Welt kirchlichen Betens: an die Gebete der großen, feierlichen Gottesdienste, bei Weihrauchduft und Orgelklang, an die Vespern, lateinisch gesungen, an die Sterbegebete, die Klagepsalmen in den Metten der Karwoche. Nicht zu vergessen der gregorianische Choral in den Klosterkirchen, aber auch der einschläfernde Singsang der Rosenkränze und Litaneien.

Das Gebet hat sich heute, von Ausnahmen abgesehen, zurückgezogen hinter die Mauern der Kirchen und Gebetsräume. Es fristet ein Leben schönen Scheins, der mit der Wirklichkeit des Lebens der Menschen von heute nicht mehr allzu viel zu tun hat.

Der kritische Zustand, in den das Beten heute geraten ist, hat viele Ursachen. Eine davon hat der jüdische Religionsphilosoph und Bibelübersetzer Martin Buber so beschrieben:

Die Tatsache, dass es dem heutigen Menschen so schwer fällt zu beten (wohlgemerkt: nicht für wahr zu halten, dass es einen Gott gibt, sondern ihn anzusprechen), und die Tatsache, dass es ihm so schwer fällt, mit seinen Mitmenschen ein echtes Gespräch zu führen, sind Stücke eines einzigen Sachverhalts.

Beten hat etwas mit dem Leben zu tun – mit dem Ganzen, nicht mit einem heiligen Rest, der bleibt, wenn man allem, fast allem, entsagt hat oder entsagen musste, wenn alles, fast alles, menschlich unmöglich und aussichtslos geworden ist. Wenn Beten überhaupt einen Sinn hat, dann muss es am Anfang stehen, nicht am Ende.

Im Beten kommt der Mensch zu seiner innersten Sehnsucht, deren er sich oft selbst gar nicht bewusst ist. Wenn der Mensch dieser Sehnsucht nachgeht oder nachgibt – auch wenn er sie nicht in Worte fassen kann –, ist er schon mitten im Gebet. Denn dann bringt er seine tiefste Tiefe, seinen abgründigsten Grund zum Ausdruck, macht sich offen und bereit für den Einbruch des Ewigen und Unendlichen in seine Zeit und Endlichkeit. Es gibt viele Anlässe in unserer Zeit, dieser großen Sehnsucht nachzugehen.

Wenn nicht alles täuscht, machen sich hinter allem noch immer hochgemuten Konsum- und Machbarkeitsrausch zunehmend Bitterkeit und Verzweiflung unter den Menschen breit. Die Angst wächst, vom eigenen Fortschritt unterjocht, wenn nicht gar zerbrochen zu werden.

Man muss nicht unbedingt die großen Zeichen am Himmel bemühen, wie etwa die explodierende Challenger und die entsetzten Gesichter der erschrockenen Menschen oder Ground Zero vom 11. September 2001 und die durch die Straßen Manhattans flüchtenden Einwohner der Weltstadt

New York. Es genügt schon, die Einsamkeit der Kinder hinter den Computern und Computerspielen wahrzunehmen, die Verschlossenheit und Gefangenheit zwischen den Kopfhörern der laut dröhnenden Walkmans. Da zeigt sich etwas von Leere, von einer Fensterlosigkeit, die keine Ausblicke mehr gestattet.

Die Angst und die Verzweiflung wachsen. Darüber helfen auch die Gegenargumente und Einwände, die es zweifelsohne gibt, nicht hinweg. Was sich im Letzten dahinter verbirgt, hat vor über einem halben Jahrhundert Antoine de Saint-Exupéry, Flieger und Dichter, in seinem offenen »Brief an einen General« auf folgenden Punkt gebracht:

Ach, es gibt nur ein Problem, ein einziges in der Welt. Wie kann man den Menschen eine geistige Bedeutung, eine geistige Unruhe wiedergeben; etwas auf sie hernieder tauen lassen, was einem gregorianischen Gesang gleicht? Sehen Sie, man kann nicht mehr leben von Eisschränken, von Politik, von Bilanzen und Kreuzworträtseln. Man kann es nicht mehr.

Beten ist Anerkennung, dass ich eingebettet bin in Zusammenhänge, die ich nicht selbst zusammengehängt habe, ja auch in Verhängnisse, die ich nicht selbst verhängt habe. Beten ist ausdrückliche Annahme des Vorgegebenen.

Hier ist die empfindlichste Stelle überhaupt: Ich kann nicht leben ohne die Anerkenntnis – und sei es schreiend, tobend, zweifelnd, bittend, preisend, flehend, weinend, lachend, redend, schweigend, hörend, sehend, vertrauend, entsetzt – von etwas, das größer, weiter, höher und tiefer, eindringender und umfänglicher ist, als ich es selbst je sein kann.

Dieses Etwas ist mein »Heimweh« (Augustinus). Es kommt nicht zur Ruhe, solange ich lebe. Wer zu beten versucht, lässt dieses Heimweh zu. Lässt es wachsen, lässt es groß werden in sich, auch wenn es schmerzt.

Das Gebet gehört zum Nervenzentrum jeder Religion. Seit die Menschen der Sprache mächtig sind, bringen sie ihre Verwiesenheit auf ein Unendliches, das wir Gott nennen, ins Wort – und reden so von den Grundbedingungen unserer menschlichen Existenz.

Das Gebet kann viele Formen annehmen und kann auf vielerlei Weise geschehen. Auch Schweigen ist Beten. Auch einfaches Dasein in Freude, Trauer und Schmerz ist Beten. Man kann mit dem Körper beten, nicht nur mit dem Geist und mit der Seele.

Beten heißt auch, zu sich selber kommen. Wenn man bei sich selber ist, ist man bei dem, der wollte, dass man so ist, wie man ist. Je authentischer jemand lebt, desto mehr gerät er in die Mitte des Geheimnisses, das ihn so sein lässt, wie er ist.

Beten ist der Versuch, aus den Entfremdungen des Lebens wieder zurück in die Heimat zu kommen. Beten ist Heimkehr.

Letztlich kreist jeder Versuch des wirklichen Lebens und Betens um ein Geheimnis, das in der Zeit unseres Lebens nie erreicht werden kann. Wer alles weiß, kann nicht mehr beten. Er braucht es auch nicht mehr. Versucht ein Mensch zu beten, so wird er beinahe zwangsläufig in einen Schmelzofen der Verwandlung geführt.

Wer Gott will, dem wird alles verbrannt, was nicht in Gott eingehen kann. Wenn wir beten, vollzieht sich diese Läuterung. Darum ist der Weg des

Gebets immer ein Weg wachsender Liebesfähigkeit. Wir beginnen Gott zu lieben, aus unserer ganzen Seele, aus unserem ganzen Herzen, aus unserem ganzen Gemüte und aus allen unseren Kräften.

Hubertus Halbfas

Letztlich heißt das nichts anderes als sein Leben beten.

In der Einfachheit zu sich selber finden

Vom griechischen Philosophen Plato wird erzählt, dass er ab und zu seine Philosophenschule in Athen verließ und für mehrere Stunden in der Stadt verschwand. Den Schülern erschien das seltsam und geheimnisvoll. Sie hätten gerne gewusst, was ihr Lehrer in den Stunden seiner Abwesenheit in der großen Stadt unternimmt. Eines Tages fassten sie Mut und fragten ihn ganz direkt. Plato antwortete ihnen kurz und knapp: »Ich bin durch die großen Magazine gegangen und habe alles angeschaut und gesehen, was ich nicht zum Leben brauche.«

Viele Menschen kommen nach Taizé, weil sie dort den einfachen Lebensstil schätzen. Was heißt ›einfacher Lebensstil‹? – In Taizé sind die Dinge und das, was man die »Güter dieser Welt« nennen kann, an ihrem Platz. Man braucht dort nur, was man braucht. Überflüssiges, Luxuriöses, Aufgeblasenes gibt es dort nicht.

Was im Athen Platos die Magazine waren, sind heute die großen Verkaufshäuser, die sich über die ganze Welt ausbreiten. Dort werden Dinge angehäuft und zum Zweck des Kaufens zur Schau gestellt, Dinge, die zuweilen sogar schön sind – die man aber nicht zum Leben braucht.

In Taizé findet eine unverkrampfte Reduktion auf das Notwendige statt. Man handelt und lebt dort aus dem Bewusstsein, dass alle Dinge dieser Welt vorläufig sind, so wie wir Menschen selbst vorläufig sind. In der Konzentration auf das Notwendige wird dann früher oder später das eine Notwendige sichtbar. Es erscheint in der Einfachheit des Lebens, des Betens, des Essens, des Schlafens, in der bewussten Zuordnung dieser Dinge auf Gott.

In der Einfachheit von Taizé wird der Weg bereitet, wieder zu sich selber zu kommen, wenn man sich verloren hat oder dabei ist, sich zu verlieren. In Taizé kann man sich wieder sammeln. Deswegen kommen so viele Menschen dorthin: weil sie sich wieder finden, der Zerstreuung entsagen, den Pulsschlag einer anderen Zeit und einer anderen Wirklichkeit spüren wollen.

Wer zu sich selber kommen will, der muss die Dinge seines Lebens wieder gewichten. Denn die Dinge des Lebens haben verschiedene Gewichte, verschiedene Gültigkeiten. Nichts ist gleich gültig. In der modernen Warenwelt verliert der Mensch ganz leicht das Gefühl für die Wertigkeit der Dinge. Denn man kann ja alles kaufen. Fast alles. Und wenn man es hat, bleibt oft, nach einem kurzen rauschhaften Gefühl, ein schaler Nachgeschmack zurück. Man spürt im Innersten, dass man »im Grunde« etwas ganz Anderes sucht als die Dinge, die es zu kaufen gibt.

In Taizé erfährt man, dass das, um was es wirklich »geht«, nicht zu kaufen, nicht zu »haben« ist. Taizé ist eine Möglichkeit, vom Haben zum Sein zu kommen. Die Sehnsucht nach der wahren Welt ist groß in der Warenwelt.

Taizé ist ein Ort, an dem man die Welt mit anderen Augen sehen und mit anderen Ohren hören lernen kann. Das geht nicht von heute auf morgen oder indem man Lichtschalter an- und ausmacht. Man muss es üben. Man muss sehen und hören lernen, bevor einem Sehen und Hören vergeht.

Einfachheit

Sammelt euch nicht Schätze hier auf der Erde, wo Motte und Wurm sie zerstören und wo Diebe einbrechen und sie stehlen, sondern sammelt euch Schätze im Himmel, wo weder Motte noch Wurm sie zerstören und keine Diebe einbrechen und sie stehlen.
Denn wo dein Schatz ist, da ist auch dein Herz.

Matthäus 6,19–21

Deine Erfindungsgabe entdecken

Es freue sich, wer im Herzen einfach ist; glücklich, wer das Herz eines Kindes hat!
Alle Wirklichkeiten Gottes sind in ihm.

Der Auferstandene haucht über dich seinen Heiligen Geist und enthüllt in dir wesentliche Gaben: sein Verzeihen, seine Nähe, sein Vertrauen.

Glücklich, wer ein lauteres Herz hat, er wird Gott schauen! »Mehr als alles hüte dein Herz, denn aus seiner Tiefe strömt das Leben hervor.«

Einfachheit ohne brennende Nächstenliebe – Schatten ohne Licht.
Die Einfachheit im Herzen öffnet uns die Augen für das, was die Menschheitsfamilie dringend braucht. Sie macht, dass du dich aufmerksamer den Menschen zuwendest, die in beängstigender Armut leben, schwer an einer zerbrochenen Familie tragen, völlig vereinsamt sind, durch Demütigung und Gewalttat gebrochen wurden.

Solch drängender Not zu begegnen, erfordert weltweites Miteinanderteilen. Kommst du dir hilflos, überfordert vor? Bewusst einfache Mittel zu verwenden, treibt dich, alles aufzubieten und deine Erfindungsgabe zu entdecken. Wirkt sich diese erst in deinem Alltag aus, wird sie nach und nach der ganzen Menschheitsfamilie zugute kommen.

Nimmst du andere bei dir auf, beeinträchtigen allzu reichliche Mittel die Gastfreundschaft, anstatt sie zu entfalten. Bei gemeinsamen Mahlzeiten zeigt sich der Geist des Festes in der Einfachheit. Teilen bringt es mit sich, deine Wohnung zu einem Ort des Friedens zu machen, wo man wohlwollend aufeinander zugeht. Dem Geist der Armut nach dem Evangelium entspricht es auch, alles phantasievoll in die schlichte Schönheit der Schöpfung zu versetzen. Unerbittliche Strenge erträgt er nicht.

Vereint sich die Einfachheit mit dem Geist des Kindseins, wird dein Herz menschlich. Als Lichtstrahl auf deinem Weg erhebt sich dein Gesang zu Gott:

»Du gibst den Vögeln Nahrung und lässt die Lilien wachsen auf dem Feld.
Gib, dass wir an der Fülle deiner Gaben uns erfreuen,
und das soll uns genug sein.«

Meide die gewundenen Wege
Wirf die unnützen Lasten ab

Deine Verfügbarkeit setzt voraus, dass du ständig deine ganze Existenz vereinfachst, nicht durch Zwang, sondern im Glauben.

Meide die gewundenen Wege, auf denen der Teufel dich sucht.

Wirf die unnützen Lasten ab, damit du besser die Bürden der Menschen, deiner Brüder, zu Christus, deinem Herrn, tragen kannst.

In der Transparenz der brüderlichen Liebe gestehe schlicht deine Fehler ein; nimm sie aber nicht zum Vorwand, um die der anderen herauszufinden.

Wo die Brüder auch sind, pflegen sie untereinander den kurzen und häufigen Austausch.

Einfachheit heißt auch Loyalität gegen sich selbst, um zu Klarheit zu gelangen; offen zu werden für den Nächsten.

Sie ist da in der gelösten Freude des Bruders, der das quälerische Sorgen um seine Fortschritte und Rückschläge aufgibt, um seinen Blick unverwandt auf das Licht Christi zu richten.

Frère Roger

Auf den Grund der Dinge schauen

Wer wollte ernsthaft bestreiten, dass wir in einer Welt leben, die in ihrer gegenwärtigen Verfassung großen Wert auf die glänzende Oberfläche legt? Oft hat es den Anschein, dass das Design wichtiger ist als das Sein. Die Glanzformate überwiegen. Warum so viel Glanz über den Abgründen? Vielleicht aus Furcht vor den Abgründen, aus Angst vor der Wirklichkeit, die nicht immer glanzvoll ist? Oder bricht sich darin nicht eine Sehnsucht Bahn, den Glanz, der in allen Dingen liegt, zum Vorschein zu bringen? Das zu versuchen, was die Ikonenmaler mit dem Goldglanz als Untergrund ihrer Bilder sagen wollten?

Unsere Blicke gleiten über die strahlenden Oberflächen und glänzenden Fassaden, schweifen ab, verlieren sich auf ihnen, der schöne Schein verführt uns zu der Annahme, dass er alles wäre. Er ist aber nichts, wenn er alles ist!

Der erste Blick genügt nicht. Der zweite und dritte ist gefragt, der Blick der Intensität, des genauen und geduldigen Hinsehens, der Blick der Hoffnung und der Liebe, der Blick, der die Spannungen aushält, die sich zwischen Oberfläche und Grund entfalten.

Wer auf den Grund der Dinge schaut und dabei die Nerven nicht verliert, wird Neues sehen, er wird auch Altes in neuem Licht sehen, er wird Überraschungen erleben, neue Horizonte werden sich ihm öffnen.

Solches geschieht auch in Taizé. Dort wird dem sehenden Hören Raum gegeben, in der Stille, im Gebet, in der Musik, auch die Natur lädt dazu ein.

Bilder und Zeichen

Die Kunst der Wahrnehmung

Auch der moderne Mensch, der das Abstrahieren und Absehen gewohnt ist oder durch die Gesetze der Technik dazu gezwungen wird, lebt in einer Welt der Bilder und der Zeichen. Das hat er mit den Menschen, die früher gelebt haben, gemein. Doch seine Welt ist vielschichtiger geworden. Er ist faktisch umstellt von Medien. Bilder kommen vor seine Augen und Töne dringen in sein Ohr, fremd und in großer Zahl. Er droht zu versinken in einer Sintflut von Bildern und in einer Brandung von Tönen. Wenn er nicht untergehen will, muss er sie deuten lernen, er muss lernen zu unterscheiden.

Bilder und Zeichen sind zwiespältig, sind mehrdeutig. Sie können Gutes und Böses anzeigen. Sie können den Menschen sich selber entfremden. Aber sie können ihn auch zu sich selber kommen lassen.

Allzu viele Menschen leben heute allein von Erfahrungen aus zweiter und dritter Hand. Der Anfang, der Ursprung ist ihnen verschlossen. Die Technik hat die Zugänge zu den Ursprüngen verbaut. So sehr, dass heute wieder eine große Sehnsucht nach Ursprung aufbricht und sich Bahn schafft. Das ist keine Technikfeindlichkeit. Es ist eine religiöse Grundhaltung, die hier offenbar wird. Man will hinter und unter die Erscheinungen des Lebens kommen. Die Technik hat die Welt nicht entzaubert. Eher das Gegenteil ist der Fall.

Aber die Bilder und Zeichen haben auch ihre Unschuld verloren. Einfaches, verklärtes Erinnern hilft nicht mehr, Nostalgie greift zu kurz. Es kommt darauf an, die alten Bilder neu zu entdecken, neu zu deuten. Wir wandeln nicht mehr wie Adam und Eva durch das Paradies, sondern wir irren umher in einem Labyrinth, das wir Welt nennen. In einer Welt, in der allein die Vernunft regiert, finden Geheimnisse und Mehrdeutigkeiten kaum mehr einen ruhigen Platz. Weil aber Bilder und Zeichen mehrdeutig sind, müssen wir uns für eine für uns gültige Deutung entscheiden. Unentschiedenheit schwächt uns, überfordert unsere Kraft.

Für einen Menschen, der zu glauben versucht, der Jesus zum Vorbild nimmt, erhält die Welt einen bildhaften Charakter. Die Welt ist voller Spuren des großen Geheimnisses, das in den Religionen den Namen »Gott« trägt.

Jesus hat in Bildern und Gleichnissen gesprochen. Er hat seine Erfahrung und die Erfahrung seiner Welt und seiner Zeit für andere Menschen aufgeschlossen, indem er die Bilder und Zeichen, die er sah und vorfand, in den Dienst seiner Botschaft nahm. Er hat gezeigt, dass wir Menschen aus Bildern und Symbolen leben, die eine bestimmte Kraft und ein bestimmtes Gewicht haben. Er hat die Welt daraufhin durchsichtig gemacht. Er wollte, dass die Menschen die Zeichen der Zeit erkennen, sie deuten lernen. Die Zeichen sind der Zeit unterworfen. Deutungen, die vor tausend Jahren gültig waren, sind es heute nur noch bedingt oder gar nicht mehr. Sie müssen neu gedeutet werden, weil sie immer vom Charakter des Vorläufigen geprägt bleiben.

Deutungen kann man nicht verschreiben wie Rezepte. Jede und jeder muss seine Deutung suchen und finden. Das geht aber nicht nur über den Kopf, sondern auch über den Weg der Sinne. Das kann man bei Jesus lernen. Bei Jesus lernen heißt unterscheiden lernen. Auch Jesus hat seine Ordnungen. Wir haben unsere Ordnung. Alles hat seine Ordnung. Die Alternative wäre ein Chaos, das uns zu verschlingen droht.

Ordnung findet man nicht durch Verordnung. Ordnung ist da, man muss sie entdecken.

Im Lichte des Glaubens, wie Jesus ihn vorgelebt hat, sind Bilder Sakramente, heilige Zeichen. Wir können sie nicht allein und selbstherrlich deuten, sondern wir müssen sorgfältig und angemessen darauf achten, in welchem Sinn sie von Anfang an gedeutet worden sind. Bilder haben ihre Geschichte. Wir, die Deutenden, haben eine Geschichte.

Die Fülle der Bilder zwingt zur Konzentration auf das Wesentliche. Die Konzentration auf das Wesentliche aber hat zur Voraussetzung, dass wir wieder lernen, unsere Sinne zu gebrauchen. Dass wir wieder »ganz einfach« sehen, hören, riechen, schmecken, tasten, begreifen lernen. Kein Gefühl, das wir dabei empfinden, ist abseitig. Die Wirklichkeit hat viele Schichten. Keine kann ausgeschlossen bleiben, auch wenn sie aufs Erste hässlich, abweisend, furchterregend oder abschreckend erscheint. Die Welt der Bilder ist keine heile Welt.

Sich auf die Welt der Bilder und Zeichen einzulassen, erfordert Geduld. Geduld aber ist eine Tugend, die im Zeitalter der Beschleunigung nicht hoch im Kurs steht. Ohne Geduld jedoch werden wir nichts hören und sehen lernen in der Wirklichkeit, die uns umgibt.

Ein sinnvolles Leben, ein begründeter Glaube, das setzt die Kunst der Wahrnehmung voraus.

Welche sind die großen Bilder und Zeichen, die unser Leben zu deuten vermögen?

In welchen Ereignissen des Lebens eröffnet sich die Möglichkeit, auf den Grund der Dinge zu schauen? Es sind die großen Urbilder, die wir in uns tragen, auf die wir immer wieder stoßen.

Es sind die großen Feste, die wir feiern, die etwas über den innersten Rhythmus sagen, in dem wir leben.

Taizé ist ein Ort, an dem man diese Zeichen sehen lernen und für wahr nehmen kann. Taizé ist ein Ort, an dem man die großen Feste feiern lernen kann.

Die Anziehungskraft dieses Ortes kommt von daher. In Taizé kann man den Dingen auf den Grund gehen. Man hat Zeit und Gelegenheit dazu.

Was sein könnte

Und das Unverhoffte tritt ein.
Die langen, kaum erhellten Nächte liegen hinter uns.
Mag uns der Weg manchmal auch durch Dunkelheit führen –
Es muss uns nicht schwächen, sondern kann uns innerlich aufbauen.
Es lockt uns, von einer Entdeckung zur nächsten zu gehen.
Den anbrechenden Tag als Heute Gottes zu empfangen.

Frère Roger

Die großen Urbilder

Das Wasser

Zu den Grundelementen der Erde und des menschlichen Lebens gehört das Wasser. Wenn wir am Ufer eines Flusses oder eines Sees sitzen, dem Fließen und Kreisen der Wellen zuschauen, dann kommt eine Ahnung in uns auf, dass alles

Leben aus dem Wasser kommt. »Der Geist Gottes schwebte über den Wassern«, heißt es im Schöpfungsbericht der Bibel.

Alte Mythen und Geschichten berichten davon, dass alles Leben aus dem Wasser stamme, aus einer Urflut, aus einem tiefen Meer. Die babylonische Schöpfungsgeschichte »Enuma elisch« – 2000 Jahre vor Christi Geburt entstanden – berichtet:

> Als droben der Himmel noch nicht gekannt war, unten die Erde noch nicht mit Namen geheißen, in dem der Ozean, der mitwaltende Sohn, ihr Erzeuger Mummu und die Urflut Tiamat, die sie alle gebar, ihre Wasser in eins vereinigten, als ein Rohrdickicht noch nicht entstanden war, als die Geschicke noch nicht bestimmt waren, da wurden die Götter geschaffen …

Auch die Wissenschaft bestätigt, dass zuerst das Wasser da war. Noch heute sind 70 Prozent der Erdoberfläche von Wasser bedeckt. Eine Ahnung von der Größe und Weite der Wasserfluten bekommt man, wenn man mit einem schnellen Flugzeug Stunde um Stunde über das Meer fliegt, um einen anderen Kontinent zu erreichen.

Was sich auf der Erde zeigt, findet seine Entsprechung bei den Menschen, Tieren und Pflanzen: Was ist das Leben spendende Element? Ohne Wasser können wir nicht leben. Wir selbst bestehen zum größten Teil aus Wasser. Zwei Drittel des menschlichen Körpers sind Wasser. Schon das Kind im Schoß seiner Mutter wächst neun Monate lang im Fruchtwasser, bevor es geboren wird.

Wer die Wüste erfahren hat, wer Durst gelitten hat, weiß, wie wichtig das Wasser für unser Leben ist.

Wir aber gehen mit dem Wasser um, als ob es unbegrenzt vorhanden wäre. Wir verschwenden es. Gedankenlos drehen wir den Wasserhahn auf und lassen das Wasser laufen, auch wenn wir es nicht gebrauchen. Jeder Mensch braucht heute täglich etwa 200 Liter Wasser. Die Brunnen in der Wüste Afrikas müssen heute schon über 100 Meter tief gebohrt werden, weil der Grundwasserspiegel so tief gesunken ist. Ein Grund dafür ist die Abholzung der Wälder. Dass in vielen Gegenden der Welt in jedem Sommer der Wassernotstand ausgerufen wird, nehmen wir als normale Nachricht zur Kenntnis. Wenn wir mit dem Wasser weiter so umgehen, wie wir es gegenwärtig tun, dann ist der Tag nicht mehr weit, an dem die Erde zur Wüste wird.

Wir haben die Flüsse verschmutzt, die Meere verpestet, die Brunnen vergiftet. Alte Erzählungen über die belebende Urkraft des Wassers muten heute geradezu unwirklich an.

Das Wasser ist jedoch nicht nur ein Bild des Lebens. In den Mythen der Völker ist es auch ein Symbol des Todes. Wasser überfluten die Erde, Menschen ertrinken, Länder gehen unter.

Jesus greift in seiner Botschaft beide Aspekte auf und schließt an die Tradition seiner Religion, des Judentums, an. Wer Leben aus dem Wasser schöpfen will, muss selbst ins Wasser eintauchen – auch auf die Gefahr hin, dass er untergeht. Im Bild des Untertauchens in der Taufe kommt dies zum Ausdruck. Taufe ist Risiko. Jesus hat sich selbst taufen lassen.

Die Wassersymbolik durchzieht die gesamte Verkündigung Jesu. Ein Beispiel dafür: die Begegnung mit der samaritanischen Frau am Brunnen.

Wer aber von dem Wasser trinkt, das ich ihm geben werde, wird in Ewigkeit nicht mehr dürsten, sondern wird in ihm zu einer Quelle von Wasser werden, das ins ewige Leben sprudelt.

Johannes 4,14

Heute hören und lesen wir immer häufiger von großen Überschwemmungskatastrophen. Das Gleichgewicht der Erde ist schon aus den Fugen geraten. Die Wassermassen, die wir zähmen und eindämmen wollten, sprengen die Fesseln, die wir ihnen angelegt haben.

Es ist höchste Zeit, sich darauf zu besinnen, mit dem »Quell unseres Lebens« sorgsam umzugehen und darauf zu achten, dass er rein bleibt: Spiegel und Gleichnis eines Geheimnisses, das uns am Leben erhält.

Das Brot

Für die meisten Menschen im nördlichen Teil der Erde ist die Vaterunserbitte um das tägliche Brot nahezu überflüssig geworden – meinen wir.

Es gibt heute über einhundert verschiedene Brotsorten, zwischen denen wir wählen können. Brot in Hülle und Fülle – auch in den Abfalltonnen. In diesem Zusammenhang muss darauf verwiesen werden, dass jede Minute sieben Menschen auf der Welt an Hunger sterben. Ihnen fehlt das tägliche Brot.

Das Brot ist mehr als ein Mittel zur Sättigung. Es ist auch Zeichen für einen tieferen Hunger des Menschen. Auch Jesus hat dieses Zeichen in die Mitte seiner Botschaft gestellt, ja er hat sich selber mit dem Brot verglichen. Aber er hat auch den ganz banalen täglichen und nächtlichen Hunger gestillt. Das ist heute genauso wichtig wie zur Zeit Jesu. Es genügt nicht, die Hostie im Kirchenraum zu erheben und dabei das Wort Jesu zu zitieren: »Ich bin das Brot des Lebens«. Von der dünnen Hostie wird niemand satt. Jesus hat ganz konkret geholfen und auch uns aufgefordert: »Gebt ihr ihnen zu essen« (Lukas 9,13). Wer Jesus nachfolgen will, muss anderen zu essen geben.

Aber auch das Bild des Brotes, des Weizenkorns, ist zweideutig. Die Parallele zum Wasser ist nicht zu übersehen. Wenn Leben, wenn Brot aus dem Weizenkorn wachsen soll, dann muss es zuvor in den Ackergrund versenkt werden. Es liegt dort den Winter über wie tot – und wächst doch. Ein Sinnbild unseres Lebens, das in den alten Religionen, Mythen und Mysterien einen festen Platz hatte.

Jesus hat dieses alte Menschheitszeichen auf sich selbst und auf uns angewandt.

Wahrlich, wahrlich, ich sage euch: Wenn das Weizenkorn nicht in die Erde fällt und stirbt, bleibt es allein. Wenn es aber stirbt, bringt es viele Frucht.
Johannes 12,24

Wer versucht, eine Christin oder ein Christ zu sein, der muss – bildlich gesprochen – Brot werden für andere, das heißt: eine Hilfe zum Leben.

Wenn wir das Bot miteinander essen und teilen, dann halten wir ein Mahl. Schließlich hat Jesus mit seinen engsten Freunden ein Mahl gefeiert, bevor er zum Sterben ging. Das gebrochene Brot bleibt für Christen nicht nur ein Zeichen des Teilens und Mitteilens von Leben, sondern auch Sinnbild eines Lebens, das gebrochen wird und gebrochen werden muss, wenn es weitergehen soll, wenn man es nicht nur für sich selbst behalten will.

Der Weg

Zu den Ursymbolen der Menschen zählt auch der Weg. Seit Menschen auf der Suche sind, gehen sie ihre Wege. Sie sind unterwegs auf der Suche nach einem unbekannten Ziel. Ihr Leben selber ist ein einziger Weg.

Auf Wegen ereignen sich Begegnungen. Man trifft Menschen und Dinge, die ihr Geheimnis haben und die sich erst unterwegs in Umrissen aufklären.

Mit dem Bild des Weges ist der Begriff der Erfahrung verbunden. Erfahrung ist Einsicht durch Fahrt. Nur wenn der Mensch sich bewegt, wird er seiner selbst inne.

Wege gabeln sich, werden zu Scheidewegen. Wege werden gekreuzt, werden zu Kreuzwegen. In vielen Kulturen und Religionen ist der Kreuzweg ein bedeutsamer Ort der Begegnung mit Mächten und Göttern.

Die Wallfahrten, die nicht nur das Christentum kennt, geben die Möglichkeit der Erfahrung, dass wir Pilger sind, Fremdlinge, Suchende.

Der Pilger ist der Mensch, der von weit her kommt und der in seiner Fremdartigkeit nicht ohne weiteres eingeordnet werden kann. Er ist der Hindurchschreitende, dessen Anblick seltsame Schauergefühle hervorruft. Als einer, der Gott mit der ganzen Glut seines Lebens sucht, ist er notwendig auf dieser Erde heimatlos geworden. Der Mensch, dem der Ruf des Evangeliums zum entscheidenden Erlebnis geworden ist, wird sich automatisch von seinen bisherigen Bindungen und Gewohnheiten lösen, eine gewisse Fremdheit in dieser Welt empfinden und das Leben als ein Unterwegssein betrachten …

Er hat die Unzulänglichkeit aller irdischen Verhältnisse erkannt und strebt aus der Vorläufigkeit seiner Existenz hinaus zu einem göttlichen Sein, das nicht mehr der Vergänglichkeit unterworfen ist …

Allzeit ist der Pilger entschlossen, gerüstet und gegürtet dem Unbekannten entgegenzuschreiten und nicht in Gleichgültigkeit zu verharren, bis die Ewigkeit ihn wie ein gewappneter Mann überfällt. Gespannt hält er Ausschau nach der ewigen Welt, er ist von einem wahren Lechzen nach ihr erfüllt, das durch kein Gut gestillt werden kann. Der zeitlose Wanderer entzieht sich nicht bequemlichkeitshalber den Pflichten dieser Erde ... Auch unsere Welt lebt von dem, was mehr ist als Welt, was über sie hinaus will und was sie überwindet. Es geschieht aber nur durch den Menschen, der sich stets bewusst bleibt, dass er für alle Zeit als Pilger nur notdürftig unter Zelten wohnt.

Walter Nigg

Der Weg ist ein Bild für das Wachsen und Vorangehen des Menschen, für seine Sehnsucht nach Veränderung. Ein Ortswechsel ist mehr als ein Gehen von Punkt A zu Punkt B. Die Orte, die wir zeitlebens berühren und besuchen, sind Stationen der Sehnsucht, der Sehnsucht nach einem Ziel, das außerhalb und jenseits unserer selbst liegt.

Wege können auch nach einer Umkehr verlangen. Man kommt auf Holzwege, gerät ins Dickicht, kommt nicht mehr weiter, muss zurückgehen, einen anderen Weg suchen. Furcht und Angst stellen sich ein.

Als ich auf halbem Weg stand unseres Lebens,
Fand ich mich einst in einem dunklen Walde,
Weil ich vom rechten Weg verirrt mich hatte;
Gar hart zu sagen ist's, wie er gewesen,
Der wilde Wald, so rau und dicht verwachsen,
Dass beim Gedanken sich die Furcht erneuert;
So herb, dass herber kaum der Tod mir schiene.

Dante Alighieri

Auch durch die Texte des Alten Testaments zieht sich das Motiv des Weges, des Auszugs, der Wanderung. Abraham zieht aus, ohne zu wissen, wohin. Er hört die Aufforderung: »Zieh fort aus deinem Land, aus deiner Verwandtschaft und aus deinem Vaterhaus in das Land, das ich dir zeigen werde« (Genesis 12,1). Das Volk Abrahams, die Israeliten, ging lange Jahrzehnte auf Wanderschaft. Der Weg führte durch Durst, Hunger, Angst und Furcht.

Auch Jesus wanderte mit seinen Jüngern durch das Land. Unterwegs heilte er Kranke, unterwegs war er gut zu Kindern, er machte sich mit den Menschen am Wege gleich, er war arm und heimatlos wie sie. Auf seinem letzten Weg trug er sein Kreuz zur Hinrichtung.

Schließlich sagte er von sich: »Ich bin der Weg, die Wahrheit und das Leben.« (Johannes 14,6)

Die Umsetzung des alten Bildes vom Weg in unsere Zeit, in unser Leben hinein, fällt nicht besonders schwer. Wie soll man das Fernweh der Menschen von heute verstehen? Sie reisen durch die Kontinente, ihre Urlaubsziele sind Tausende von Kilometern von ihren Behausungen entfernt. Mobilität gilt für viele Menschen heute geradezu als ein Statussymbol. Auf ihren fernen Wegen suchen sie nach Abenteuern, nach neuen Aussichten und Horizonten. Mit jedem Ziel, das sie erreichen, wächst die Sehnsucht nach neuen Zielen.

Die schreckliche Seite der Wege des modernen Menschen wird sichtbar im millionenfachen Elend (»Elend« heißt wörtlich übersetzt: Ausland) der Flüchtlinge und Vertriebenen. Die einen sind gezwungen, unterwegs zu sein, die andern wollen es unbedingt.

Die Erfahrung des Weges ist die Erfahrung von Zeit. Man kann Wege nur gehen um den Preis des Vergehens von Zeit.

Wer viele und lange Wege gegangen ist, der hat Sehnsucht nach einem festen und sicheren Ort, nach einem Dach über dem Kopf, nach einem Zuhause. Den Sesshaften erscheinen die Menschen, die immer unterwegs sind, wie eine Anfrage an das eigene Leben, ja wie etwas Fremdes, das sie an den Grund ihrer eigenen Existenz erinnert.

Wege verlangen nach Begleitung. Man geht Wege nicht gern allein. Zumal nicht in der Nacht. Jeder erhofft sich auf seinem Lebensweg Liebe, Nähe, Geborgenheit, Freundschaft, ein Obdach für seinen Leib und seine Seele.

Heute kommt es darauf an, ausgetretene Wege zu verlassen, nach neuen gangbaren Lebenswegen zu suchen. Nur indem wir gehen, finden wir den Weg. Wege entstehen, wenn wir sie gehen.

Die Wüste

Zu den großen Urbildern des Lebens zählt die Wüste. Aber auch sie ist ein zweischneidiges Symbol. Sie kann ein Ort des Todes, der Verirrung und der absoluten Einsamkeit sein. Und gleichzeitig ein Ort, an dem sich die Erfahrung dessen, was uns übersteigt, besonders intensiv offenbart. Sie ist ein Ort des Friedens und ein Ort des Kampfes des Menschen mit den bösen Geistern, den Dämonen. Sie ist ein Ort der Dürre und des wehenden und rinnenden Sandes. Aber sie ist auch voller Zauber und Schönheit, wenn sie im Frühjahr für kurze Zeit erblüht. Die Wüste ist ein Ort der Erfahrung von Freiheit und Grenzenlosigkeit und gleichzeitig ein Ort, an dem Unfreiheit und Grenzen erfahren werden können.

In der Wüste wird das Leben des Menschen auf die ursprünglichsten Notwendigkeiten zurückgeführt: Hunger und Durst beherrschen ihn.

Der moderne Mensch hat sich seine eigenen Wüsten gebaut. Sie stehen in ihren Schrecken und in ihrer Faszination den Schrecken und der Gewalt der Sandwüsten in nichts nach. Die großen Städte, die Beton- und Steinwüsten, machen den Menschen ebenso einsam, ebenso ohnmächtig und verlassen wie die großen Wüsten der Natur. Die natürlichen und die gebauten Wüsten verweisen auf die Wüste, die der Mensch in sich trägt, die in ihm wächst.

Wüsten in uns, das sind die Durststrecken unseres Lebens, die langen Zeiten der Trockenheit, in denen alles gestorben zu sein scheint. Wüsten sind auch die Erfahrungen schmerzlicher Abschiede, das langsame Sterben und der plötzlich hereinbrechende Tod. Wüsten sind zudem die Erfahrungen eruptiv ausbrechender Gewalt und sinnloser Zerstörung.

Unsere Zeit ist voll von solchen Wüsten. Denken wir nur an die großen und kleinen Kriege, an die Konzentrationslager und psychiatrischen Kliniken, in denen die Bosheit des Menschen anderen Menschen, die unschuldig sind, ihren traumatischen Stempel aufgedrückt hat. In diesen Wüsten haben Millionen Menschen ihre Verlassenheit bis zur bitteren Neige erfahren müssen. Und diese Erfahrungen nehmen kein Ende.

Aber auch an den finstersten Orten, die Menschen jemals geschaffen haben, haben Menschen ihren unendlichen Hunger und ihren unendlichen Durst, ihre unendliche Sehnsucht nach Nähe und Geborgenheit zum Ausdruck gebracht. Nach Auschwitz kann man nicht mehr beten, sagen viele. Andere sagen, dass man nach Auschwitz dennoch beten kann, weil auch dort gebetet wurde.

Wüsten sind ursprüngliche Orte religiöser Erfahrungen. Alle großen Religionen haben ihren Ursprung in den Wüsten der Welt.

In der Geschichte Israels spielt die Wüstenerfahrung eine zentrale Rolle. Vierzig Jahre sind die Töchter und Söhne Israels durch die Wüste gezogen, bis sie das Gelobte Land erreicht haben.

In den Erfahrungen dieser vierzig Jahre werden alle wichtigen Themen angeschlagen: die Gotteserfahrung, die Gottverlassenheit, der erschöpfende Kampf, der Durst nach lebendigem Wasser, der Hunger nach dem Brot des Lebens, der brennende Dornbusch, die Feuersäule in der Nacht, das Wasser aus dem Felsen sind Urbilder, die bis heute nichts von ihrer Verweiskraft verloren haben.

Die Elenden und Armen suchen Wasser, aber es ist keines da; ihre Zunge ist vor Durst vertrocknet. Doch ich, Jahwe, ich erhöre sie; ich, der Gott Israels, ich verlasse sie nicht. Auf kahlen Hügeln lasse ich die Ströme hervorbrechen und Quellen mitten in den Tälern; die Wüste mache ich zu Wasserteichen, und zu Wasserquellen dürres Land. Ich lasse in der Wüste Zedern wachsen, Akazien, Myrten und Oliven; ich will Zypressen in der Wüste pflanzen, Ulmen und Fichten zumal. Sie sollen sehen und erkennen, beachten und verstehen, dass die Hand Jahwes dies vollbracht, dass der Heilige Israels es geschaffen hat.

Jesaja 41,17–20

Unsere Welt ist wieder dabei, sich immer neue Wüsten zu schaffen. Wüsten, die auf den ersten Blick das Gesicht des Fortschritts und der Bewusstseinserweiterung tragen, die aber letztlich den Menschen in tiefe Einsamkeit und Verzweiflung stoßen. In solchen Wüsten gilt es, Oasen des Lebens zu schaffen, in denen Menschen überleben und leben können.

Eine Religion, die aus der Wüste kommt, darf ihre frühen Erfahrungen niemals vergessen. Sonst wird sie ein toter Brunnen.

Der Baum

Der Baum ist eines der beziehungsreichsten Symbole in der Geschichte der Menschen und der Religionen.

Wen fasziniert nicht ein großer alter Baum mit seinen Ästen, mit seinen Blüten und grünen Blättern, mit seinen Früchten und seiner rauen Rinde?

Wenn wir uns zu Füßen eines Baumes setzen und dort lange verweilen, dann erfahren wir den Segen, den der Baum spendet: Wir ruhen aus in seinem Schatten, wir finden Schutz vor Regen und Sonne, wir genießen die Kühle, die er verbreitet in der Gluthitze des Mittags, wir hören sein Rauschen in der Nacht.

In unserer »modernen« Fortschrittswelt haben wir durch das Abbrennen und Abholzen der großen Wälder, durch die Umweltverschmutzung die Bäume zum Sterben gebracht. Die abgeholzten Flächen und die verkarsteten Berghänge werden zu Bildern des Todes. Der Mensch hat die Axt an die Wurzel der Bäume gelegt und so die eigene Vernichtung eingeleitet. Aber gerade aus dieser sinnlosen Zerstörungswut wächst heute die Sehnsucht nach dem »Baum des Lebens«. Wer möchte in einer Welt leben, in der es keine Bäume mehr gibt?

Der Baum ist wie das Leben selbst. Er wurzelt tief im Erdreich, er zieht von dorther seine Lebenskraft, das Wasser presst er durch enge Röhren in seinem Stamm und in den Ästen immer höher hinauf. Er breitet sich aus, verzweigt sich in zahlreichen Ästen, er bietet Tieren und Menschen Schutz, er bleibt den Wintern und Wettern ausgesetzt, er trotzt Schnee, Eis, Kälte und Sonnenglut. Im Hinhören und Hinschauen auf das Wachsen der Bäume kann der Mensch sein eigenes Leben wahrnehmen, er kann spüren, dass das Leben über sich selbst hinauswachsen will, so wie der Baum in den Himmel wächst.

Wir sind heute dabei, uns selber zu entwurzeln. Immer mehr Menschen vereinsamen, kapseln sich ab, reißen sich aus ihrem Mutterboden. Kein Wunder, dass in solchen Zeiten die Sehnsucht nach dem immergrünen Baum des Lebens wächst.

Jesus hat diese Sehnsucht gekannt. Er wusste aus der Religion seiner Väter, welche Bedeutung der Baum für das Leben des Menschen hatte. Ihm war der Psalm vertraut, in dem es heißt:

Der Gerechte blüht wie die Palme,
wie die Zedern des Libanon wächst er empor.
Sie sind gepflanzt im Hause Jahwes,
sie blühen in den Vorhöfen unseres Gottes.
Noch im Alter tragen sie Frucht,
sind voll Saft und Leben.

Psalm 92,13–15

Zahlreiche Vergleiche, die Jesus für das Leben und Wachsen des Menschen, für die Suche nach seiner geheimnisvollen Wurzel und seinem Ziel anführt, sprechen vom Baum. Im Gleichnis vom Senfkorn vergleicht Jesus das Wachsen des Reiches Gottes mit einem Baum. (Matthäus 13,31f.).

Und schließlich vergleicht sich Jesus mit dem Weinstock, der ja auch ein kleiner Baum ist:

Ich bin der Weinstock, ihr die Rebzweige. Wer in mir bleibt und ich in ihm, der bringt viele Frucht.

Johannes 15

Der Evangelist Johannes berichtet in der Geheimen Offenbarung, wie ihm ein Strom gezeigt wurde, das Wasser des Lebens, der wie Kristall schimmert und aus Gott selber herausfließt, und wie mitten im Strom der Baum des Lebens steht, der jeden Monat Früchte trägt und den Menschen zur Heilung dient. (Offenbarung. 22,1ff.)

Das Licht

Kaum etwas ist uns so vertraut wie das Licht. Es lässt uns den Rhythmus des Lebens, den Wechsel von Licht und Dunkelheit wahrnehmen. Und dennoch wissen wir nicht, was das Licht wirklich ist. Wenn wir lange in der Dunkelheit und in der Nacht leben, dann haben wir Sehnsucht, dass es Tag wird, dass es licht wird. Die Sonne, das Gestirn des Tages, verkörpert für uns geradezu die Macht des Lichts.

In allen Religionen spielen Licht und Sonne eine zentrale Rolle. Das Licht erleuchtet die dunkle Erdennacht. Das Licht zeigt dem Menschen die Umrisse seiner Welt. In der

Dunkelheit bleibt er orientierungslos. Er hat Angst vor der Nacht.

Weil wir Angst vor der Nacht haben, versuchen wir sie taghell zu machen. Wir zünden Lichter an, wir erleuchten unsere Städte, Dörfer, unsere Häuser und Wohnungen. Mit einer wahren Lichtmanie versuchen wir, die Dunkelheit im Kleinen wie im Großen zu vertreiben. Alles wollen wir ausleuchten, durchleuchten. Wie wenig gelingt es uns.

In den alten Religionen der Völker ist oft vom Kampf des Lichtes mit der Finsternis die Rede. Dem Licht wird göttliche Macht über das Leben zugesprochen. Das frühe Christentum musste sich mit solchen Lehren auseinander setzen. In vielen Ländern und alten Kulturen war der Sonnenkult Staatsreligion. So bei den Hethitern, in Peru und in Japan. Die Sonne verdrängte in ihrer göttlichen Macht alle andern Götter jener Zeit. Aus der Morgenfrühe der bekannten Geschichte stammt der Sonnenhymnus des ägyptischen Pharao Echnaton:

Du erscheinst schön am Horizont des Himmels,
Du lebende Sonnenscheibe, die zuerst lebte.
Du gehst auf am östlichen Horizont.
Du erfüllst jedes Land mit deiner Schönheit.
Du bist schön, du bist groß,
du funkelst hoch über jedem Land.
Deine Strahlen umarmen die Welt,
so weit wie alles, was du gemacht hast …

Gehst du unter am westlichen Horizont,
so ist die Erde finster wie der Tod.
Sie ruhen in ihren Gemächern
verhüllten Hauptes, und kein Auge sieht das andere.
Der Löwe kommt aus seiner Höhle,
alles Gewürm beißt …

Die Erde liegt im Schweigen,
Ihr Schöpfer ruht in seinem Horizont.
Wenn die Erde hell wird, gehst du auf
und strahlst als Sonne am Tage.

Du vertreibst die Finsternis, du sendest deine Strahlen,
und die beiden Länder freuen sich.
Sie wachen auf, sie stehen auf ihren Füßen,
nachdem du sie erhoben hast.
Sie waschen sich, sie legen ihre Kleider an.
Sie heben lobpreisend die Arme, weil du erglänzest.

Alles Vieh ist zufrieden mit seinen Kräutern,
Die Vögel flattern in ihren Nestern,
ihre Flügel lobpreisen dich …

Es gibt kaum eine Religion, die nicht das Licht und das Feuer als Ausdruck göttlicher Kraft versteht. Wenn in den Kirchen die Kerzen brennen, wenn wir sehen, dass die Kirchen mit dem Chor nach Osten gebaut sind, wenn Gebete in Richtung der aufgehenden Sonne gesprochen werden, dann kommt darin das Lichtsymbol zum Ausdruck.

Das Licht des Mondes wird dem Sonnenlichte gleichen, und das Licht der Sonne wird siebenfältig sein wie das Licht von sieben Tagen, am Tage, da Jahwe die Wunden des Volkes verbindet und die Striemen seiner Schläge heilt.

Jesaja 30,26

Jesus weist nicht nur auf die Kraft und die Macht des Lichtes hin, er identifiziert sich selber mit dem Licht.

Ich bin das Licht der Welt.
Wer mir nachfolgt, wird nicht in der Finsternis umhergehen, sondern wird das Licht des Lebens haben.

Johannes 8,12

Die Bibel spricht oft davon, dass Gott in einem unzugänglichen Licht wohnt. In der frühen Zeit des Christentums wurde die Taufe »Erleuchtung« genannt.

Einer der frühen Texte, die durch die Jahrhunderte nichts an Strahlkraft verloren haben, ist der Lobgesang, der in der Osternacht angestimmt wird, wenn in den dunklen Kirchen das Licht der Kerzen entzündet wird, das vom Osterfeuer genommen wurde.

Lobsinge, du Erde, überstrahlt vom Glanz aus der Höhe!
Licht des großen Königs umleuchtet dich.
Siehe, geschwunden ist allerorten das Dunkel …
O wahrhaft selige Nacht,
dir allein war es vergönnt, die Stunde zu kennen,
in der Christus erstand von den Toten.
Dies ist die Nacht, von der geschrieben steht:
»Die Nacht wird hell wie der Tag,
wie strahlendes Licht wird die Nacht mich umgeben.«

In der Gestalt des Feuers erhält das Licht eine zwiespältige Bedeutung. Wenn man ihm keine Grenzen setzt, entfaltet es eine zerstörerische Kraft. Die Atompilze von Hiroshima und Nagasaki stehen dafür. Aber auch das atomare Feuer des berstenden Kernkraftwerkes von Tschernobyl erhellt die Nächte der Moderne.

Jesus ist gekommen, um Feuer auf die Erde zu werfen. Gemeint hat er das Feuer der Liebe, nicht das Feuer des Hasses.

Die großen Feste

Wenn im Leben etwas Wichtiges geschieht, dann feiern Menschen ein Fest. Feste sind wie Gedichte. In ihnen verdichtet sich etwas, das sonst in der Länge und Breite des Lebens erfahren wird, auf einen einzigen Tag, auf eine einzige Nacht, auf ein paar Stunden, auf einen Zeitpunkt. In der Gegenwart eines Festes versammeln sich Vergangenheit und Zukunft. Feste feiern etwas, das geschehen ist, und sie sind Ausdruck der Hoffnung auf eine gute Zukunft.

Im menschlichen Leben verdichten sich die wirklich großen Feste auf die Feier der Geburt, der Liebe und des Todes. Im Hinblick auf den Tod kann ein Fest natürlich nicht fröhlich sein. Aber auch der Tod ist ein Fest – ein ernstes.

Manche beklagen, dass heute zu viele Feste gefeiert werden und dass darüber das Fest überhaupt entwertet wird. In der Tat ist es so, dass die großen christlichen Feste an Strahlkraft verloren haben. Meistens gibt es an diesen Tagen die großen Staus auf den Autobahnen und Warteschlangen auf den Bahnhöfen und Flugplätzen. Geblieben sind einige inzwischen kommerzialisierte Bräuche aus grauer Vorzeit, deren Herkunft und Geschichte nicht christlich sind. Ansonsten heißt die Devise in der Regel und in aller Breite: gut essen, gut trinken, gut schlafen. Der Konsum hat diese Feste fest im Griff. Weihnachts- und Ostergeschäft sind wichtige Indikatoren für die wirtschaftliche Gesamtentwicklung, für die Kaufkraft der Bevölkerung und für die Preisentwicklung geworden. Osterhasen gibt es schon kurz vor Weihnachten, und schon Wochen vor Weihnachten glitzert es in den Auslagen der Geschäfte. Das

Salz der Feste ist schal geworden. Man hat es zu Zucker gemacht, der das sonst so langweilige Leben ein wenig versüßen soll.

Wie die großen Urbilder sind die großen Feste Lernorte, an denen sich das Leben des Menschen und der Versuch des Glaubens konzentrieren. An den Festen können wir unser Leben wie im Brennpunkt einer Linse für einen Augenblick in seinem geheimnisvollen Grund und in seinem unbekannten Ziel erahnen. Die großen Feste feiern nicht nur Fakten, sie feiern auch Geheimnisse.

Weihnachten – Geburt und Menschwerdung

Viele Mythen und Religionen erzählen in ihrem Kern von der Geburt eines Kindes, eines göttlichen Kindes. Auch die christliche Religion kennt eine solche Geschichte. Sie beginnt mit der Ankunft des Jesus von Nazaret, der als »Retter« geboren wird.

Die Umstände dieser Geburt sind nicht besonders erfreulich: Das Kind kommt unterwegs, auf der Flucht, zur Welt. Diese Geburt ist kein besonders wichtiger öffentlicher Vorgang. Es kommen einzig und allein Hirten dazu, die Wache halten bei ihren Herden. Es ist nichts darüber bekannt, dass sie aufgrund dieser Begegnung etwas umwälzend Neues in ihrem Leben angefangen hätten.

In der Unscheinbarkeit der Geburt Jesu war noch alles verborgen. Niemand konnte ahnen, was einst aus diesem Kind werden würde. Wichtig bleibt festzuhalten, dass Jesus sich mit seiner Geburt in das Schicksal jedes Menschen eingefügt hat.

Kaum, dass der Mensch geboren wird, beginnt er zu sterben. Die Geburt ist der Anfang des Sterbeprozesses. Das klingt illusionslos. Aber es ist so.

Die Geburt eines Menschen geschieht nicht aus sich selbst heraus. Sie wird in der Regel bestimmt dadurch, dass zwei Menschen sich vorbehaltlos lieben und dass aus dieser Liebe neues Leben entsteht. Es ist also im Grunde bestimmt, wenn nicht gar fremdbestimmt. Dem Geborenen bleibt die Hoffnung, dass es irgendwo und irgendwann eine grundsätzliche Zustimmung zu seinem Dasein gegeben hat.

Auch die Geburt ist zwiespältig. Einerseits befreit sie uns zu einem selbstbestimmteren Leben, andererseits verurteilt sie uns zum Tod. Manchmal schon zum frühen Tod. Wenn wir die Schicksale von Millionen von Kindern sehen, die, ohne dass sie gefragt wurden, auf die Welt kamen, die nicht aus Liebe entstanden sind, sondern durch Vergewaltigung, dann lastet auf dem Geheimnis der Geburt eine schwere Hypothek.

Die gängige Praxis des Weihnachtsfestes der Christen ist fragwürdig geworden. Was beim Kerzenschimmer, bei Tannenduft und Glockenklang das Gemüt erhebt und Tränen der Rührung in die Augen treibt, wird im Laufe der Zeit wieder vergessen. Würden wir Weihnachten wirklich ernst nehmen, dann müssten wir nicht nur unsere Kinder, sondern alle Kinder lieben. Sonst bleibt die Hoffnung, die von der Geburt Jesu herrührt, eine leere Phrase.

Es gilt, angesichts des welt- wie lebensgeschichtlichen Ereignisses der Geburt des Kindes im Stall wieder zur Hauptsache zurückzukehren: zur Frage danach, warum Gott Mensch geworden ist, und was sich aus dieser Tatsache für uns ergibt.

Ostern – Tod und Auferweckung

Was mit der Geburt Jesu begann, endete mit dem Tod am Kreuz. Das Leben Jesu war keine Erfolgsgeschichte. Jesus war kein Erfolgsmensch. Erfolg ist, wie der jüdische Religionsphilosoph Martin Buber gesagt hat, »keiner der Namen Gottes«.

Jesus hat mit der Annahme seines Todes gezeigt, dass er wirklich Mensch sein wollte wie alle andern auch. In seinem Leben können sich die auch heute lebenden Menschen wieder erkennen. Das gibt vielen Menschen Trost.

Jesus hat den Tod nicht außer Kraft gesetzt. Er hat ihn vielmehr durch seinen eigenen Tod bestätigt. Immer, wenn Menschen sterben müssen, ist Jesus mit seinem Tod stillschweigend anwesend. Jesus ist eben nicht nur der Sieger gewesen, als den ihn die christliche Verkündigung jahrhundertelang hingestellt hat.

Aus seinem Tod – das bestätigen die Fakten danach bis zum heutigen Tag – ist vielfältiges Leben entstanden. Eine ganze Geschichte hat sich entfaltet. Aus der Lebensgeschichte Jesu ist eine Weltgeschichte geworden.

Mit Ostern zeigt sich grundsätzlich die Möglichkeit eines »Weiterlebens nach dem Tod« an. Viele Umfragen in den vergangenen Jahren in Europa und in Nordamerika haben zu Tage gefördert, dass immer weniger Menschen an ein Weiterleben nach dem Tod glauben. Das Faktum mag erschrecken nach zweitausend Jahren Ostern. Aber es ändert nichts an der Tatsache, dass Menschen ewig leben wollen. Alte Mythen, die von dieser Ursehnsucht erzählen und die schon lange vor der Ankunft Jesu in der Welt in Umlauf waren, feiern wieder fröhliche Urständ. Das Christentum bietet dabei eher ein schwaches Bild. Die Kirchen sind eher zum Grab Jesu geworden als zum Zeugenort seiner Auferweckung.

Ostern ist ein großes Frühlingsfest, an dem deutlich wird, dass der alljährliche Tod des Winters durch die Kraft der Sonne besiegt wird. Aber noch mehr ist Ostern für Christen ein Fest, an dem die Möglichkeit der Überwindung des Todes, die Möglichkeit eines ewigen Lebens geheimnisvolle Tatsache geworden ist.

Ein Text aus dem Alten Testament bringt uns die Tatsache des Todes und der Auferweckung in einer Weise nahe, die auch heute noch verstanden werden kann.

Denn Gott hat nicht den Tod gemacht und hat keine Freude am Untergang der Lebenden.
Die Seelen der Gerechten aber sind in Gottes Hand, und keine Qual kann sie berühren. In den Augen der Toren scheinen sie tot zu sein; ihr Ende wurde als Unglück angesehen und ihr Weggehen von uns als Vernichtung. Sie aber sind im Frieden. Denn wenn sie auch nach der Ansicht der Menschen geplagt wurden, so war doch ihre Hoffnung voll der Unsterblichkeit.

Buch der Weisheit 1,13; 3,1–4

Im Zusammenhang mit dem christlichen Glauben an die Unsterblichkeit muss heute an dem immer mehr aufkeimenden Glauben an die Wiedergeburt erinnert werden. Der Glaube an die Wiedergeburt geht davon aus, dass nach dem Tod die Seele des Menschen nicht an irgendeinen Ort geht und dort bleibt, sondern dass sie einen neuen Körper annimmt und wieder ein geschöpfliches Leben beginnt. Wer daraus eine Alternative zum christlichen Glauben zu entwickeln sucht, der offenbart eine Unkenntnis der Auffassung von Wiedergeburt, wie sie in den asiatischen und fernöstlichen Religionen vorherrscht. Dort ist nämlich die Wiedergeburt nicht etwas, was sich die Menschen ersehnen, sondern sie versuchen gerade der Qual der Wiedergeburten zu entfliehen.

Unsere jetzige Sicht der Dinge bleibt bei aller Klarheit des Denkens, bei aller Entschiedenheit des Tuns rätselhaft und nur in vagen Umrissen erahnbar. Erst der Tod wird uns Klarheit verschaffen. Durch ihn müssen wir hindurch, um eine unverstellte Sicht auf das Geheimnis zu haben, das uns leben und sterben lässt. Jeder Versuch, dieses Geheimnis zu entschlüsseln, bleibt reine Spekulation.

Wir sehen nämlich jetzt durch einen Spiegel rätselhaft, dann aber von Angesicht zu Angesicht. Jetzt ist mein Erkennen Stückwerk, dann aber werde ich ganz erkennen, wie auch ich ganz erkannt worden bin.

1. Korintherbrief 13,12

Ostern ist die Messerschneide des Glaubens. An Ostern muss der Glaube das Heft in die Hand nehmen, sonst springt er über die Klinge. Sitzen zu bleiben und Osterlieder zu singen, genügt nicht. Wir müssen bewusst durch Leben und Tod hindurch. Wir müssen uns entscheiden. Die Freiheit dazu haben wir.

Pfingsten – Feuer und Liebe

Das Pfingstfest des Jahres 30 in Jerusalem hat auf die Entwicklung der christlichen Religion und der Kirche einen entscheidenden Einfluss gehabt. Dort wurde der Raum des Anfangs aufgebrochen, der Kreis weit über das Judentum hinausgezogen und erreichte schließlich, über die griechische und römische Welt, andere Völker. Pfingsten ist der Anfang einer Geschichte, die bis zum heutigen Tag anhält.

Aber man darf die Missionsgeschichte nicht nur nach außen, »in alle Welt«, verstehen, sondern auch nach innen: Immer wieder muss der Geist des Anfangs in die verkrusteten Strukturen fahren und sie aufbrechen, immer wieder muss begonnen, immer wieder muss neu auf die Zeichen der Zeit geantwortet werden.

Weiter ist von Pfingsten her gesehen für heute wichtig: das Sprechen und die Übersetzung in fremde Sprachen. Pfingsten ist die Antwort auf Babylon. Der Geist Gottes bricht die verschlossenen Türen auf, öffnet den Menschen den stummen Mund und lässt sie frei reden.

Betrachtet man das Pfingstereignis angesichts der heutigen gesellschaftlichen Situation, dann kann es, übertragen gedeutet, eine wirklich aktuelle Bedeutung gewinnen. Unsere Gesellschaften bestehen aus immer mehr nicht mehr miteinander kommunizierenden Röhren, in denen jeweils nur eine, immer weniger Menschen verständliche Sprache gesprochen wird. Ein solcher Trend zur Abgeschlossenheit, zur sprachlichen Einsamkeit und damit auch zur Beschränktheit der Wahrnehmung von Welt und Mensch ist gefährlicher, als manche denken.

Es ist auch das Ergebnis der zunehmenden Spezialisierung der Sach- und Wissenschaftsgebiete, der Lebensbereiche. Wenn Christen heute eine wirklich wichtige Aufgabe in der Gesellschaft haben, dann besteht sie im Übersetzen und im Brückenbauen. An den jeweiligen Ufern stehen die Menschen und warten darauf, dass eine oder einer zu ihnen übersetzt, dass er sie übersetzt.

Die Schilderung des Ereignisses von Jerusalem ist noch in einem anderen Punkt auffällig. Es wird berichtet, dass die Jünger hinter aus Angst verschlossenen Türen saßen. Das zentrale Krisenstichwort der heutigen Situation der Kirchen und des Christentums ist die Angst. Die Kirchen haben sich weitgehend hinter verschlossenen Türen eingerichtet. Sie wohnen nicht mehr in Zelten, die man abbrechen kann, sondern in gut und sicher eingerichteten Wohnungen. Beweglichkeit ist ihnen fremd geworden, sie sitzen vor allem. Und sie sitzen fest. Wenn die Türen geschlossen bleiben, nimmt man die Dinge, die in der Welt draußen geschehen, nicht mehr wahr. Man nimmt sie auch nicht mehr für wahr. Ja, schlimmer noch, man nimmt sich selbst nicht mehr wahr. Man wird taub, blind und stumm. Man merkt auch nicht mehr, dass der Geist Gottes draußen vor der Tür wirkmächtig ist. Er macht vor keinem Hindernis halt. Aber da man auf »seinem« Jesus sitzt, ihn besitzt, kann man auch nicht mehr wahrnehmen, wo draußen die Feuer brennen. Man wird kalt. Diesen Eindruck erweckt das verfasste Christentum heute auf weite Strecken.

Pfingsten ist das Fest des Aus- und Aufbruchs aus der Ichverschlossenheit und der Einsamkeit. Insofern ist es auch ein Fest der Liebe und der Freiheit, ein Fest der Zuwendung zur Welt in allen ihren Dimensionen. Nichts kann dabei ausgeschlossen bleiben.

Der Christ fühlt sich in der neuen Welt immer mehr als Einsamer, Alleingelassener. Gewissermaßen als ein Mensch auf verlorenem Posten. Er fühlt sich auf sein eigenes Leben zurückgeworfen, richtiger auf seinen Herrn Jesus Christus zurückgeworfen. Die Kirche kann sich in ihrer Bedrängnis weitgehend nur auf jene Einzelnen verlassen, die willens und auch im Stande sind, die christliche Wahrheit glaubwürdig zu verwirklichen, von ihr Zeugnis zu geben. Es gibt heute kein Gehege mehr, in dem man als Christenmensch vor der Bewährung in der Welt sicher sein kann. Entweder gelingt es uns, der Welt einen neuen Heiligen, einen neuen Weltmenschen zu schenken, der sie aus der Kraft seines Glaubens in eine neue Christenheit verwandelt, oder wir versagen, müssen dann auf die nächste Weltstunde hoffen. In diesem Sinne leben wir in einer Zeit, die seit dem Urchristentum die größte Chance des Glaubens ist.

Ladislaus Boros

Christ sein heißt heute, einer Gesellschaft anzugehören, die immer durchdringender entchristlicht wird. Aber ob sie wirklich säkularer oder gar aufgeklärter wird, ist eine andere Frage.

Statt sich als imposante Großorganisation zu formieren und von der Gesellschaft abzuheben, müssen Christen sich in die Gesellschaft inkarnieren, wörtlich übersetzt: einfleischen. Das biblische Bild vom winzigen Sauerteig, der die große Masse des Brotteigs durchdringt, gewinnt neue Aktualität. Christinnen und Christen müssen sich kompetent machen in den Feldern ihrer Berufe gleichermaßen wie im Lebenswissen. Sie müssen so fragwürdig leben, dass sie der Fragen würdig sind.

Christen müssen sich heute auch verschweigen ins Dasein mit anderen und für andere – schwierig in der Zeit der Selbstverwirklichung. Aber vielleicht könnte diese auch bestehen in der zuweilen namenlosen und verschwiegenen Begleitung auf verschlungenen Lebenswegen. Christen müssen sich verschweigen ins Unterwegssein. Heute ist vornehmlich das Zeugnis des Lebens und die Bereitschaft gefragt, sich auszuliefern, ein Risiko einzugehen. Auch auf die Gefahr hin, dass man nicht taufen kann.

Im Namen Jesu Christi, steh auf

Meditation von Frère Roger
Taizé – Ostern 1977

»Gold und Silber besitze ich nicht. Doch was ich habe, gebe ich dir: im Namen Jesu Christi, steh auf.«

Apostelgeschichte 3

Ich besitze weder Gold noch Silber! So konnte ein Christ aus der Anfangszeit der Kirche nur dann von sich sprechen, wenn er bereits alles geteilt hatte. Um mit den anderen ganz ein Herz und eine Seele zu sein, um das Gleichnis des Miteinanderteilens zu verwirklichen, legte er mit ihnen seine Güter zusammen. Er handelte, nicht unter Zwang, sondern aus reinem Glauben, nicht aus Verpflichtung, sondern aus Liebe zum auferstandenen Christus. Wer teilt, ohne zu lieben, beruhigt immer nur sein eigenes Gewissen; wer ein Miteinanderteilen aus Prinzip erzwingen will, entstellt das Angesicht Christi.

Ich besitze weder Gold noch Silber! Hast du erst einmal deine Güter geteilt, gewinnst du die Freiheit, zu teilen, was noch wesentlicher ist: das

Leben des Auferstandenen. Ich besitze weder Gold noch Silber, aber ich gebe dir das Beste, was ich habe: Ich teile mit dir das Vertrauen, dass der Auferstandene lebendig ist, dass er für jeden Menschen gegenwärtig ist.

Hörst du ihn, der zu dir sagt: »Steh auf, wach auf unter den Toten«?

Würden wir hier auf dem Hügel zusammenkommen, wenn Christus nicht auferstanden wäre? Wozu würden wir bis zur Hingabe unseres eigenen Lebens gehen, in ihm sterben, aus ihm leben, wenn Christus nicht auferstanden wäre?

Deinem Verstehen Können und deinem kritischen Nachdenken bleibt es vielleicht verwehrt, in das Geheimnis der Auferstehung einzuwilligen. Du weigerst dich nicht, daran zu glauben, manchmal jedoch gelingt es dir nicht. Würde dich Christus deshalb als Ungläubigen abweisen? Nein, niemals!

Wenn du angesichts seiner Gegenwart in Gleichgültigkeit verfällst, verurteilt er dich nicht. Er leidet mit dir, er stirbt mit dir, er, der weder stark noch mächtig sein will.

Wenn dich die Furcht ergreift, wenn du Angst vor der Einsamkeit hast, wenn du dich fürchtest, die sterben zu sehen, die du liebst, wenn du Angst vor deiner Angst hast, bleibt in Christus deiner Angst nur ein einziger Weg: das Vertrauen auf seine Gegenwart, in dem du sagen kannst: »Bleibe bei uns, bleibe bei mir, denn es wird Abend.«
Lukas 24

Ich höre dich einwenden, dass du die Gegenwart des Auferstandenen so gut wie nie erfahren hast. Sei dir darüber im Klaren, dass du ihn nur kennen lernst, wenn du dich auf den Weg machst.

Du kannst wählen. Entweder du ziehst dich auf dich selbst zurück und nimmst dein kleines Ich zum Mittelpunkt. Oder du verzichtest in einer radikalen Umkehr darauf, dir selbst nachzulaufen, um ihm, dem Lebendigen, zu folgen.

Keine Willensanstrengung kann diese Umkehr auslösen, du würdest dabei in einem unmenschlichen Kampf nur deine Energien verbrauchen. Lass dich lieber in der Stille deines Herzens vom Auferstandenen finden. Niemals zwingt er dich zu irgendetwas; er lädt dich lediglich dazu ein, aufzustehen, aus deinem Halbschlaf aufzuwachen und dich mit ihm auf den Weg zu machen.

Du entdeckst den Lebendigen in den anderen, aber in dir selbst entdeckst du ihn nicht. Die anderen entdecken ihn in dir und bemerken ihn nicht in sich selbst. Und dennoch ist er da.

Er brennt in deinem Innern. Er verbrennt alles in dir, die Knoten, die sich ständig wieder neu zuziehen und die Stricke, die dich einschnüren. Doch es geht nicht um die Fesseln, die dich gefangen halten; Gott kümmert sich um sie.

Auf das Strahlen des auferstandenen Christus kommt es an, auf das Feuer des Heiligen Geistes in dir.

Und dieses Feuer sagt niemals: Genug jetzt, lass alles hängen.

Buch der Sprichwörter 30

Es verbrennt alle »mir reicht es« aus Resignation und Entmutigung, es entzündet ungeahnte Spontaneität.

Vom Sturm dieses Feuers erfasst, wird unversehens der Schwächste unter uns den Stärksten heilen, und selbst, wer keine Stimme hat, wird sich aufmachen und den Auferstandenen preisen.

Das Leben in Gemeinschaft, wo immer es auf Erden gelebt wird, ob in der Geschichte oder heute, braucht eine innere Einfachheit. Man darf sich nicht aufdrängen. Die Einfachheit des Herzens und des Lebens sind Zwillingsschwestern.

Die Einfachheit des Herzens: Wenn wir lieben, verzeihen, verstehen und zu begreifen suchen, wen wir im anderen begegnen, nämlich einem Geschöpf Gottes selbst.

Wir versuchen die Einfachheit des Herzens in die Mitte unseres gemeinsamen Lebens zu stellen.

Taizé heute

Aus kleinen Steinen ein Bild

Taizé – innen und außen

Es erscheint wie ein kleines Wunder, dass das Vorläufige in einer Welt, die immer mehr von Technik und Perfektion bestimmt wird, so lange Bestand haben kann – schon 65 Jahre lang.

Taizé ist die sichtbar gewordene Vorläufigkeit. Taizé ist ein dauerhaftes Experiment. Ein Versuch, zu leben und zu zeigen, wie Glauben gehen könnte, nein, gehen kann. In diesem Fall: christlicher Glaube.

Während anderswo die kirchlichen Räume immer leerer werden: In Taizé sind sie voll von Menschen, vor allem von jungen Menschen. Nicht zu übersehen sind jedoch auch die, die mit Taizé erwachsen geworden sind, und zunehmend auch ältere Menschen, die aus ihrer religiösen Sprachlosigkeit herauskommen wollen.

Um seine anhaltende und wachsende Wirkung zu verstehen, muss Taizé auch vor dem Hintergrund der gegenwärtigen und anhaltenden kirchlichen Situation in Europa gesehen werden. Frankreich ist dabei noch einmal ein Sonderfall. Wie sieht diese Situation aus? Welche Konturen hat sie?

Eine Antwort darauf ist nicht einfach. Die Situation lässt sich nicht mit ein paar blitzenden Schlagworten oder mit ein paar leichtfertigen Formeln beschreiben. Der erste Blick genügt nicht. Es müssen schon ein zweiter, wenn nicht noch mehr Blicke folgen. Man muss sich Zeit nehmen, ein wenig Geduld haben.

Die Wirkung von Taizé hat ihre Wurzeln in einem kirchlichen Defizit, das sich über lange Jahre nach dem Zweiten Weltkrieg (1939–1945) aufgebaut hat. Und sie hat eine wichtige Wurzel in der Entwicklung der europäischen Gesellschaften in den letzten Jahrzehnten, in der technischen und technologischen Entwicklung, in dem, was wir sehr schnell als den »Fortschritt« bezeichnen, als die »Moderne«. Es ist ein ganzes Bündel von Ursachen zu suchen und zu finden, will man Taizé in seiner anhaltenden und immer wieder neu Staunen machenden Wirkung verstehen.

Offenbar ist Taizé eines von den Leuchtfeuern in Europa geworden, das für viele einen Weg weist auf dem aufgewühlten Meer unserer Zeit. Und das im Namen Gottes und einer Religion, die schweres Geröll in ihrem uralten Flussbett mitschleppt.

Wer sagt, in Taizé »fängt« man die jungen Leute mit Melodien und einem Hauch von Freiheit, die es sonst nicht gibt, wer sagt, in Taizé sei alles oberflächlich – solche Argumente sind immer wieder im Bereich der verfassten Kirchen zu hören –, der macht es sich allzu leicht. Manchmal schwingt Neid in solchen schnell dahin geworfenen Argumenten mit.

Taizé ist ein Phänomen. Was ist ein Phänomen? Das Wort – heute viel gebraucht – kommt aus der griechischen Sprache und bedeutet so viel wie: etwas, in dem sich etwas zeigt, in dem etwas zum Vor-Schein kommt, was sonst unter der Oberfläche verborgen liegt. Was nicht auf den ersten Blick ins Auge springt.

Man kann Taizé nur in einem großen Kontext verstehen. Wie alle Dinge, die wichtig sind.

Biblisch gesprochen: wie einen kleinen Sauerteig in einer großen Masse Mehl.

Der Wunsch, eine andere Welt zu sehen

An den Weihnachtstagen des Jahres 1995 wurden in einem Hochgebirgstal in der Schweiz 16 Leichen gefunden, darunter auch drei Leichen von Kindern. Es waren die sterblichen Überreste von Mitgliedern der Sonnentemplersekte, die immer wieder spektakulär von sich reden machte und der, wie vielen Sekten, ein Zug zur Zerstörung innewohnte.

Zu erinnern ist daran, dass sich in diesen Jahren solche Vorgänge vermehrt zeigten. Sicher spielte dabei auch das Faktum der Jahrtausendwende eine wichtige Rolle. Jahrtausendwenden sind gefährlich. Es sind Zeiten, in denen Entgrenzungsversuche, Weltüberwindung, ja Weltverachtung Hochkonjunktur haben. Das war und ist auch in der Geschichte des Christentums nicht anders.

Allerdings erscheinen diese Vorgänge, nicht zuletzt durch die Vernetzung der modernen Kommunikationsmittel und durch ein nicht mehr verkraftbares Übermaß an Information, verschärft. Sie sind zu einer kritischen Masse geworden, die Kräfte freisetzt, die nur schwer gebändigt werden können.

In den verlassenen Häusern der Mitglieder der Sonnentemplersekte fand man Abschiedsbriefe. In einem dieser Briefe war zu lesen, dass man die grausige Tat begangen hatte, weil man durchdrungen gewesen sei von dem »Wunsch, eine andere Welt zu sehen«.

Spätestens an dieser Stelle des Dramas könnte ein ausgebuffter Theologe und Religionswissenschaftler die Bühne betreten und – mit einer verächtlichen Handbewegung unterstreichend – sagen: »Nichts Neues unter der Sonne!« Rein faktisch hätte diese Bemerkung sogar einiges für sich. Aber bezogen auf das konkrete Leben konkreter Menschen gewinnt der »Wunsch, eine andere Welt zu sehen« eine explosive Brisanz.

Wir Menschen sind offenbar Wesen, deren Tiefe ihrer Herkunft und deren unendliche Weite ihrer Zukunft mit dem Verstande niemals ausgelotet werden können. Mit der Tatsache unseres Daseins ist etwas mitgegeben, das in Zahlen, Daten und Fakten nicht zureichend, nicht ausreichend und angemessen erfasst werden kann, ein geheimnisvoller Rest, eine rätselhafte Lücke.

In allen Verkrustungen, Verschalungen und oft wirr gewundenen Biegungen unserer Lebensgeschichte bleibt ein geheimnisvoller Faktor übrig, der uns erschreckt.

Die Ränder unseres Daseins werden erhellt von einem unheimlichen Feuer, das uns anzieht und abstößt, das uns mit einer solchen Sehnsucht erfüllt, dass wir in der letzten Konsequenz in dieses Feuer hineingehen wollen, obschon wir dunkel ahnen, dass wir darin verbrennen könnten. Es ist ein Feuer, das zugleich wärmt *und* verbrennt.

Solch eine Kraft hat der »Wunsch, eine andere Welt zu sehen«.

So sind wir. Ob wir wollen oder nicht.

Als der Herr das Los der Gefangenschaft Zions wendete,
da waren wir alle wie Träumende.
Da war unser Mund voll Lachen
und unsere Zunge voll Jubel.
Da sagte man unter den anderen Völkern:
»Der Herr hat Großes an ihnen getan.«
Ja, Großes hat der Herr an uns getan.
Da waren wir fröhlich.

Wende doch, Herr, unser Geschick,
wie du versiegte Bäche wieder füllst im Südland.

Die mit Tränen säen, werden mit Jubel ernten.
Sie gehen hin unter Tränen
und tragen den Samen zur Aussaat.
Sie kommen wieder mit Jubel
und bringen ihre Garben ein.

Psalm 126

Wagst du einen kühnen Vorstoß?

Der ökumenische Ansatz

Für viele Christinnen und Christen ist es nur schwer oder gar nicht mehr verständlich, dass die Christen immer noch in getrennten Kirchen leben müssen. Die Trennung ist eine tiefe und schmerzliche Wunde am Leib Christi, der Kirche.

Angesichts dieser Tatsache ist die Hauptaufgabe der Gemeinschaft der Brüder von Taizé, einen spürbaren und anhaltenden Beitrag zur Überwindung der Trennung zu leisten. Die Brüder in Taizé kommen aus unterschiedlichen christlichen Kirchen und Gemeinschaften. Sie sind Protestanten, Anglikaner und Katholiken und versuchen Tag für Tag den Schmerz der Trennung nicht nur zu ertragen, sondern die Trennung auch zu überwinden. Insofern leben sie in einer permanenten Situation des Pfingstfestes. An jenem Tag in Jerusalem geschah etwas, das der babylonischen Sprachverwirrung im Grunde ein grundsätzliches Ende bereitete.

In den »Quellen von Taizé« heißt es:

Christus ist Gemeinschaft. Findest du Wege, aus Christus zu leben, der auf der Erde in der Gemeinschaft seines Leibes, seiner Kirche, zugegen ist? Strahlt sie ein Geheimnis der Einfachheit und der Vergebung aus, ist sie ein lauterer Widerschein Christi.

Einer der ersten Zeugen des Evangeliums hat es schon begriffen: »Ich könnte die Gabe haben, im Namen Gottes zu sprechen, alle Erkenntnis, einen Glauben, der Berge versetzt – wenn ich die Liebe nicht habe, nützt es nichts.«

1. Korintherbrief 13,2

In der einzigartigen Gemeinschaft, die die Kirche ist, zerstückeln alte oder neue Auseinandersetzungen Christus in seinem Leib.

Die ökumenische Berufung leuchtet nach wie vor auf, wo Versöhnung ohne Aufschub verwirklicht wird.

Gemäß dem Evangelium wartet die Versöhnung nicht ab: »Wenn du deine Opfergabe zum Altar bringst und dein Bruder etwas gegen dich hat, so lass sie liegen, geh und versöhne dich zuerst.«

Matthäus 5,23–24

»Geh erst!« und nicht: »Verschieb es auf später!«

Die ökumenische Bewegung nährt eitle Hoffnungen, wenn sie die Versöhnung auf später verschiebt. Sie fährt sich fest, ja erstarrt, wenn sie es zulässt, dass parallele Wege entstehen, auf denen die frischen Kräfte des Verzeihens sich verschleißen.
Wo kann man aber zum Brennen einer Liebe finden, die versöhnt? Wo?

Du weißt, dass wir Christus nachfolgen, der »litt, aber niemandem drohte; er trug mit seinem Leib die Last unserer Sünden, und seine Wunde hat uns geheilt«.

1. Petrusbrief 2,22–25

Glücklich, wer in seiner Nachfolge bis zum äußersten Mitleiden geht: »Liebt eure Feinde, betet für eure Verfolger.«

Lukas 6,27–28

Wenn wir nur die Menschen lieben, die uns lieben, tun wir nichts Besonderes.
Tief gehende Umkehr geschieht, sobald wir Gott die Menschen anvertrauen, die uns verletzt haben, auch dann noch, wenn wir zurückgestoßen oder gedemütigt worden sind. Die Versöhnung ist ein Frühling des Herzens. Wer sich ohne Aufschub versöhnt, macht eine Entdeckung: Das eigene Herz verändert sich.

Wenn du dich entschließt, eine Trennung zu beenden und zu den Menschen auf der Gegenseite gehst und zu ihnen sagst: »Ich komme, um mich zu versöhnen«, und sie antworten: »Kommt nicht in Frage« – was tun?
Wagst du einen kühnen Vorstoß? Lässt du die Bedenken fallen, die dich einsam machen, und kehrst du zu den Menschen zurück, die dich abgewiesen haben, und sagst zu ihnen: Ich komme, um mich zu versöhnen? Schicken sie dich wieder weg, bleibt dir das schlichte Gebet, um sie still innerlich anzunehmen. Wenn du das Wagnis des Vertrauens eingehst, zieht in dein Herz Frieden ein.

Wenn es stimmt, dass im letzten halben Jahrhundert mehr an den Gemeinsamkeiten zwischen den Konfessionen gewachsen ist als in über vier Jahrhunderten zuvor seit der Reformation, dann fragen sich heute immer mehr Menschen, warum das nicht in sichtbare Ergebnisse umgesetzt wird. Sie verstehen vielfach die Kirchenleitungen nicht mehr.

So gesehen ist in den Augen vieler die Ökumene eine Art Geheimloge geworden. Ökumene als geschlossene Gesellschaft mit einer Art Arkandisziplin. Ökumene ist auf weite Strecken zum Raub der Spezialisten geworden.

Bereits das Zweite Vatikanische Konzil, das 1965 zu Ende gegangen ist, hat im Dokument »Unitatis Redintegratio« (Wiederherstellung der Einheit) festgehalten, »dass es zur Wiederherstellung der Gemeinschaft notwendig sei, keine Lasten aufzuerlegen, die über das Notwendige hinausgehen«.

Und im Ökumenebeschluss der Gemeinsamen Synode der Bistümer in der Bundesrepublik Deutschland – 1975 zu Ende gegangen – heißt es:

> Die Ökumenische Aufgabe duldet keinen Aufschub. Die Gunst der Stunde, vom Herrn der Zeiten geschenkt, darf nicht versäumt werden. Schon gibt es beunruhigende Zeichen der Erschlaffung des ökumenischen Willens, der im Zweiten Vatikanischen Konzil seinen epochalen Ausdruck gefunden hat. Umso mehr sind jetzt alle Verantwortlichen in Gemeinde, Bistum und Weltkirche dazu gerufen, ihr ökumenisches Gewissen zu schärfen … Ökumenische Orientierung muss neuer Stil der Kirche werden.

In Taizé wird Ökumene gelebt. Und es wird für sie gebetet. Die noch vorhandenen Unterschiede werden nicht nur diskutiert. Das erfüllt die Sehnsucht vieler Menschen und ist ein Zeichen der Hoffnung. Die Gemeinschaft der Brüder von Taizé ist wie ein reales Symbol dafür, dass Versöhnung über alle Gräben hinweg möglich ist. Taizé macht den Skandal, das Ärgernis der Spaltung offenbar.

In Taizé brennt die Glut des Willens zur Einheit.

Als Versöhnte leben

Sind wir uns beim Eintritt ins dritte Jahrtausend ausreichend darüber im Klaren, dass Christus vor zweitausend Jahren nicht auf die Erde gekommen ist, um eine weitere Religion zu stiften, sondern um jedem Menschen Gemeinschaft mit Gott anzubieten?

Nach seiner Auferstehung wird die Nähe Christi in der Gemeinschaft der Liebe greifbar, die die Kirche ist.

Sind die Herzen der Christen weit genug, ihre Fantasie offen und ihre Liebe brennend genug, um den Weg des Evangeliums zu entdecken: ohne Aufschub als Versöhnte leben?

Die ökumenische Berufung führte zu bemerkenswerten Dialogen und Erörterungen; man kann darüber aber nicht das Wort Christi vergessen: ›Geh und versöhne dich zuerst!‹ Sofern die Versöhnung unter den Christen auf später verschoben wird, könnte der Ökumenismus, ohne sich dessen bewusst zu sein, trügerische Hoffnungen nähren.

Wenn die Christen sich schlichte Einfachheit und unbegrenzte Herzensgüte bewahren, wenn ihnen daran liegt, die tiefe Schönheit der menschlichen Seele zu entdecken, tun sich ihnen Wege auf, in Christus miteinander in Gemeinschaft zu sein.

Diese Gemeinschaft, die die Kirche ist, kann für die Jugendlichen wieder glaubwürdig werden, wenn sie zur Klarheit findet, indem sie aus ganzer Seele zu lieben und zu verzeihen sucht, und wenn sie auch mit geringen Mitteln gastlich offen steht, den Leiden der Menschen nahe.

Niemals auf Abstand, nie in Abwehrhaltung und befreit von harter Strenge kann sie das schlichte Vertrauen des Glaubens bis in unsere Herzen leuchten lassen.

»Das Christentum steht erst am Anfang«, schreibt der orthodoxe Theologe Oliver Clément. »Wir erleben, wie sich ein armes und freies Christentum abzeichnet, das fähig ist, ein ungeschminkteres Zeugnis vom Evangelium abzulegen.«

Ja, uns Arme des Evangeliums ruft Christus, Hoffnung auf Gemeinschaft zu entfachen. Dies vermag selbst der Einfachste der Einfachen.

Seit langem bewegt uns Brüder die Frage: Warum nehmen in weiten Gegenden der Welt so viele Jugendliche immer weniger oder gar nicht mehr an den Gottesdiensten in den Kirchen teil? Warum sagen manche, dass sie sich langweilen, wenn sie einer Liturgie beiwohnen?

Würde Christus in der Gemeinschaft seines Leibes, seiner Kirche, nicht derart im Stich gelassen, blieben die Jugendlichen nicht so nachhaltig den Kirchen fern – es wäre unserer Communauté nicht eingefallen, Jugendliche aufzunehmen, damit sie beten, miteinander sprechen und jemand finden können, der zuhört. Und dies nicht nur in Taizé, sondern auch bei Treffen in Europa oder in den anderen Erdteilen, unter anderem dort, wo wir Brüder zu einigen das Leben der Armen teilen.

Wir bemerken in Taizé oder bei jenen Treffen, dass ein Gebet, bei dem gemeinsam gesungen wird, mit seiner Schönheit in den Jugendlichen Sehnsucht nach Gott zu wecken vermag und sie anregt, sich tief auf eine kontemplative Erwartung einzulassen.

Ein Bibelwissenschaftler, Stanislas Lyonnet, hat versucht, in wenigen Worten einen Weg zur Gemeinschaft zu umreißen, der für Jugendliche gangbar ist. Er sagte: »Zur Kirche gehört jeder Getaufte, der sich innerlich darauf einstellt, dem Geheimnis des Glaubens Vertrauen zu schenken.«

Papst Johannes Paul II. hat uns als Communauté bei seinem Besuch 1986 in Taizé zu Bewusstsein gebracht, was unsere Berufung für die Jugendlichen trägt. Der Papst sagte unter anderem zu uns: »Ihr selbst wollt ein Gleichnis der Gemeinschaft sein und helft damit allen, denen ihr begegnet, ihrer kirchlichen Zugehörigkeit treu zu sein, aber auch, sich immer tiefer auf das Geheimnis der Gemeinschaft einzulassen, das die Kirche im Plan Gottes ist.«

Solche Worte sind bahnbrechend für Menschen, die aus ganzem Herzen in Gemeinschaft leben möchten. Kann ich hier daran erinnern, dass meine Großmutter mütterlicherseits mit ihrer Einfühlensgabe eine Art Schlüssel zur ökumenischen Berufung entdeckt hat und mir einen Weg bahnte, damit ernst zu machen? Ihr Lebenszeugnis prägte mich bereits in jungen Jahren, und nach ihr fand ich meine Identität als Christ darin, in mir den Glauben meiner Ursprünge mit dem Geheimnis des katholischen Glaubens zu versöhnen, ohne mit irgend jemandem zu brechen.

Frère Roger

Das Land

Burgund ist ein besonderes Land. Die meisten Menschen »kennen« es durch den Burgunder, den Wein, der in diesem Landstrich wächst. Viele fahren nur durch auf dem Weg in den »Süden«. Aber es lohnt sich, in Burgund zu verweilen.

Abgesehen von ein paar großen Städten ist Burgund bis heute eine stilles Land geblieben, ein Land, in dem man Atem holen kann.

Vor Christi Geburt lebten die Kelten im Land, die mit griechischen Handelsleuten, die an der Küste der Provence gelandet waren, rege Beziehungen pflegten. Sie wurden in langen und blutigen Auseinandersetzungen mit den Römern aufgerieben und verschwanden.

Im 1. Jahrhundert n. Chr. findet sich die erste urkundliche Erwähnung des germanischen Stammes der Burgunder, die aus Dänemark und Bornholm (altgermanisch: Burgundarholm) kamen. Sie wurden zuerst in Brandenburg sesshaft, siedelten dann am Main und am Rhein. Ihr Reich ging bald wieder unter in den Wirren der Völkerwanderung. Die Überlebenden wurden in Savoyen angesiedelt.

Romanische Kirche in der Umgebung von Taizé

Seit dem 4. Jahrhundert fasste das Christentum in Burgund Fuß. Seine Spuren sind bis heute noch zu sehen und prägen vor allem durch die vielen großen und kleinen, meist romanischen Kirchen das Bild.

Die Landschaft Burgunds ist nicht übersichtlich. Sie ist geprägt von bewaldeten Höhenzügen und Tälern, in denen wasserreiche Flüsse und Bäche fließen. In die Mulden und Talgründe schmiegen sich Dörfer und kleine Städte. Manche Dörfer liegen aber auch auf einem der zahlreichen Hügel.

In Burgund leben heute etwa eineinhalb Millionen Menschen. Mit 50 Einwohnern pro Quadratkilometer liegt das Land noch beträchtlich unter der Besiedlungsrate von Gesamtfrankreich. Die Mehrzahl der Bevölkerung lebt auf dem Land. Das bedeutet aber nicht, dass die Mehrzahl der Einwohner auch dort tätig ist. In der Landwirtschaft arbeitet nur ein Drittel der burgundischen Bevölkerung.

Wer mit den Menschen in näheren Kontakt kommen will, über die rein touristische Perspektive hinaus, der muss sich dafür Zeit nehmen. Wer die französische Sprache spricht, hat einen spürbaren Vorteil. Die Burgunderinnen und Burgunder sind bedächtige Menschen. Sie öffnen sich langsam und haben, nein, sie nehmen sich viel Zeit. Sie machen einen gelassenen Eindruck.

Die Grundstimmung des Landes, von den wenigen hektischen und ausufernden großen Städten abgesehen, ist meditativ. Man spürt, dass hier die Uhren ein wenig anders gehen. Es scheint verschiedene Zeitschichten zu geben. Solche, in denen man leben »muss«, und solche, in denen man leben »darf«. Man kann in diesem Land ganz gut ohne Digitaluhren leben. Das ist auch in Taizé möglich. Die Gottesdienste zu den festgesetzten Zeiten verpasst man nicht. Die Glocken erinnern an die heiligen Zeiten. Und außerdem wird es auch dort Nacht und Tag, wird es Frühling, Sommer, Herbst und Winter.

Burgund ist ein Land, um in sich zu gehen.

Die Kirchen in Burgund

In Burgund wurden die Kirchen im Dorf gelassen. Es ist das alte, vertraute Bild: ein Dorf, in seiner Mitte eine Kirche. In Burgund sind es fast ausschließlich die romanischen Kirchen aus der Hochzeit des Christentums.

Viele Kirchen sind heute geschlossen, zugemauert, mit Brettern vernagelt. In manchen Dörfern leben nur noch ein paar alte Leute. Zögernd beginnt erst eine Art Wiederaufbau durch die Städter, die alte Häuser zu ihren zweiten Wohnsitzen herrichten.

Viele Kirchen werden geschlossen bleiben. In Frankreich ist das Christentum eine Randerscheinung geworden. Es gibt kaum ein Land in Europa, das sich so vom Christentum abgelöst hat. Zwar gibt es immer wieder kirchliche Versuche, diese Situation zu verändern. Aber sie greifen nicht.

Dieser Zustand hat natürlich seine Ursachen. Sie liegen lange zurück. Über Jahrhunderte hin hat sich die Kirche mit den Herrschenden verbündet und die Menschen mit unterdrückt. In der Französischen Revolution hat sich dann der Hass gegen sie explosiv entladen. Seit dieser Zeit haben sich die Kirchen in Frankreich nie mehr ganz erholt.

Wenn man durch Burgund fährt oder wandert und an den Kirchen und Kapellen Rast macht, wird man von den stumm gewordenen Zeugen einer tiefen Frömmigkeit geradezu aufgefordert, darüber nachzudenken, was Kirche eigentlich ist. Auf dem Weg nach Taizé gibt es viel steinernes Anschauungsmaterial dazu.

Die Kirchen Burgunds können an das Schicksal der Kirche und an ihre Versuchungen in der Zeit erinnern. Sie können erzählen und in Umrissen sichtbar machen, was Kirche sein soll und welche mögliche Zukunft sie hat.

Wenn sich die Kirche allzu sehr mit den Mächtigen und Perfekten einlässt, bekommt ihr das nicht. Es bekommt auch den Menschen nicht.

Wenn sich die Kirche zu sehr vom Sicherheitsdenken in Beschlag nehmen lässt, zu sehr nach den jeweils herrschenden Moden sich richtet und die Sehnsucht der Menschen vergisst, verrät sie diese Menschen und sich selbst, ihren Auftrag.

Wenn die Kirchen aus Stein steinerne Herzen hervorbringen, dann ist etwas falsch gelaufen.

Wenn sich die Kirchen zu sehr wohnlich einrichten, als ob es das Sterben und den Tod, die Endlichkeit nicht gäbe, dann kann Gott nicht mehr in ihnen wohnen. Dann werden sie zum Grab Gottes.

Die Kirchen sind Institutionen des Provisorischen, des Vorläufigen. Sie sind Institutionen des Nicht-Perfekten, der Schwachen, der Armen. Das einzig Notwendige, das sie glaubwürdig sein lässt, ist die Liebe. Die Kirchen sind Inkarnationen der Liebe Gottes. Sie gehören nicht »der Kirche«, sie gehören Gott allein.

Das lehren einen die Kirchen Burgunds.

In Taizé wird Kirche gelebt. Dort ist sie nicht oder nur noch schöner Schein, Museum, Grabkammer. Taizé hütet den Glauben, indem es ihm Beine macht und ihn laufen lässt.

Das Dorf auf dem Hügel – Die Stadt auf dem Berge

Taizé ist ein Ort, der, wenn man von Cluny her kommt, schon von weitem zu sehen ist. Er liegt auf einem der zahlreichen Hügel in dieser Gegend. Taizé zieht den Blick auf sich. Wer durch das Tal fährt, schaut unwillkürlich nach oben.

Im Tal gegenüber von Taizé liegt ein hässlicher Industriekomplex, der überhaupt nicht in die idyllische Landschaft passt. Auf der anderen Seite des Tales hinter dem Dorf hört man im Zwanzigminutentakt das Pfeifen und Rauschen des Hochgeschwindigkeitszuges Paris–Lyon. Auch er zerreißt die Idylle.

Dazwischen das Dorf auf dem Hügel. Zwischen Feldern und Weiden. Über dem Fluss im Tal.

Unwillkürlich kommt einem, der sich ein wenig in der Bibel auskennt, der Text vom »Salz der Erde und vom Licht der Welt« aus dem Munde Jesu in den Sinn. Im Matthäusevangelium folgt er unmittelbar auf die Bergpredigt (5,13–16).

Ihr seid das Salz der Erde.
Wenn das Salz seinen Geschmack verliert, womit kann man es wieder salzig machen?
Es taugt zu nichts mehr, es wird weggeworfen und von den Leuten zertreten.
Ihr seid das Licht der Welt.
Eine Stadt, die auf einem Berg liegt, kann nicht verborgen bleiben.
Man zündet auch nicht eine Lampe an und stellt sie unter einen Eimer, sondern auf den Leuchter; dann leuchtet sie allen im Haus.
So soll euer Licht vor den Menschen leuchten,
damit sie eure guten Taten sehen
und euren Vater im Himmel preisen.

Taizé liegt ausgesetzt unter dem Himmel. Es duckt sich nicht schützend in eine Mulde.

Hier kaufte Frère Roger mitten im Zweiten Weltkrieg ein leerstehendes Haus. Im Dorf selbst wohnten kaum noch Menschen. Unter den wenigen eine alte Frau, die ihn bat zu bleiben.

Bevor Roger Schutz den Kaufvertrag beim Notar in Cluny unterschrieb, betete er eine Nacht lang in einer Kirche des Städtchens.

Nicht von ungefähr hat Cluny während des großen Krieges auch die Flüchtlinge von beiden Fronten angezogen. Es lag zwischen den Fronten. Auch ihre Blicke richteten sich auf das Dorf und ihre Hoffnung darauf, dort Zuflucht zu finden. In vielen Fällen wurde ihnen auch Hilfe geleistet, obwohl Frère Roger selber in harter Armut und in der ständigen Gefahr des Entdecktwerdens lebte.

Es gibt Orte in der Welt, die eine Stimmung haben, eine Aura, eine Ausstrahlung. Taizé ist ein solcher Ort.

Voraussetzung dafür war und ist: Man darf sich nicht vor der Welt verstecken, nicht die Gefahr scheuen. Man soll das Salz und das Licht der Erde sein – nicht der Honig der Welt.

Das hat Jesus so gewollt. Christinnen und Christen tragen seinen Namen.

Steht auf, wir wollen gehen!

Als er zurückkam, fand er sie wieder schlafend; die Augen waren ihnen zugefallen. Und er ging wieder von ihnen weg und betete zum dritten Mal mit den gleichen Worten. Danach kehrte er zu den Jüngern zurück und sagte zu ihnen: Wollt ihr noch immer schlafen und ausruhen? Die Stunde ist gekommen; jetzt wird der Menschensohn den Händen der Sünder ausgeliefert. Steht auf, wir wollen gehen! Der Mensch, der mich ausliefert, ist da.

Matthäus 26,43–46

Baracken und Zelte

Die Dynamik des Vorläufigen

Ursprünglich sollte Taizé klein bleiben. Eine Gemeinschaft von Brüdern, die nach den Grundsätzen des Mönchtums ökumenisch leben wollten.

Aber das, was die langsam wachsende Gruppe, die sich den nüchternen Namen »Communauté de Taizé« – Gemeinschaft von Taizé – gab, am wenigsten erwartet hatte, geschah: Es kamen die Jugendlichen – aus ganz Europa und schließlich aus der ganzen Welt. Und dieser Zug hält bis heute an. Nach dem Ende des kommunistischen Sowjetreiches und dem Wegfall des Eisernen Vorhanges sind es in den letzten Jahren mehr und mehr Jugendliche aus den mittel- und osteuropäischen Ländern.

Mit solchen Massen, Zehntausende pro Jahr, muss man erst einmal organisatorisch »fertig« werden. Hinter dem kleinen Dorf auf der Hochfläche breitet sich heute eine große Baracken- und Zeltstadt aus. Es herrscht ein dauerndes Kommen und Gehen. Aber nichts macht den Eindruck des Überorganisierten. Eher das Gegenteil zeigt sich – für Servicegewohnte.

Die Brüder der Gemeinschaft setzen auf Eigeninitiative, sie machen Angebote, drängen sich nicht auf, wollen nicht spirituelle Gurus sein, die die jungen Leute blenden und sie dann wieder allein lassen. Wer aus Taizé weggeht – meist nach einer Woche –, möge ausdrücklich in seinem täglichen Lebensbereich Verantwortung übernehmen, bitten die Brüder.

Die Zelt- und Barackenstadt auf der Ebene von Taizé ist ein Ort, an dem junge Menschen Verantwortung in vielfacher Hinsicht lernen, ein Platz pulsierenden Lebens. Das Meiste wird in Eigenarbeit geleistet. Damit ist auch die Gefahr des Happenings gebannt, die für Taizé Ende der sechziger Jahre des vergangenen Jahrhunderts eine Zeit lang bestand. Taizé ist keine Wellnessstation. In Taizé muss man arbeiten. Aber man hat auch genügend Zeit, zu sich selbst zu kommen. Das kann ja auch durch Arbeit geschehen. Das alte benediktinische *ora et labora* (bete und arbeite) schimmert im Webmuster des täglichen Lebens in Taizé durch.

In Taizé wird deutlich: Leben heißt aktiv *und* meditativ unterwegs sein.

Baracken und Zelte werden so zur konkreten mystischen Lebensform: Wer auf der Suche nach dem Geheimnis seines Lebens ist, kann nicht sitzen bleiben. Er muss sich auf den Weg machen. Wer unterwegs ist, braucht leichtes Gepäck. Nur das, was er zum Leben braucht – mehr nicht. Und Zelte kann man schnell wieder abbrechen. Nichts für Sicherheitsfanatiker.

Dass es sich dabei um eine christliche Lebensart handelt, zeigt ein überraschender Blick auf den Anfang des Johannesevangeliums im Neuen Testament. Dort steht der Satz: *Und das Wort ist Fleisch geworden und hat unter uns gewohnt.* Schaut man sich das letzte Wort in der griechischen Ursprache der Bibel genauer an, dann liest man das Wort »eskänosen«. Darin steckt das Wort »Szene«. Korrekt übersetzt heißt es dann: »Zelt aufschlagen«.

Der Satz im Johannesevangelium lautet somit genauer: *Und das Wort ist Fleisch geworden und hat unter uns sein Zelt aufgeschlagen. (Johannes 1,14)* Das ist ein großer Unterschied zu »wohnen« in unserem Verständnis. Im Hause wohnt man dauernd, im Zelt vorübergehend.

Wer auf die Sicherheit befestigten Wohnens und das oft damit einhergehende Festungsdenken verzichtet, gewinnt neue Freiheit, erringt eine ungeahnte Beweglichkeit und Leichtigkeit.

Wie Brüder – und Schwestern – leben

Zwischen den Wohnungen der Brüder in den alten Häusern des Dorfes und der Zelt- und Barackenstadt zieht sich ein Gang durch das Gelände, der nach außen geschlossen ist und nach innen offen, eine Art Demarkationslinie – aber durchlässig für die Ohren. Er führt zur Sakristei der großen Versöhnungskirche, durch die die Brüder die Kirche betreten.

Taizé, das Dorf auf dem Hügel

Es ist nicht einfach, angesichts der ständig gehenden und kommenden Besucherinnen und Besucher ein klar geregeltes und strukturiertes Leben zustande zu bringen. Aber die Brüder »schaffen« es. Sie sind da und doch nicht da. Innerhalb ihres engeren Lebensbereichs geht es auch nicht anders zu als in Klöstern und geistlichen Gemeinschaften irgendwo auf der Welt. Nur die äußeren Vorzeichen und Bedingungen sind anders. Während manche Klöster in Europa heute eher Festungen gleichen, hat man in Taizé den Eindruck einer sich gegenseitig durchdringenden, einer osmotischen Atmosphäre: im Leben der Brüder unter- und miteinander und in ihrer Existenz mit den zahlreichen Jugendlichen, die zu ihnen kommen. Es findet ein gegenseitiger Lernprozess statt. Und doch bewahren sie ihr Eigenes, ihre Substanz. Es ist für einen Theologen so, als ob die auf Jesus Christus selbst bezogene Formel des Konzils von Chalkedon (451) von »unvermischt und ungetrennt«, womit die Person Jesu als Gottes Sohn gemeint war, hier ihren lebendigen und wahrhaftigen Ausdruck findet.

Innerhalb der Gemeinschaft wird auf Diskretion und Takt geachtet. Man geht höflich und freundlich miteinander um. Die Arbeitsfelder sind vom Prior und vom Rat der Brüder zugeteilt, aber sie sind nicht starr und schließen noch vielfältig andere und wechselnde Dienste ein.

Man hat den Eindruck eines durch und durch geprägten und gestalteten Lebens mit einem spürbaren Stil. Sehr schön wird das an den gemeinsamen Mahlzeiten deutlich. Dabei herrscht eine ungewöhnlich dichte und doch entkrampfte Atmosphäre. Jeden Tag bedienen andere Brüder diejenigen, die zu Tisch sitzen. Während des Essens wird geschwiegen und Musik gehört. Alles hat sein Maß. Wenn der Prior das

Gebet gesprochen hat, gibt es noch Zeit für einen kurzen Austausch, für ein paar freundliche oder notwendige offizielle oder nicht offizielle Worte.

In den Werkstätten wird gearbeitet, mechanisch und von Hand – so etwa in der Töpferei –, einfacher Schmuck wird hergestellt oder Verwaltungs- und Organisationsfragen müssen gelöst werden. Es herrscht auch da eine offene Atmosphäre, die einem selber Flexibilität abfordert – etwa in der Zusammenarbeit mit den Brüdern. Alles ist frei von gestelzter Würde und dem Hang zur unbarmherzigen Perfektion.

Wer die Brüder ein wenig besser kennen gelernt hat, ist ausgeprägten Persönlichkeiten begegnet, keinen religiösen Abziehbildern oder pseudoekstatischen Lichtmenschen.

Wer krank ist, wird gepflegt. Wer dem Sterben nahe ist, wird begleitet. Wer unterwegs ist, ist dennoch »da«. Immerhin lebt ein Teil der Brüder ständig an sozialen Brennpunkten irgendwo in der Welt. Davon wird aber kein Aufhebens gemacht.

Wer gestorben ist, wird auf dem kleinen Friedhof im Schatten der alten Dorfkirche beerdigt. Auf den einfachen Holzkreuzen stehen nur die Vornamen der Brüder. Der Friedhof ist nicht ihre letzte Ruhestätte. Sie ruhen in Gott. Dafür haben sie ihr Leben entschieden gelebt.

Es wagen, gefährlich zu leben; es lernen, sich hinzugeben

Die Gütergemeinschaft

Sollte uns die Gütergemeinschaft zum Reichtum führen, wäre früher oder später eine wesentliche Seite unserer Berufung in Frage gestellt – und zwar ohne dass wir es merken.

Die Welt reagiert sehr empfindlich auf äußere Zeichen des Reichtums, der Stärke, der Macht. Oft ist ihr Urteil unangemessen scharf, aber der kritische Blick, den sie auf uns richtet, kann uns nicht gleichgültig lassen.

Wir sind darum gehalten, einen einfachen Lebensstil zu bewahren und abzutun, was noch als Fassade einen materiellen Erfolg ausweisen könnte – damit wir uns ganz offen zeigen, damit wir keine enttäuschten Reaktionen hervorrufen, die von Gott wegführen.

Die Geste, dass wir auf das Eigentum am Landgut verzichtet haben, soll uns und die, die nach uns kommen, daran erinnern, dass wir gewillt sind, uns keinerlei Kapital zu sichern, »ohne Furcht vor möglicher Armut«.

Dabei wissen wir, dass die Armut an und für sich noch keine Tugend ist und dass allein eine brennende Liebe uns leiten muss; man kann nämlich in Armut leben, ohne deshalb auf andere auszustrahlen. Von uns wird verlangt, dass wir ständig wachsam sind, dass wir uns immer wieder die Frage vorlegen, ob der Gebrauch bestimmter wirksamer materieller Hilfsmittel tatsächlich nötig ist, wobei wir daran denken, dass Gott liebt, was bescheiden ist. Um den Erfordernissen des Dienstes gerecht zu werden und zugleich einen Lebensstil zu gewährleisten, der niemals Ärgernisse hervorrufen kann, gilt es, ein Gleichgewicht zu finden, in allen Dingen das rechte Maß zu halten.

Einem solchen Gleichgewicht entspräche es nicht, sich eine körperliche Askese aufzuerlegen, die der Gesundheit schaden und den Dienst beeinträchtigen würde. Unser Maß ist, nichts zu besitzen außer den Hilfsmitteln für die Arbeit. Dazu gehört auch das Arbeitszimmer. Es kann für den einen bequemer sein, für den anderen asketischer, wenn es nur eine Hilfe für die Arbeit ist.

Der Christ muss verantwortlich leben und wissen, dass es im Evangelium selbst eine Art Existenzialismus gibt, einen eindringlichen Aufruf, im Heute Gottes zu leben. Der Christ kommt um seine Freude, sobald er sich um den morgigen Tag Sorgen macht. Das Evangelium kennt sehr wohl eine Torheit, die allem Sicherheitsstreben des Menschen widerspricht.

Das Zusammenlegen des Besitzes gewinnt seinen wahren Wert nur dann, wenn wir von der Kühnheit Gottes leben: alles gemeinsam tragen; falls nötig, in der armseligsten Bleibe wieder zusammenfinden; und sollten alle Quellen versiegen, trotz der Armut unserem Auftrag treu bleiben.

Es wagen, gefährlich zu leben; es lernen, sich hinzugeben in dem Vertrauen, dass für jeden Tag gesorgt sein wird; und so dem Geist des Besitzenwollens entschlossen wehren.

Frère Roger

Ein Leben lang

Wir leben in einer Zeit, in der der schnelle Wechsel zu einem Fetisch geworden ist. Ihm wird Tribut gezollt. Aber viele, die sich einer chamäleonischen Existenz unterwerfen, haben heimlich – und zuweilen auch unheimlich – die Sehnsucht nach Dauer, nicht nach kurzem Aufenthalt, sondern nach langem Verweilen.

Zum Wesen einer konkreten mystischen Existenz gehört das lange Verweilen. Der Wunsch ist ganz natürlich, mit einem geliebten Menschen oder einem guten Freund möglichst oft und möglichst lange zusammen zu sein. Warum sollte das für einen Menschen, der Sehnsucht hat nach einem letzten Grund und nach einem letzten Ziel, nicht auch im Verhältnis zu Gott gelten?

Aus dieser ursprünglichen Haltung heraus ist es zu verstehen, dass schon früh in der Geschichte des christlichen Lebens, vor allem im Mönchtum, die Forderung und die Bedingung eines lebenslangen Engagements bestanden.

Wer sich entscheidet, muss auf manches verzichten. Wer sich entscheidet, wird aber auch neue Freiheiten und Möglichkeiten für sich eröffnen. Diese Zweideutigkeit haftet jeder grundsätzlichen menschlichen Entscheidung an. Sie ist ihre Bedingung. Wenn anders, wäre sie keine Entscheidung. Schließlich ist im Wort »Entscheidung« der Begriff »Scheidung« unübersehbar.

Wirklich entscheiden kann man sich nicht von heute auf morgen. Und erzwungen werden kann eine wirkliche Entscheidung auch nicht. Sie ist sonst nicht freiwillig erfolgt und wird früher oder später brüchig werden und ihre Kraft verlieren. Entscheidung braucht Zeit und Freiheit.

Für eine Entscheidung auf Zeit braucht es auch Kraft. Aber man kann sie besser einschätzen und einteilen, weil man um ein baldiges Ende weiß. Bei einer Entscheidung, die ein ganzes Leben lang andauern und »halten« soll, ist das nicht mehr möglich. Dazu braucht man über alle Kraft hinaus noch etwas ganz anderes, etwas sehr Kostbares, Angreifbares, Verletzliches. Man braucht Vertrauen. Vertrauen darauf, dass das, was auch immer kommt, am Ende gut ist, dass alles im Leben am Ende gut ausgeht. Das ist schwer, wenn man im Laufe des Lebens schwere Schicksalsschläge und Niederlagen einstecken muss, wenn man den Kopf auf lange Zeit nur mit der letzten Kraft über Wasser halten kann. Aber dann entscheidet sich die Qualität des Vertrauens. Das lebenslange, ununterbrochene Vertrauen ist etwas anderes als das so genannte »blinde Vertrauen«. Es ist das genaue Gegenteil. Es ist ein Vertrauen mit nüchternem Blick, mit offenen Augen.

In Taizé kann man Zeuge eines solchen gelebten Vertrauens werden. Mehrfach und in erstaunlichem Maße. Bei denen, die kommen und gehen. Und bei denen, die bleiben, für immer bleiben.

Im Leben der Brüder von Taizé gibt es einen Augenblick – von langer Hand und ganz im Stillen vorbereitet –, in dem alles auf einmal aufblitzt und wie ein Stern die dunkle Nacht erleuchtet: im Lebensengagement eines Bruders. Dabei wird vom Prior ein Text gelesen, dem Bruder, den anderen Brüdern und allen Anwesenden in der Kirche zur Kenntnis gebracht, der schlicht einfach und eindringlich vom innersten Geheimnis eines konkreten mystischen Lebens Zeugnis gibt. Er ist im Grunde die Charta von Taizé.

Scheue dich nie, der Morgenröte vorauszueilen

Bruder, der du auf die Barmherzigkeit Gottes vertraust, denke daran, dass der Herr Christus deinem schwachen Glauben zu Hilfe kommt und, indem er sich mit dir engagiert, für dich die Verheißung erfüllt:

»Wahrlich, ich sage euch: Es ist niemand, der Haus, Brüder, Schwestern, Mutter, Vater, Frau oder Kinder oder Äcker verlässt um meinetwillen und um des Evangeliums willen, der nicht hundertfältig empfange jetzt in dieser Zeit Häuser und Brüder und Schwestern und Mütter und Kinder und Äcker mitten unter Verfolgungen, und in der zukünftigen Welt das ewige Leben.«

Dies ist ein Weg entgegen aller menschlichen Vernunft; aber wie Abraham kannst du nur vorwärts kommen im Glauben und nicht im Schauen, allzeit gewiss, dass, wer sein Leben verliert um Christi willen, es finden wird.

Ziehe von nun an auf den Spuren Christi. Mach dir keine Sorgen um den morgigen Tag. Trachte am Ersten nach dem Reich Gottes und nach seiner Gerechtigkeit. Gib dich ganz hin, verschenk dich; und es wird ein gutes vollgedrücktes, gerütteltes, überfließendes Maß in deinen Schoß gegeben werden; denn man wird dich mit eben dem Maß messen, mit dem du misst.

Ob du wachst oder schläfst, bei Tag und bei Nacht, der Same geht auf und wächst, du weißt selbst nicht wie.

Hab Acht, dass du deine Frömmigkeit nicht übst vor den Leuten, um dafür bewundert zu werden. Dein inneres Leben soll dir kein trauriges Aussehen geben gleich einem Heuchler, der sein Angesicht verstellt, um sich vor den Menschen zu zeigen. Salbe dein Haupt, wasche dein Angesicht, damit allein dein Vater, der in das Verborgene sieht, die Gedanken deines Herzens erkenne.

Erhalte dich in der Einfalt und in der Freude, der Freude der Barmherzigen, der Freude der brüderlichen Liebe.

Sei wachsam. Musst du einen Bruder zurechtweisen, so geschehe es zwischen dir und ihm allein.

Trachte nach menschlicher Gemeinschaft mit deinem Nächsten.

Lass dich führen voll Vertrauen. Du sollst wissen, dass ein Bruder den Auftrag hat, auf dich zu hören. Versteh ihn, damit er seinen Dienst mit Freude tut.

Der Herr Jesus Christus – in seinem Erbarmen und in seiner Liebe zu dir – hat dich dazu berufen, in der Kirche ein Zeichen brüderlicher Liebe zu sein. Er will, dass du mit deinen Brüdern das Gleichnis des gemeinsamen Lebens Wirklichkeit werden lässt.

So gib es fortan auf, zurückzuschauen, und, fröhlich in unendlicher Dankbarkeit, scheue dich nie, der Morgenröte voranzueilen, um zu loben und zu preisen und zu rühmen

CHRISTUS, DEINEN HERRN.

Musik – Gottes andere Sprache

Die Lieder von Taizé

Zu den unüberhörbaren Kennzeichen der modernen Welt gehört, dass die Menschen viele Worte machen. Es wird geredet und geredet. Zuweilen so viel, dass kaum jemand mehr am Ende weiß, was am Anfang gesagt wurde. Der Schwall aber der vielen leeren Worte macht den Menschen leer und in Wirklichkeit stumm. Ihm vergeht das Hören und Sprechen. So wie ihm durch allzu viele Bilder das Sehen vergeht.

Ähnlich ist es mit der Musik. Kaum mehr gibt es einen Ort, an dem man nicht mit billiger Musik berieselt wird: in Kaufhäusern, Gaststätten, Banken, in Autos und Flugzeugen, neuerdings sogar in leeren Kirchen.

In Taizé werden nicht viele Worte gemacht. Die Lesungen und Gebete in den Gottesdiensten, die drei Mal am Tag stattfinden, sind kurz und knapp. Dafür nehmen die Stille und der Gesang einen breiten Raum ein.

Die Lieder von Taizé, inzwischen in der ganzen Welt verbreitet, haben einen einfachen und eindringlichen Charakter. Sie bringen das, was man singend beten oder sagen möchte, in klare Sätze und sangbare Melodien. Es sind Klänge, die das Herz erreichen und die den Verstand an einen dem Gottesdienst angemessenen Platz verweisen.

Wenn man aus der Hektik des Alltags an einem Abend, Mittag oder Morgen in die Kirche von Taizé kommt, dann ist man oft erst einmal gar nicht in der Lage mitzusingen. Man sitzt nur da und lässt die Melodien und Texte in sich eindringen. Nach einiger Zeit verspürt man eine körperliche Beruhigung, man atmet gleichmäßiger und der Blick der Augen geht mehr nach innen als nach außen. Es ist, wie wenn man sich einer ruhigen, aber tiefen Wasserfläche anvertrauen kann, von ihr getragen wird und keine Angst haben muss unterzugehen.

In einer Klosterkirche beim Gregorianischen Choral ist Ähnliches möglich. Die einfachen Gesänge von Taizé wurzeln in dieser Tradition. In ihnen kommt das unruhige Herz zur Ruhe.

Im Liederheft von Taizé, das in vielen verschiedenen Sprachen herausgegeben wird, heißt es:

> Mit Gesängen beten, ist eine wesentliche Form der Gottessuche. Kurze, stets wiederholte Gesänge schaffen eine Atmosphäre, in der man beten kann. Ein oft wiederholter Grundgedanke aus wenigen Worten prägt sich allmählich tief ein. Die einfachen Gesänge klingen später bei der Arbeit als persönliches Gebet nach.

Das ist ein Gedanke und dahinter steckt eine Erfahrung, die schon in der Frühzeit des Christentums auftaucht und die als Übung der Meditation auch in anderen Religionen einen festen Platz hat. In einer Welt der vielen Worte hat dieser Schatz an Wert verloren. In Taizé kommt er – ohne an Substanz zu verlieren – in einer zeitgemäßen und menschenfreundlichen Gestalt wieder zum Vorschein.

Die Musik von Taizé ist eines der attraktivsten Elemente unter vielen anderen. Sie ist eine Musik, die dem Denken und Nachsinnen Raum lässt, einen Raum, in dem es ausschwingen kann.

In Taizé wird hörbar, was Musik tatsächlich ist: eine andere Sprache Gottes, uns geschenkt.

Es ist klar, was uns fehlt

Es wird uns immer wieder bewusst, dass wir beim Gebet zerstreut sind: Benommen und wie aus tiefem Schlaf gerissen, kommen wir zu uns und versuchen, uns an das zu erinnern, was wir betrachtet hatten. Aber noch bevor es uns einfällt, wo wir stehen geblieben waren, schweifen unsere Gedanken von Neuem ab.

Es ist klar, was uns fehlt, um uns konzentrieren zu können: Wir brauchen für unsere geistliche Betrachtung einen einfachen Satz oder eine einfache Formel, an der wir uns festhalten können und auf die unser unsteter Geist nach seinen Umwegen immer wieder zurückkommen kann. Denn ständig durchziehen uns neue Gedanken, ohne dass wir merken, woher sie kommen und wohin sie wieder verschwinden.

Hier ist so ein einfacher Satz, den ihr für euer Gebet sucht, und jeder Mönch, der Gott in seinem Denken lebendig bewahren möchte, sollte diese Worte unaufhörlich meditieren. Dann verschwinden die störenden Gedanken. Wir selbst haben diese Worte von einigen unserer ältesten Väter und geben sie selten und nur an jemanden weiter, der ausdrücklich danach fragt.

Hier ist also das Gebet, das uns helfen soll, den Gedanken an Gott nicht zu verlieren:
»Gott, komm herbei, um mich zu retten; Herr, eile mir zu Hilfe.«

Psalm 70,2

In diesem kurzen Vers kannst du dich in jeder Lage wiederfinden. Diese wenigen Worte passen in jede Situation: In der Not beten wir, dass wir aus ihr befreit werden, und im Glück, dass wir in ihm bewahrt werden. Sei es bei der Arbeit, oder dass du jemand anderem hilfst oder dass du auf Reisen bist: Lass nicht nach, diese Worte zu sprechen, so dass sie selbst noch im Schlaf mit dir sind. Ganz wie Mose es vorschreibt: »Wenn du zu Hause sitzt und wenn du auf der Straße gehst.«

Deuteronomium 6,7

Johannes Kassian

Singt mit eurem Leben

»Singt dem Herrn ein neues Lied!« (Psalm 149,1). Singt mit der Stimme, singt mit dem Herzen und mit dem Mund, singt mit eurem ganzen Leben: »Singt dem Herrn ein neues Lied!« Soll nicht das, was ihr singt, und der, den ihr liebt, auch in eurem Leben durchscheinen? Du willst doch von ganzem Herzen den besingen, den du liebst, und ihn mit deinem Singen loben ... Das Lob Gottes ist der Sänger selbst. Ihr wollt Gott loben? Dann sagt mit eurem Leben, was ihr singt!

Seele, offen vor Gott

Es gibt eine Stimme des Herzens und eine Sprache des Herzens.
Diese innere Stimme ist unser Gebet.
Auch wenn unsere Lippen geschlossen sind,
bleibt unsere Seele offen vor Gott.

Augustinus

Warum Taizé?

Gott sucht uns

Risiko und Vertrauen

Über Taizé ist viel geschrieben und gesagt worden. Aber es ist nicht möglich, über Taizé alles zu sagen. Die Quelle auf dem Hügel fließt weiter, spendet immer neues Wasser. Sie ist – nach den Maßstäben unserer Zeit gemessen – schon alt, aber sie wird nicht alt.

Man kann Taizé auch nicht auf einen Nenner bringen. Taizé hat viele Nenner, viele Namen. Dass die jungen Menschen vor allem dorthin kommen, macht hellhörig. Warum? Junge Menschen sind Anfangsmenschen. Sie wollen noch neue Erfahrungen machen. Sie sind noch nicht fertig.

Aber manche, die auf eine ganz andere Weise »fertig« sind, kommen auch nach Taizé. Es ist zu vermuten, dass Taizé immer mehr ein Ort für ältere Menschen wird. Für solche, die nach den Höhen und Tiefen ihres Lebens eine Orientierung für die letzte Strecke suchen. Unterirdisch jedenfalls gibt es viele heimliche und unheimliche Verbindungen in dieser Suche zwischen Jung und Alt.

Wo liegt das Nervenzentrum dieses kleinen burgundischen Dorfes auf dem Hügel? Was zieht an? Was fasziniert?

Einmal ist es eine nicht zu trennende Mischung aus Nüchternheit und Leidenschaft, die im Leben der Brüder dort immer wieder sichtbar wird. Zum andern ist es der

Langzeitoptimismus, die stille und drängende Dynamik, eine nicht versiegende Zuversicht. Auch die Einfachheit, mit der dort gelebt, gearbeitet, gebetet und gesungen wird. Man kann in einer immer komplizierter werdenden Welt, geistig wie materiell, in Taizé die Erfahrung machen: Es geht auch einfach. »Einfach« meint nicht banal. »Einfach« meint: reduziert leben und in der Reduktion die Fülle erfahren.

Taizé ist deswegen, so scheint es, so anziehend, weil Menschen dort erfahren können, dass das ewige Reden irgendwann einmal durchbrochen werden muss, wenn es nicht in Kraftlosigkeit und Depression münden soll. Die entscheidende Nahtstelle zwischen Theorie und Praxis im Leben und in der religiösen Lebensgestalt wird dort sichtbar. Viele junge Menschen wollen etwas tun, wollen Verantwortung übernehmen, aber viele wissen nicht wie. Sie stehen da und können nicht springen – obwohl sie »eigentlich« wollen. Sie fühlen sich irgendwie »out«, draußen. In Taizé erfahren sie ein tragfähiges Fundament – zumindest Grundpfeiler eines tragfähigen Fundaments – für das Haus ihres Lebens. Sie wissen sehr genau, dass sie nicht in Luftschlössern leben können. Sie wissen auch, dass der Festungsbau keine lebbare Alternative ist. Sie sind im Grunde bereit, ein Risiko einzugehen. In Taizé finden sie Risikobegleiter, finden sie eine Stimmung, die ihnen einfache Dinge abverlangt, ihnen nicht komplizierte Theorien vorstellt, die man erst einmal begriffen haben muss, bevor man eintreten darf.

Die »Einfachheit des Herzens« ist eine der Grundformeln von Taizé. Sie ist wirklich einfach – aber alles andere als einfach. Im Grunde braucht es dazu mehr Risikobereitschaft, mehr Mut und Kraft als zu intellektuellen Klimmzügen. In Taizé spüren die jungen Menschen, dass zum Leben und

Glauben nicht nur der Kopf gehört, sondern der ganze Mensch, ihr Körper. Viele von ihnen sind ausgelaugt durch das Leben in den virtuellen Welten, zu dem sie in den »modernen« Gesellschaften gezwungen werden. Aber im Internet gibt es kein Brot.

Aber auch mit diesen Versuchen, die Anziehungskraft von Taizé in Umrissen zu beschreiben, hat man das Zentrum nicht erreicht. Der Quellgrund muss tiefer liegen. Er liegt tiefer.

Wer in den Brunnen steigt, findet ganz am Grunde etwas, das wirklich überzeugend ist: Es ist das Vertrauen, das schlichte Vertrauen.

In einem langen Gespräch mit Frère Roger Schutz ist mir das aufgegangen: Das Vertrauen ist das Geheimnis von Taizé. Es ist kein billiges Vertrauen. Und es ist nicht nur ein Vertrauen zu sich selbst oder ein Vertrauen von Menschen auf Menschen. Es ist ein tiefes, durch keine noch so zerstörerische Erfahrung des Lebens zu besiegendes Vertrauen, ein Grundvertrauen, ein Vertrauen in einen alles tragenden Grund. Es ist das Vertrauen in Gott selber.

Auf die Frage nach den Quellen von Taizé hat Frère Roger von zwei Ereignissen erzählt. Eines geschah in den Anfangsjahren von Taizé, das andere war zur Zeit unseres Gesprächs gerade aktuell.

Die Anfangsgeschichte hatte das Faktum zum Auslöser, dass in den Wirren der Nachkriegszeit viele Kinder ihre Eltern verloren hatten. Auch in Taizé gab es solche Kinder. Sie fanden dort Obdach für ihren Leib und für ihre Seele.

Frère Roger erzählt:

Eine meiner Schwestern lebte als Pianistin in Genf. Eines Tages haben wir sie zu Hilfe gerufen: »Komm schnell, wir haben drei kleine Jungen bei uns aufgenommen. Wir wissen nicht, was wir tun sollen. Komm für einige Zeit.« Zwei Monate später waren es schon zwanzig. Wir mussten ständig neue Lösungen suchen. In der ersten Zeit mussten sie erst mal im Stroh schlafen, aber am schwierigsten war es, etwas zu essen zu finden. Ein junger Freund von uns fuhr mit dem Fahrrad die ganze Gegend ab und suchte nach Lebensmitteln …
In diesen allerersten Jahren hier in Taizé gab es natürlich Schwierigkeiten, nicht nur, was das Geld betrifft. Ich habe mir immer gesagt: Verstehen und verstanden werden! Verstehen und verstanden werden! Wenn wir einen Menschen verstehen, kann dieser eine innere Kraft, ein inneres Leben finden.

Zur Zeit des Gesprächs war ein Bruder schon sehr lange krank und ging auf den Tod zu.

Frère Roger erzählt:

Das ist Taizé mit seinen Geheimnissen. Wir erleben, was Krankheit bedeutet, wie in jeder Familie. Vielleicht nicht sehr oft, aber doch immer wieder ist ein Bruder krank. Dann kümmern wir uns um ihn, natürlich mit den Mitteln, welche die Medizin heute zur Verfügung stellt, auch wenn es um Krebs geht, wie zurzeit bei einem Bruder. Er verlässt sein Zimmer nicht mehr, aber wenn es nötig ist, bringt man ihn jeden Tag mit dem Krankenwagen ins Krankenhaus, danach kommt er wieder zurück. Das hilft, dass es weitergeht. Manche Krankheiten stellen uns tief in uns selbst vor die Frage: Wie kann man im vollen Sinne des Wortes »Mensch« sein, wie kann man am Abend und in der Nacht leben, wenn man weiß, was Menschen leiden, die wir lieben. Wir wissen auch, dass zu lieben Freude schenken kann und die Hoffnung wach hält.

Zwei kurze Geschichten, die die Einfachheit zeigen, um die es geht – im Leben wie im Glauben.

Über Gott zu reden ist schwierig. Es kann auch gefährlich sein. Wenn es Frère Roger versucht, wird eine Vorstellung, ein Traum von Gott sichtbar, der die gängigen und auch theologisch eingeschliffenen und abgenutzten Muster durchbricht.

Auf die Frage, wie sich das konkrete mystische Leben im Alltag von Taizé gestaltet und wie er selber das Geheimnis Gottes erfährt, antwortet er:

Mein Herz sagt, dass unter all den Jugendlichen, die zu uns kommen, Fragen wie diese auftauchen. Aber ich möchte vor allem festhalten, dass wir keine geistlichen Lehrmeister sein wollen, die andere mit ihrem Wissen überfahren.

**Die Antwort liegt in einem Vertrauen –
ja, es geht um das Vertrauen.**

Wenn die jungen Menschen nach und nach das Vertrauen suchen und es entdecken, dann werden sie sehen, dass der unsichtbare Gott sich ohne Unterlass auf die Suche nach jedem Menschen macht, dass Gott uns sucht. Man kann nicht viel mehr darüber sagen. Oft erfahren wir schon Trost, wenn wir verstehen, dass Gott uns nicht gleichgültig gegenübersteht …

Es geht um eine unsichtbare Wahrheit, denn Gott ist unsichtbar, eine Wahrheit, die man weitergeben kann.
Vier Jahrhunderte nach dem Tod Christi lebte ein Glaubender mit dem Namen Augustinus, der heilige Augustinus, der wirklich intensiv gesucht hat und eine klare Antwort finden wollte – er hat wirklich gesucht! Eines Tages hat er die Worte geschrieben, die schon sehr lange bei mir an der Wand hängen:

›Es gibt eine Stimme des Herzens und eine Sprache des Herzens. Diese innere Stimme ist unser Gebet. Auch wenn unsere Lippen geschlossen sind, bleibt unsere Seele offen vor Gott.‹

Wir verstummen, wir schweigen, aber unser Herz spricht, nicht wie zu menschlichen Ohren, sondern zu Gott. Und Gott kann es hören. Darin liegt ein großes Geheimnis, dass Gott es verstehen kann.
Nach und nach verstehen wir, dass Gott nur lieben kann. Wir verstehen es manchmal, aber nicht jeden Tag, dass Gott uns liebt, noch bevor wir ihn lieben …
Ich bete oft: »Heiliger Geist, gib, dass wir uns dir immer wieder zuwenden. So oft vergessen wir, dass du in uns wohnst und in uns betest, in uns liebst. Deine Gegenwart in uns ist Vertrauen und stete Vergebung.«

Wenn wir einem Menschen Vertrauen schenken, dann haben wir die feste Hoffnung darauf, dass er treu und zuverlässig ist, dass man sich auf ihn verlassen kann. Wir setzen, wir bauen auf ihn.

Wenn wir Gott vertrauen und Gott uns vertraut, dann kann immer noch vieles scheitern und in die Brüche gehen, wir können tiefe Enttäuschungen erleben. Letztlich aber bleibt das Vertrauen. Das ist das »Geheimnis« von Taizé. Es ist das Geheimnis der Verantwortung und der Gelassenheit. Es ist das Geheimnis des Glaubens. Es ist das Geheimnis Gottes selber.

Mut zum Sprung

In einer Welt, die sich viel auf ihren Fortschritt zugute hält und immer neue Rückschritte produziert, in der Geld oft mehr wert ist als der Mensch, in einer Welt, die vor Waffen starrt und die sich durch einen leichten Knopfdruck selbst in den Abgrund befördern kann, in einer Welt, die immer mehr offene und versteckte Gewalt kennt und sie für ein wirksames Mittel der Machtausübung hält, sollen Christen Menschen des Vertrauens sein.

In der zweitausendjährigen Geschichte der christlichen Religion hat es immer wieder erstaunliche und faszinierende Versuche gegeben, die Vorgabe Jesu in der jeweiligen Weltzeit umzusetzen. Dabei hat sich gezeigt, dass Christinnen und Christen Menschen waren und sind, die sich einerseits ganz zur Welt bekennen, andererseits aber auch eine unübersehbare Distanz zu ihr wahren. Aus dieser Spannung

Taizé, Friedhof, Gräber der Brüder

heraus konnten sie den vollen Einsatz wagen. Das ist – wie man am Beispiel Taizé sieht – heute nicht anders als vor zweitausend Jahren. Und wenn die Welt noch besteht, wird das in vielen tausend Jahren auch nicht anders sein.

Wenn wir in den Müdigkeiten und Erschöpfungen der Gegenwart manchmal den Eindruck haben, dass wir am Abend der Geschichte angelangt sind, dann erscheint Jesus wie ein strahlender Morgen, wie ein heller Mittag der Welt- und Menschengeschichte. Sein Strahlen, sein Glanz ist unverbraucht, seine Lebendigkeit unerschöpft – durch alle Brechungen und Dunkelheiten hindurch.

Für viele Menschen heute sind »Gottes große Taten« (Apostelgeschichte 2,11) nur noch ein fernes Gerücht, kaum mehr glaubhaft, weil es an überzeugenden Zeuginnen und Zeugen fehlt. An Zeugen, die »in fremden Sprachen reden« (Apostelgeschichte 2,4) – allerdings in verstehbaren Sprachen. Nicht nur in Sprachen aus vielen Worten, sondern in Sprachen, die sich in Taten aussagen.

Christen sind Menschen, die überzeugend glaubhaft machen, dass der Gott, an den sie glauben, auch heute ein lebendiger Gott ist, dem sie vertrauen können, auch wenn sie ihn nicht sofort verstehen. Es sind Menschen, die in Bewegung sind, die nicht herumsitzen und darauf warten, dass endlich jemand kommt. Gott ist gekommen.

Christen sind Menschen, die quer durch die Ghettos, mit denen die moderne Welt durchsetzt ist, hindurchgehen, die Belagerungsringe der Technologien und Ideologien aufsprengen.

Somit bleibt am Ende, was am Anfang war: Der Christ braucht den Mut zur Entscheidung. Ja, nicht nur Mut zu einer einzigen Entscheidung, sondern Mut zu vielen Entscheidungen. Er braucht auch den Mut zur Revision einmal getroffener Entscheidungen. Das kann schmerzlich, aber notwendig sein.

Der Christ braucht darüber hinaus den Mut zum Sprung. Wer zum Sprung ansetzt, geht ein großes Risiko ein. Es ist das Risiko des freien Falls. In den Bunkern der Versicherungen stirbt jedes Leben. Für Christen aber besteht das Risiko, nach dem freien Fall ihres Lebens in Gottes ausgestreckte Hände zu fallen.

Wer dieses Risiko eingeht, dem wird dann auch die Last von den Schultern genommen, für sich und für andere *alles* sein zu müssen. Er wird leicht und frei.

Gottes Unbegreiflichkeit wächst

Der Fromme von morgen wird ein Mystiker sein, einer, der etwas erfahren hat, oder er wird nicht mehr sein, weil die Frömmigkeit von morgen nicht mehr durch die im Voraus zu einer personalen Erfahrung und Entscheidung einstimmige, selbstverständliche öffentliche Überzeugung und religiöse Sitte aller mitgetragen wird, die bisher übliche religiöse Erziehung also nur noch eine sehr sekundäre Dressur für das religiös Institutionelle sein kann.

Die Erfahrung des Menschen ist: dass Gott wesentlich der Unbegreifliche ist, dass seine Unbegreiflichkeit wächst und nicht abnimmt, je richtiger Gott verstanden wird, je näher uns seine selbst mitteilende Liebe kommt; dass man ihn nie als bestimmten Posten in das Kalkül unseres Lebens einsetzen kann, ohne zu merken, dass dann die Rechnung erst recht nicht aufgeht; dass er nur unser »Glück« wird, wenn er bedingungslos angebetet und geliebt wird.

Karl Rahner

Ein Strahlen Gottes

Frère Roger – Prior und Gründer der Gemeinschaft von Taizé

Am Ende eines langen Gesprächs am Osterfest des Jahres 2004 habe ich Frère Roger danach gefragt, wer Jesus Christus für ihn ist? – Seine Antwort:

Eines Tages habe ich ein altes Buch gefunden, das mit der Feststellung endete, dass Christus das Strahlen Gottes ist. Christus ist also so eng an Gott gebunden, dass man beide nicht voneinander trennen kann. Es liegt an dir, weiter zu suchen und anzunehmen, dass es sich dabei um eine sehr weite Wirklichkeit handelt.

Ohne Zweifel ist Frère Roger der stille und glühende Mittelpunkt von Taizé. Viele erleben ihn zum ersten Mal während eines der täglichen Gottesdienste. Gegen Ende spricht er meist ein kurzes Gebet. Sonst schweigt er. Wenn man seine Stimme in der großen Versöhnungskirche hört, horcht man unwillkürlich auf. Da spricht einer, der aus der Stille kommt, dessen Wärme und Tiefe in der Stimme die Seele berührt.

Wenn man ihm persönlich begegnet, dann sind es vor allem seine Augen, die einen in ihren Bann ziehen. Er strahlt einen an wie ein Kind. Und man wird von diesem Strahlen einfach überwältigt. Vielleicht auch deswegen, weil man sofort spürt: Das ist kein aufgesetztes, normiertes Strahlen. Das Leuchten seiner Augen steigt auf wie aus einem ruhigen See. Man ahnt die Erfahrung der Tiefe.

Es ist die Erfahrung eines langen Lebens. Frère Roger ist jetzt neunzig Jahre alt. Die meiste Zeit seines Lebens hat er in dem kleinen Dorf auf dem Hügel verbracht. Von seinen Reisen in die ganze Welt an die Brennpunkte der Not und zu den Brüdern, die dort leben, ist er immer wieder nach Taizé zurückgekehrt.

Er hat – wie man so sagt – ein bewegtes Leben hinter sich. Ein Leben, dem Angst und Not, Freude und Schmerz, Hunger und Durst, Geduld und Zweifel nicht fremd sind. Schaut man in sein Gesicht, so sieht man keine Spur von den schweren Jahren des Anfangs, von den Enttäuschungen, die auch ihm nicht erspart blieben, auch keine Spur von dem, was nicht gelungen ist.

Ich hatte den Eindruck: Da begegne ich einem Menschen, der sich mit vielem und vielen versöhnt, der alles in seiner Kraft Stehende versucht hat und das, was er nicht »geschafft« hat, der Barmherzigkeit Gottes anvertraut hat.

Frère Roger ist wahrlich kein Unbekannter in der Welt. Aber er verhält sich überhaupt nicht wie ein Prominenter. Er ist die Bescheidenheit in Person, völlig uneitel, von einer Natürlichkeit, die berückend ist. Genau darin ist er wirklich prominent.

Er hat sich die Offenheit, die unverstellte Art eines Kindes bewahrt. Das kann man auch beobachten, wenn er, geführt an der Hand eines Bruders, weil seine Schritte unsicherer geworden sind, die Kirche betritt oder verlässt: Dann schaut er oft mit hellem, wachen Blick auf die Menschen, die in der Kirche sind, schickt ihnen ein Lächeln.

Mit der Sprache nimmt es Frère Roger sehr genau. Er spricht ruhig und bedächtig, mit leiser Stimme. Wenn er schreibt, dann feilt er an seinen Sätzen, veröffentlicht sie erst, wenn sie von vorne nach hinten, von oben nach unten, kreuz und quer durchdacht sind. Das tut er deswegen, weil er weiß, dass die Worte aus dem Schweigen kommen und – ohne entleert worden zu sein – wieder in das Schweigen, das ihre Heimat ist, zurückkehren müssen.

Überhaupt: sein Schweigen. Es ist ein Schweigen, das in der Stille seines Arbeitszimmers geradezu hörbar ist. Es erfüllt den Raum viel mehr, als wenn darin tausend Lautsprecher ertönen würden.

Einer seiner zentralen »Begriffe«, um das angemessen zum Ausdruck zu bringen, was er mitteilen möchte, ist das »innere Schweigen« (silence intérieur). Seine Gebete, seine Texte sind nichts anderes als ins Wort gekommenes inneres Schweigen. Im inneren Schweigen, so sagt er, findet der Mensch den Grund und den Boden für die Einfachheit des Herzens, für das, was er den »Frieden des Herzens« (paix du cœur) nennt.

Frère Roger ist, um mit den Worten des großen Theologen Karl Rahner zu sprechen, »einer, der etwas erfahren hat«. Seine Frömmigkeit ist in Erfahrungen verwurzelt. In tatsächlichen und wirklichen Erfahrungen des Lebens. Nicht in esoterischen Hirngespinsten, denen das Wort »Wirklichkeit« fremd ist, die wohlfeil sind und käuflich – aber wenig Substanz und Essenz des Lebens haben. Und weil seine Frömmigkeit in der Wirklichkeit ihren Boden hat, ist er glaubwürdig. Und Glaubwürdigkeit ist nicht erst heute das stärkste Argument.

Wenn es um die Einheit der Christen geht, dann kann Frère Roger auch heute noch ungeduldig werden, dann wird sein Schmerz an der immer noch andauernden Trennung der Christenheit spürbar.

Da ist er immer vorangegangen. Aber sein Vorangehen war und ist ein Vorangehen in der Nachfolge Jesu Christi.

ER wollte, dass »alle eins seien«. Dass es noch nicht gelungen ist, schmerzt Frère Roger. Für diesen Schmerz hat er immer deutliche Worte gefunden.

Frère Roger ist ein Mensch, der berührt und der sich berühren lässt. Er hat keine Scheu davor.

Das wird in einer geradezu unerhörten Weise nach dem Ende der abendlichen Gottesdienste in der Versöhnungskirche sichtbar.

Frère Roger geht dann, wenn er die große Kirche durchschritten hat, zu einer Säule im Seitenschiff, setzt sich dort nieder und legt den Menschen, die in großer Zahl zu ihm kommen, die Hände auf, sagt ihnen ein tröstendes und herzliches Wort.

Im Halbdunkel gibt er etwas von der Kraft weiter, die ihn selber erfüllt. Eine Geste, die viele Religionen kennen: die Handauflegung. Es sind Augenblicke der persönlichen Mitteilung. Mystische Augenblicke.

Gefragt danach, um was ihm dabei geht, sagt er:

Es geht um eine Wahrheit, die man weitergeben kann, aber um eine unsichtbare Wahrheit. Gott ist unsichtbar.

Frère Roger ist ein Mystiker unserer Zeit.

Gott redet durch Menschen.

Quellen

S. 12f., 41f., S. 76f., 134f., 137f.: aus: Frère Roger, Die Regel von Taizé, Gütersloher Verlagshaus, Gütersloh 1963.

S. 16, 120f.: aus: Frère Roger, Gott kann nur lieben, © Verlag Herder, Freiburg im Breisgau, 3. Auflage 2005.

S. 27f.: aus: Frère Roger, Gott kann nur lieben – Brief 2003, © Ateliers et Presses de Taizé, 2003.

S. 45f.: handschriftlich in Cîteaux notiert und übersetzt.

S. 47f.: aus: Frère Roger, Taizé, Die Dynamik des vorläufigen, Herderbücherei Bd. 648, © Verlag Herder, Freiburg im Breisgau, 2. Auflage 1981.

S. 75f.: aus: Taize – ein Begleiter, aus: Jahresbrief 1987, © Christophorus-Verlag, Freiburg im Breisgau, 1988.

S. 87f.: aus: Walter Nigg, Des Pilgers Wiederkehr, Fischer-Bücherei 1958, Artemis 1954.

S. 117f.: aus: Frère Roger, Die Quellen von Taizé, © Verlag Herder, Freiburg im Breisgau, 2005.

Trotz intensiver Bemühungen war es dem Verlag leider nicht in allen Fällen möglich, den jeweiligen Rechtsinhaber ausfindig zu machen. Für Hinweise sind wir dankbar, Rechtsansprüche bleiben gewahrt.